Oskar Groß
mit Walt Sheffield

Der Sprung

BRUNNEN
VERLAG GIESSEN · BASEL

Titel der amerikanischen Originalausgabe: The Leap

Aus dem Amerikanischen von Gerd-Klaus Hommel

Umschlagmotiv: IFA, Frankfurt
Umschlaggestaltung: Ralf Simon
Satz: DTP Brunnen
Druck: Wiener Verlag, Himberg
ISBN 3-7655-1699-6

1. Teil

Die Geheimnisse

1

Mein Sprung geschah nicht aus Glauben. Schon lange vor diesem Sprung hatte ich den schlichten Glauben meiner Kindheit verloren. Er geschah auch nicht aus Hoffnung, denn Hoffnung durfte ich nicht mehr hegen. Ebenso wenig geschah er aus Liebe – es sei denn, man wollte die Liebe als Mittlerin zwischen allen Phänomenen verstehen, also auch zwischen Leben und Tod. Nein, mein Sprung war eine einfache Entscheidung. Der Entschluss etwas zu wagen, anstatt überhaupt nichts zu tun. Es war der Widerstand dagegen, einfach wehrlos umzukommen, selbst wenn diese Aktion meinen grauenvollen Sturz in den Tod bedeuten könnte.

Oktober 1946. Inmitten einer Gruppe von Gefangenen marschierte ich auf das hässliche Gerüst des Förderturms zu, mit dem wir in das Kohlenbergwerk einfahren würden. Es lag südlich von Katowice in Polen, nicht weit von der tschechischen Grenze entfernt. Das Metallgerüst vor uns war in gelbliches Licht getaucht und warf bizarre Schatten. Ein Galgen aus Stahl. Er schickte offene Förderkörbe, beladen mit Kriegsgefangenen, die alle Hoffnung verloren hatten, in diese Wunde der Erde. Und bei jeder Einfahrt schickte die Erde einen tiefen Seufzer, hervorgerufen durch die Sogwirkung, nach oben an die Oberfläche. Tag für Tag, Nacht für Nacht. Ohne Unterlass.

Schon waren wir am Fuß des Förderturms angekommen und trotteten der Reihe nach die Treppe hinauf. Ich ging an der Spitze unserer Reihe, darauf hatte ich geachtet. Das war einfach, denn niemand hatte es eilig. Insgesamt vier Förderkörbe waren übereinander aufgehängt, jeweils eine Plattform mit Holzbohlen, um die ein Geländer angebracht war. Zwölf Mann gingen in einen solchen Förderkorb, das ergab eine Nachtschicht von achtundvierzig Leuten.

Ich trat auf die Plattform des ersten Förderkorbes und stellte mich ans Geländer. Sieben Meter unter mir lag der Rand des Förderschachts. Auf mich wartete ein Sprung aus sieben Metern Höhe – oder ein Fall in tausend Meter Tiefe. Elf Leute stiegen nach mir in den Förderkorb. Schlurfende Schritte, die Tür schloss sich mit metallischem Scheppern. Ich wartete. Der zweite Förderkorb über uns füllte sich. Der dritte, schließlich der vierte. Scheppernd schloss sich die Tür des vierten Korbes.

Ich musste den Zeitpunkt auf die Sekunde genau abpassen. Genau zwischen dem Klingeln der Abfahrtglocke und dem Beginn der Einfahrt lag die Zehntelsekunde, in der ich springen würde. Die elektrische Klingel fing langsam an zu rasseln, das Vorspiel zum lauten Klingeln ... Jetzt!

In dem Bruchteil der Sekunde, als ich im freien Fall war, sah ich eine Gestalt mit einer Kapuze neben mir schweben.

„Wohin komme ich jetzt?“, fragte ich.

„Nach Dotan und wieder zurück“, antwortete die Gestalt. „Komm, ich weise dir den Weg.“

Und auf einmal war ich wieder Kind in meinem Heimatdorf Mintschuna in Bessarabien, dicht am Schwarzen Meer. Es war frühmorgens an einem der ersten Frühlingstage des Jahres 1938, und ich war gerade elf Jahre alt. Mein Schlafzimmer war groß, die Zimmerdecke hoch. Ich lag auf dem Strohsack und hörte, wie das Dorf langsam wach wurde. In ganz Mintschuna krähten Hähne, unserer am lautesten. Andere waren etwas weiter weg, einige hundert Meter entfernt und doch Teil des morgendlichen Chores. Es gab noch keinen Motorenlärm. Der einzige Trecker des Dorfes stand immer noch dort, wo man ihn nach seiner Lieferung abgestellt hatte. Er war nie benutzt worden. Dafür gab es Pferde; unter Schnauben und Wiehern wurden sie in ihren Ställen wach. Irgendwo in der Nähe machten sich auch die Schafe bemerkbar. Ich hörte, wie sie ein Blökkonzert anstimmten.

„Oskar, steh jetzt auf." Das war meine Mutter, die sich auf dem Flur vernehmen ließ. „Heute ist Schule."

Ich sprang aus dem Bett und öffnete das Fenster, um die kühle Morgenluft hereinzulassen. Mein Elternhaus war groß. Es war einstöckig gebaut, die Außenwände waren verputzt und weiß getüncht. Die Fenster waren sehr hoch, aber ziemlich schmal. Aus der Ferne sahen sie beinahe wie Schlitze aus. Das hohe Dach war mit Zementziegeln gedeckt.

Alle Häuser im ganzen Dorf sahen ähnlich aus. Die meisten standen mit dem Giebel zur breiten, ungepflasterten Straße hin. Wenn jemand über die Steppe her sich dem Dorf näherte, konnte er es sofort als deutsche Siedlung erkennen. Charakteristisch waren die breiten Alleen, an deren beiden Seiten Baumreihen angepflanzt worden waren, und die strenge Symmetrie der Häuser.

In Bessarabien gab es fast keine Bäume. Es gab auch keine gebrannten Ziegel, daher wurden die Häuser aus großen, handgefertigten Blöcken gebaut und anschließend verputzt. Das Haus meines Vaters war eines der ersten, für die man so genannten Sägestein als Grundsteine verwendet hatte. Dieser Sägestein wurde auf den Hügelrücken der wellenartig geformten Steppe gebrochen. Die örtlich gefertigten Zementdachziegel waren auch ein dauerhaftes und haltbares Dachdeckmaterial.

Ich schaute auf den Hof hinaus. Eine weiß getünchte Steinmauer umgab ihn, ungefähr anderthalb Meter hoch. Das Hoftor war von zwei etwa zwei Meter hohen Säulen flankiert, die aus denselben verputzten Blöcken errichtet waren, aus denen auch die Wände des Hauses bestanden. Auf dem Hof wuchsen Obstbäume, Beerensträucher und blühende Stauden, die alle mein Vater gepflanzt hatte. Ich ließ meinen Blick schweifen.

Nicht weit von unserem Hof, etwa 150 Meter entfernt, lag das Bethaus, das uns als Kirche diente, aber sehr viel einfacher gebaut war. Von den anderen Gebäuden des Ortes unterschied es sich hauptsächlich dadurch, dass es nicht mit dem Giebel, sondern mit der Längsseite zur Straße stand und dass es einen Glockenturm besaß. Die beiden Glocken des Bethauses läuteten für den Gottesdienst, bei Beerdigungen und bei Notfällen, zum Beispiel wenn ein Schneesturm tobte. Hinter dem Bethaus lag die Kanzlei oder das Rathaus, etwas größer und imposanter als die übrigen Gebäude ...

„Oskar, es ist Zeit aufzustehen. Hier habe ich deine Sachen herausgelegt."

„Ich bin auf, Mama. Ich habe nur gerade aus dem Fenster geschaut."

Ich blickte auf die Sachen, die Mama am Vorabend herausgelegt hatte: ein Hemd mit weißem Kragen und eine blaue, kurze Hose, die aus der Wolle unserer eigenen Schafe hergestellt worden war. Die meisten Dorfbewohner webten ihr Wolltuch selbst, schickten es dann in die Färberei, wo es eingefärbt wurde – meistens in dunkle Farben: schwarz, blau und grau. Kamen die gefärbten Tuchballen zurück, wurden sie zum Schneider gebracht, in der Regel waren das Russen. Die Kleider, die Mama für mich herausgelegt hatte, waren modern, europäisch geschnitten, ganz im Gegensatz zu der Kleidung der Rumänen oder anderer Volksgruppen der Gegend. Aber auch wir trugen Kleidung, die unsere Herkunft zeigte. Frauen und Mädchen trugen Dirndlkleider und Trachtenhalstücher, jeweils charakteristisch für die einzelnen Landesteile.

Ich zog mich an und richtete den Strohsack auf dem hölzernen Bettgestell, dann warf ich noch einen Blick aus dem Fenster. Ein klarer, blauer Himmel wölbte sich über der dunkelbraunen bessarabischen Steppe. Jenseits der Bäume und Häuser von Mintschuna erstreckten sich über viele Kilometer die Felder Bessarabiens. Keine sichtbaren Grenzlinien trennten sie voneinander, und die Hügel – wenn man sie denn Hügel nennen konnte – stiegen sanft an, wie mächtige Meereswogen aus Erde.

Ich schaute auf das zweite Bett in meinem Zimmer, das Bett, in dem zwei Jahre zuvor noch mein Bruder Waldemar geschlafen hatte. Scharlach war durch unser Dorf gefegt und hatte alle Kinder befallen. Ärztliche Hilfe gab es in Mintschuna überhaupt nicht, die nächste Krankenstation war 20 Kilometer entfernt. Befiel uns irgendeine Krankheit, so nahm sie ihren Verlauf. Entweder war man kräftig genug, sie zu überwinden, oder man war es nicht. Ich trug lediglich ein Ohrenleiden davon; der vierzehnjährige Waldemar jedoch starb an Fieber und Atemnot. Viele Kinder sind in jenem Jahr in unserem Dorf gestorben.

Ich war das jüngste Kind der Familie und nach Waldemars Tod der einzige Sohn. Mehr noch: Ich war der einzige männliche Vertreter im Hause. Mein Vater war bereits 1929 im Alter von zweiundvierzig Jahren gestorben, als ich erst zwei Jahre alt war. So bestand nach Waldemars Tod unser Haushalt nur noch aus Mutter, meinen beiden älteren Schwestern Wilma und Ella und mir. Zwei weitere Schwestern, Anna und Ida, waren nicht Mamas leibliche Kinder und bereits verheiratet. Mama war Vaters dritte Ehefrau, nachdem die ersten beiden Frauen früh verstorben waren.

Wir hatten kein leichtes Leben in Bessarabien. Die Sommer waren trocken und heiß, manchmal war die Steppe ausgedörrt und rissig, und das Korn verdorrte auf dem Halm. Dann gab es eine Missernte. Die Winter waren so kalt wie die Sommer heiß waren. Dennoch erschien mir dieses endlose Land als ein Hort der Geborgenheit.

Ich hörte es in der Küche rumoren und wusste, dass es Zeit war, zum Frühstück zu gehen. Mama, Wilma und Ella saßen schon am Tisch. Trotz mancher Entbehrungen hatten wir immer genug zu essen. Unsere Hühner versorgten uns mit Eiern, die Kühe mit Butter, Milch und Käse. Wir hatten Brot von unseren Feldern, Trauben von unserem Weinberg, Obst aus dem eigenen Garten und Schinken von unseren Schweinen.

„Oskar, komm her und setz dich."

Der Duft von Mamas geröstetem Malzkaffee füllte die ganze Küche. Der Tisch war bereits reich gedeckt, Teller mit Obst, Eiern, Brot und Butter waren aufgetragen worden. Ich setzte mich, und Mama sprach das Tischgebet.

„Du hast vor der Schule noch allerhand zu tun, Oskar. Also iss, mein Junge."

Das Brot war frisch und würzig, und ich strich mir Butter darauf. Ich dachte an die Arbeit, die ich gleich erledigen musste: harken, saubermachen, Tiere füttern. Mama hatte bereits die Eier aus dem Hühnerstall geholt. Erst wenn diese Arbeit erledigt war, würde ich mich auf den Weg zum Unterricht bei dem rumänischen Lehrer in der Kanzlei aufmachen. Alle deutschen Dorfbewohner – unter den fünfhundert Einwohnern gab es nur ein rundes Dutzend, die nicht deutscher Abstammung waren – sprachen untereinander Deutsch. Aber Bessarabien gehörte zu Rumänien, und die rumänische Regierung verlangte, dass der Unterricht in rumänischer Sprache erteilt wurde. Es gab fast einhundert Kinder im schulpflichtigen Alter im Dorf und zwangsläufig wuchsen wir alle zweisprachig auf.

„Was werdet ihr heute im Unterricht durchnehmen, Oskar?"

Ich ließ mir Zeit mit meiner Antwort. „Das Übliche: Lesen, Rechnen, die Geschichte Rumäniens."

„Vielleicht solltet ihr auch einmal die Geschichte Russlands oder des Deutschen Reiches durchnehmen, Oskar." Das war meine Schwester Ella.

„Das kommt später, im Deutschunterricht beim deutschen Lehrer. Bei ihm nehmen wir die Geschichte der deutschen Kolonisten in Bessarabien durch."

„Wie gefällt dir der neue rumänische Lehrer?"

„Ach, wir treiben halt so unsere Späße mit ihm ... Er versteht überhaupt kein Deutsch."

„Oskar, ihr dürft die Situation des Lehrers nicht ausnutzen. Lerne so viel wie möglich bei ihm."

Der rumänische Lehrer sprach tatsächlich nur Rumänisch. Wir hatten auch einen deutschen Lehrer, den Küsterlehrer, der von den Bewohnern des Dorfes eingestellt worden war, um die Kinder auf Deutsch im Fach Religion zu unterrichten. Viele deutsche Dörfer konnten sich einen eigenen Küsterlehrer nicht leisten, aber Mintschuna war dazu in der Lage.

Nach dem Frühstück und noch ehe ich an meine morgendliche Arbeit ging, las uns Mama die tägliche Andacht vor. Dazu gehörte ein Stück aus dem Alten Testament, ein Abschnitt aus den Evangelien und aus den Briefen des Apostels Paulus. Die Lesung aus dem Alten Testament stand im 1. Buch Mose. Es war die Geschichte von Abraham, dessen Glaube geprüft wird, als Gott von ihm fordert, seinen Sohn Isaak zu opfern. Die Lesung aus dem Evangelium stand bei Johannes 10,11-15. Mama las uns die Worte Jesu vor: „Ich bin der gute Hirte. Der gute Hirte lässt sein Leben für die Schafe. Der Mietling aber, der nicht Hirte ist, dem die Schafe nicht gehören, sieht den Wolf kommen und verlässt sie und flieht – und der Wolf stürzt sich auf die Schafe und zerstreut sie. Denn er ist ein Mietling und kümmert sich nicht um die Schafe. Ich bin der gute Hirte und kenne die Meinen, und die Meinen kennen mich, wie mich mein Vater kennt, und ich kenne den Vater. Und ich lasse mein Leben für die Schafe."

Mama legte uns diese Schriftstellen aus. „Seht, Kinder, die Gnade Gottes verlieren wir nicht, selbst wenn uns die Menschen verlassen oder wenn wir unser Hab und Gut verlieren. Gott war bereit, seinen einzigen Sohn zu opfern, um uns zu erretten. Und unser Heiland war bereit, sein Leben für uns, seine Schafe, hinzugeben. Das sollte auch für uns gelten. Alles, was wir auf dieser Welt besitzen, soll uns so viel bedeuten, als hätten wir es gar nicht. Eines Tages aber, Kinder, werden wir in voller Klarheit sehen, was wir jetzt nur trübe erkennen. Denn wenn wir nichts besitzen, werden wir alles empfangen." Dann sprach Mama noch ein kurzes Gebet und bat um Demut für sich selbst und für ihre Kinder, um Gottes gnädigem Handeln zu vertrauen.

Anschließend ging ich auf den Hof, fegte den Hühnerstall aus, fütterte die Hühner und die anderen Tiere und sorgte dafür, dass sie genügend Wasser hatten. Die Arbeiten waren täglich gleich. Dabei dachte ich an den guten Hirten und seine Verantwortung für die Schafe. Ein bisschen verglich ich mich mit diesem guten Hirten. So wie er seine Aufgabe hatte, so hatte ich meine. An manchen Tagen, wenn ich blutige Federn fand, die von der nächtlichen Begegnung eines Huhns mit einem Fuchs kündeten, oder wenn ich über den Rücken eines Schweins strich, von dem ich wusste, dass es im Herbst geschlachtet werden würde, verstand ich das zwar nicht – aber ich akzeptierte diese Dinge als ganz normal.

Während ich die letzten Arbeiten auf dem Hof verrichtete, hörte ich schon das Lachen und Lärmen der Kinder auf dem Schulweg. Ich lief ins Haus, verabschiedete mich von Mama, packte meine Schultasche und lief die breite Dorfstraße zur Kanzlei hinunter.

Später am Vormittag, als die Pflichtstunden in Rumänisch beendet waren, durfte uns der Küsterlehrer eine besondere Geschichtsstunde auf Deutsch erteilen. Vor der Ankunft der deutschen Siedler war Mintschuna ein kleines Dorf gewesen. Die Kolonisten waren von Bessarabien angelockt worden, als es noch zu Russland gehörte. Zar Alexander I. (1801-1825) hatte den deutschen Siedlern jeweils 66 Hektar Land pro Familie als Geschenk angeboten, wenn sie nach Bessarabien ziehen würden, um dort das Land zu kultivieren. Unser Lehrer schilderte uns, wie das Land, ehe es 1812 von Russland erobert wurde, Teil des türkisch-moldauischen Territoriums gewesen sei. Trotz seines fruchtbaren Bodens sei es damals kaum besiedelt gewesen. Bereits die Zarin Katharina II. hatte den deutschen Kolonisten in Russland bestimmte Privilegien verliehen, insbesondere Steuerfreiheit und die Freistellung vom Militärdienst. Bessarabien war zwar ein Teil Russlands, hatte aber auch eine moldauisch geprägte Kultur.

Der Name „Mintschuna“ bedeutete, wie wir Kinder wohl wussten, auf Rumänisch „Lüge“. Unser Lehrer erklärte uns das so: Zu einer früheren Epoche waren das Dorf und seine Umgebung wahrscheinlich im Besitz eines Menschen gewesen, der für seine Unehrlichkeit bekannt war. Vielleicht war es der Regierungsvertreter, dem das Gebiet unterstand, vielleicht auch der russische Gutsbesitzer, dem das Land einst gehört hatte. Niemand wusste genau, wer dieser Lügner eigentlich gewesen war. Ich interessierte mich sehr für die lokale Geschichte. Es kam mir so vor, als gehörte ich zu einer ganz besonderen Gruppe: den Bessarabiendeutschen.

Der Lehrer fuhr in der Geschichtsstunde fort. Um das Jahr 1842 waren bereits 25 deutsche Siedlungen in Bessarabien gegründet worden, und unter diesem Namen war das Land jetzt allgemein bekannt. Die meisten Siedlungen erhielten ihren Namen nach Schlachtorten der Befreiungskriege: Leipzig, Kulm, Borodino, Katzbach, Paris. Bald wurden Tochtersiedlungen gegründet, von denen diejenigen am wohlhabendsten waren, die in der Nähe Tarutinos lagen. Dazu gehörte auch Mintschuna.

„Die ersten deutschen Siedler kamen 1868 nach Mintschuna“, erklärte der Lehrer. „Diese Siedler kamen nicht aus Deutschland, sondern von anderen deutschen Siedlungen in Bessarabien, wie beispielsweise Borodino oder Leipzig. Sie kamen nicht als Landbesitzer, sondern waren Pächter der russischen Großgrundbesitzer. Das gepachtete Land war genau vermessen. Die deutschen Bauern bewirtschafteten das Land, legten einen Teil des Ernteertrags zurück, bis sie genug hatten, um das Land zu kaufen. Im Jahre 1912 war alles Land um Mintschuna herum von den deutschen Bauern erworben worden. Fast alle Einwohner des Dorfes waren inzwischen Deutsche. Damals wie jetzt auch betrieben die Menschen Landwirtschaft auf den umliegenden Feldern. Sie wohnten in den Häusern, die die breite Dorfstraße säumten, auf der die Männer mit den Pferdewagen täglich zur Arbeit auf die Felder fuhren. Fast alle waren in der Landwirtschaft beschäftigt. So stellte das Dorf eine in sich geschlossene, sich selbst versorgende Einheit dar. Die einzigen Berufszweige, die sich neben der Landwirtschaft entwickelten, waren Zimmereibetriebe, Schneider, Stellmacher, Kaufleute und Zementziegeleien."

Nach dieser Geschichtsstunde wurden wir entlassen. Ich lief nach Hause zum Mittagessen. Es war erst Frühlingsanfang und doch schon so warm, dass sich über dem heißen Staub der Straße Hitzeschlieren bildeten. Unter den schattigen Bäumen des Hofes und in unserem Haus mit seinen dicken Wänden blieb es jedoch angenehm kühl.

In der Küche erwartete mich Mama mit dem Mittagessen, bestehend aus Brot, Wurst und dem ersten Gemüse des Gartens. Zum Brot gab es Butter und Käse, und ich trank mehrere große Gläser frischer Milch.

„Na, Oskar, worüber hat der deutsche Lehrer heute gesprochen?"

„Über die Geschichte Bessarabiens und Mintschunas."

„Wenn ihr über andere Landesteile Bessarabiens sprecht, wirst du erkennen, dass die Dinge nicht überall so gut geordnet sind wie bei den deutschen Siedlern in Bessarabien. Mir will es scheinen, dass unser christlicher Glaube und der Unterricht das bewirkt haben, auch weil wir regelmäßig in die Kirche und zu den Gebetsversammlungen gehen."

„Mama, der Lehrer sprach auch über jene Siedler, die Borodino und Leipzig verlassen haben. Warum sollten sie diese Orte eigentlich verlassen und hierher ziehen? Waren dort keine schönen Dörfer und Städte?"

„Du kennst die Lebensweise der Siedler noch nicht so genau. Vor etwa hundert und mehr Jahren lebten die Siedler wirklich in Zentren wie Borodino, Leipzig und auch Tarutino. Nehmen wir mal an, in einer Familie gab es drei Söhne. Wenn der Vater zu alt wird, um den Hof noch bewirtschaften zu können, erbt nur ein Sohn den Bauernhof, die anderen müssen in die Welt hinaus. Sie werden ihrerseits selbst neue Kolonisten und lassen sich anderswo nieder. Wie sie das machen? Meistens besteht das Erbteil, das sie vom Vater erhalten, aus einigen Hektar Land, einem Paar Pferde, einem Pflug, einer Kuh, vielleicht fünf Schafen und etwa hundert Rubel. Damit zieht der Sohn in eine andere Gegend. Zuerst bleibt ihm von seiner Ernte nur die Hälfte, die andere Hälfte muss er an den Großgrundbesitzer abliefern, vom dem er das Land gepachtet hat. Er legt sich etwas Geld zurück und kann vielleicht nach ein paar Jahren einige Hektar dazukaufen, dann nach und nach weitere. Auf diese Weise hatte dein Vater, der aus Gnadenfeld nach Mintschuna gekommen war, vor seinem Tode bereits 60 Hektar erworben, die ihm allein gehörten. Normalerweise gründeten die jüngeren Leute neue Siedlungen. So wurde von Tarutino aus Neu-Tarutino gegründet. Söhne und Töchter waren dahin gezogen, hatten geheiratet, ihre eigenen Familien gegründet und saßen auf ihrem eigenen Land.

Unsere Familie lebt seit vier Generationen in Bessarabien und ist ein typisches Beispiel dafür. Dein Vater wurde in Gnadenfeld geboren, sein Vater Christian wiederum in Kulm, und so setzte sich das fort. Kennst du dieses kleine Gedicht? Wenn nicht, so musst du es unbedingt kennen lernen:

Die Ersten fanden den Tod,
die Zweiten die Not,
die Dritten das Brot.

Schau, Oskar: Alles, was wir heute haben, ist durch die Arbeit und Mühe der Menschen vor uns entstanden. Dein Vater, Oskar, hat am allerschwersten gearbeitet. Er war Bürgermeister in Mintschuna und in fünf weiteren Dörfern, dafür wurde er mit einer Goldmedaille ausgezeichnet. Auf seinem Foto kannst du sie an seiner Jacke sehen. Die Medaille war das Zeichen seines Amtes. Zusammen mit anderen Bürgermeistern Bessarabiens ist er einmal in dankbarer Anerkennung seiner Dienste vom König nach Bukarest eingeladen worden."

2

Meine Mutter war eine starke Frau. Sie brachte Geborgenheit in unser Haus, in das sie gezogen war, als sie meinen Vater heiratete. Ich kann mich nur an eine Gelegenheit erinnern, als sie mich und meine Schwestern allein gelassen hat. Damals war sie nach Sarata ins Krankenhaus gegangen, etwa sechzig Kilometer von Mintschuna entfernt, um sich an der Gallenblase operieren zu lassen. Sie blieb sechs Wochen weg. Ich erinnere mich, dass meine Schwestern während ihrer Abwesenheit etwas weniger eifrig Brot backten, saubermachten, die Tiere fütterten oder andere Hausarbeiten verrichteten, als meine Mutter es getan hätte. Wie froh waren wir, als sie wieder da war.

Oft besuchten wir das Haus von Martin Wutzke, Mutters Vater. Er war zur Zeit der Russischen Revolution mit seinen sechs Kindern aus dem Gouvernement Cherson östlich von Odessa geflohen, wo er sich niedergelassen hatte. Er selbst war in Tarutino aufgewachsen. Mama war das jüngste der Wutzke-Kinder. Sie war nach dem Tode der zweiten Frau meines Vaters seine Haushälterin und das Kindermädchen Annas und Idas. Dann wurde sie seine dritte Frau.

Unser Haus war wohlhabend, trotz aller Mühe und Plage für Mama. Sie führte den Haushalt, verpachtete die Felder. Immer wieder erzählte sie uns, wie sie kurz nach Papas Tod sowohl nach Gnadenfeld wie auch nach Bender fuhr. Dort musste sie um das Recht auf ihre eigenen Kinder kämpfen, für deren Erziehung Papas Brüder als Vormünder eingesetzt werden sollten. Mama saß dann am Küchentisch, auf dem eine Petroleumlampe stand, und erzählte uns, wie sie um uns Kinder vor dem Gericht in Bender gekämpft hatte. Damals war sie am tiefsten Punkt der Verzweiflung angekommen. Dunkelheit war in ihre Seele gefallen, dieses schwere Erleben ist aber zugleich die Wurzel ihrer Stärke geworden.

„Oskar, habe ich dir von meinen Reisen nach Gnadenfeld und Bender kurz nach dem Tode deines Vaters erzählt?“

Ja, Mama, viele Male. Und immer fängst du damit an, dass du mich fragst, ob du mir das schon mal erzählt hast. Das dachte ich, sagte es aber nicht. Und immer fuhrst du dann fort, ohne auf eine Antwort zu warten.

„Damals, als wir voller Schmerz und Zukunftsangst waren, kamen die Verwandten aus den ersten beiden Ehen deines Vaters und verkauften den ganzen Viehbestand und alle landwirtschaftlichen Geräte des Hofes: Mistgabeln, Kühe, Pferde, Schafe: alles wurde versteigert. Selbst die Kleider deines Vaters wurden versteigert. Das Ganze dauerte drei, vier Tage, Oskar, mir blieb noch nicht einmal ein einziges Pferd übrig. Unser schwaches Pferd, das wir immer noch besitzen, musste ich von einem Dorfbewohner kaufen. Der ganze große Bauernhof war weg. Das Land hatte ich zwar noch, aber alle Scheunen, alle Tierställe waren leer. Es traf mich fürchterlich. Wovon sollten wir leben? Vielleicht erinnerst du dich noch, wenn wir manchmal auf der Straße an einem Pferd vorbeigingen, dass ich dann oft gesagt habe: ‚Das ist unser Pferd gewesen.' Unser Pferd, unsere Bauernwagen, unsere Pflüge. Alles ging für sehr wenig Geld weg. Manche Leute bezahlten mit Geldscheinen und Schuldverschreibungen, die später völlig ihren Wert verloren."

„Ja, Mama, du hast sie mir oft gezeigt."

„Ja, das habe ich. Dann kamen die Vormünder. Das Gericht hatte sie ernannt und für unseren Hof eingesetzt. Einer von ihnen war sogar ein Bruder deines Vaters, Eduard hieß er. Der kam den ganzen Weg von Gnadenfeld her angereist, volle fünfundvierzig Kilometer. Alle, alle kamen sie und fragten, ob ich in der Lage sei, für meine Kinder zu sorgen. Sie wollten euch Kinder als Landarbeiter haben! Das steht für mich fest. Oskar, meine eigene Mutter starb, als ich noch sehr jung war. Mein Vater heiratete eine Frau, die ihren Sohn mit in die Ehe brachte. Dieser Sohn war für seine Mutter alles. Je mehr sie ihren Sohn verwöhnte, desto mehr vernachlässigte sie mich und meine Geschwister. Sehr jung schon mussten wir schwer in der Landwirtschaft arbeiten, während ihr eigener Sohn wie ein Prinz behandelt wurde. Was meinst du, wie sich die anderen Brüder gefühlt haben?

Wir mussten also schon sehr früh schwer in der Landwirtschaft arbeiten. Aus dem Gouvernement Cherson wurden wir nach Bessarabien zurückgebracht, noch ehe die Grenze durch die Russen geschlossen wurde. Wir kamen zunächst in das Haus meines Vaters in Tarutino, in der Nähe des Gymnasiums, zurück. Dort war es ihm wohl ergangen. Aber bald zogen wir nach Mintschuna. Unser Vater brachte uns hierher und gründete seinen eigenen Bauernhof. Im Hause meines Vaters Martin Wutzke aber gab es viel Unglück. Ein Bruder wanderte nach Südamerika aus. Außer ein oder zwei Briefen kurz danach haben wir nie wieder etwas von ihm gehört. Ein weiterer Bruder und eine Schwester emigrierten in die Vereinigten Staaten, sie hielten es zu Hause nicht mehr aus. Also blieben ich, meine Schwester, mein Vater, meine Stiefmutter und ihr Sohn, der Prinz, im Haus zurück.

Ich fand eine Stelle als Kindermädchen und Haushälterin im Hause deines Vaters, des Witwers Gottlieb Groß. Bald darauf heirateten wir. Wir hatten vier Kinder, von denen du das jüngste bist. Waldemar, der jetzt bei unserem Herrn ist, war der andere Sohn. Es folgten Papas Krankheit, langes Siechtum, sein Tod. Dann starb Waldemar. Mir blieb die Aufgabe, dieses Haus zu versorgen, alles ohne einen Mann an der Seite, obwohl es mir an Chancen, erneut zu heiraten, nicht gefehlt hätte.

Aber all das war nichts im Vergleich zu dem, was die Pflegschaftsleute versuchten, mir oder euch Kindern anzutun. Eltern lassen vielleicht auch ihr eigenes Kind stundenlang auf dem Feld arbeiten oder auf dem Pferd reiten, wenn die Weinberge bearbeitet werden oder wenn gepflügt werden muss. Aber dann hat das Kind frei, weil es eben das eigene Kind ist. Wenn die Kinder erst aus der Familie weggenommen werden, dann heißt das für sie, dass sie zehn, zwölf Stunden am Tag auf dem Feld arbeiten müssen. Wie sollte ich wissen, ob man rücksichtsvoll mit euch umgeht? Es hätte auch passieren können, dass man euch als Landarbeiter verdingt hätte, als Knechte. Das hätte über viele Jahre hinweg Arbeiten für fremde Menschen bedeutet, bei geringem Lohn, bei extrem schwerer Arbeit. So schwer, dass du vom Schleppen schwerer Säcke oder auf andere Weise invalide hättest werden können. Das ängstigte mich am allermeisten, dass du zum Krüppel hättest werden können.

Deswegen musste ich gleich nach Vaters Tod nach Gnadenfeld und nach Bender reisen. Dort musste ich vor Gericht meine Zurechnungsfähigkeit beweisen, musste zwei Zeugen beibringen, die bestätigten: Ja, Anna Groß, 32 Jahre alt, kann sehr wohl für ihre vier kleinen Kinder sorgen. Kannst du dir vorstellen, wie das war: Auf dem Pferdewagen, nur ein Pferd davor, und das war auch halbblind, und dann im Winter fünfundvierzig Kilometer nach Gnadenfeld fahren? Und kurz darauf wieder sechzig Kilometer nach Bender reisen, mich vor den Männern, den Richtern, den Vormundschaftspflegern verantworten, mit einem oder zwei Zeugen mich vor diesen Männern rechtfertigen, die mich meiner Kinder berauben wollten? Für mich war das sehr schwer. Aber ich habe es geschafft. Ich machte einen Schritt nach dem anderen, und mir war stets bewusst, dass der Herr, unser Gott, bei mir war. Das war alles, was ich wusste."

Mama war jung und stark, aber sie hatte gerade ihren Mann verloren, ihr Vermögen war versteigert worden. Und dann das Bewusstsein, dass man ihr auch die Kinder wegnehmen könnte. So fuhr sie mit ihrem schwachen Pferd durch die Einöde der Steppe. Die Wolken hingen dunkel und drohend am Himmel, zum niedrigen Horizont hin waren sie pechschwarz und hüllten alles in Dunkelheit.

Mamas größte Kraftquelle, die Wurzel ihres Glaubens, speiste sich aus ihrer Gemeinschaft mit den Stundenschwestern. Die Stundenschwestern und Stundenbrüder trafen sich jeden Mittwochabend zur Gebetsstunde. Sie waren alle Laien, verkündeten einander das Evangelium und beteten miteinander; dies geschah neben den kirchlichen Gottesdiensten, ohne dass sie sich von der Kirche getrennt hätten.

Normalerweise gingen die Kinder des Ortes nicht zu diesen Stunden. Ich selbst hatte auch noch nie an einer solchen Stunde teilgenommen, aber eines Abends lief ich zum Bethaus, um Mama zu suchen. Ich wollte ihr etwas sagen, was ich am Abendbrottisch vergessen hatte. Sie hatte in aller Eile uns Kindern das Essen gemacht, dabei hatte ich vergessen, ihr von einem Einfall zu berichten, der mir gekommen war. Als ich mich wieder daran erinnerte, meinte ich, nicht warten zu können, bis sie wieder zurückkam. So betrat ich das Bethaus. Abends war es darin dunkel, daran war ich nicht gewöhnt. In dem trüben Licht konnte ich sie nicht erkennen, deshalb wartete ich im Hintergrund. Ich hörte, wie aus den „Gemeinschaftsliedern" gesungen wurde, einem geistlichen Liederbuch, das Hunderte von Liedern enthielt. Danach kam die Schriftlesung aus dem „Hiller", einem Andachtsbuch, das in allen Gemeinschaftsstunden benutzt wurde. Schließlich entdeckte ich Mama, aber sie bemerkte mich nicht – und ich wagte nicht, die Andacht der Stunde zu stören.

Der Leiter der Versammlung sprach darüber, wie es ist, wenn man sein Vaterland verlässt. Wie Abraham seine Heimatstadt Ur in Chaldäa verlassen hatte, wie Jakob in Abrahams Land zurückgegangen war, ehe er sich wiederum in einem anderen Land niederließ. Wie einer seiner Söhne, Josef, nach Ägypten verkauft wurde, wo er zu hohen Ehren kam, wie Mose, ehe er die Israeliten aus der Gefangenschaft führte, aus Ägypten wegging und unter den Midianitern in einem fernen Land lebte. Auch wie David seiner Familie weggenommen wurde, um fern seiner Heimat König Saul zu dienen. Den Zusammenhang verstand ich nicht, aber so viel verstand ich, dass wegziehen und sich anderswo in einer neuen Siedlung niederlassen zu unserem Leben in Bessarabien gehörte.

Ich wusste, dass Mama und Papa Mitglieder der Gemeinschaft waren, dass mein Vater Leiter der Gemeinschaft gewesen und in viele Dörfer gefahren war, um dort die Gebetsversammlungen zu leiten. Auch hatte ich oft Mama in ihrem Zimmer stundenlang beten hören. Viele Dinge, so pflegte sie zu sagen, wechseln im Leben, aber der Herr ist immer bei uns. Häufig hatte sie mir auch von Papas Krankheit und Tod berichtet, davon, wie er unter Schmerzen während seiner letzten Krankheit so laut gebetet hatte, dass die Nachbarn und auf der Straße Vorübergehende es hören konnten.

„Oskar, seine letzten Worte, ehe er die Augen für immer schloss, waren: ‚Macht die Tore weit und die Türen in der Welt hoch, dass der König der Ehren einziehe!' Er sprach dabei nicht davon, dass er in den Himmel einziehen werde. Was er meinte, war, dass er seine eigenen Tore weit öffnen wollte, um den König der Ehren, der zu ihm gekommen war, einziehen zu lassen. Oskar, das gilt auch für unser Leben. Wenn wir die Tore und Türen unseres Herzens öffnen, dann wird er kommen und bei uns wohnen. Und wie viel Gnade empfangen wir, wenn wir das tun."

An jenem Abend im Bethaus hörte ich mit gespanntem Interesse zu, denn nie zuvor hatte ich gesehen, was die Stundenbrüder und Stundenschwestern bei ihren Versammlungen machten. Ich stellte Vergleiche zu dem normalen Gottesdienst an. Alle Erwachsenen, alle Kinder besuchten ausnahmslos die normalen Sonntagsgottesdienste im Bethaus. Am Samstagmittag kamen alle Männer von den Feldern nach Hause, das war jeden Samstag so, es sei denn, ein Wetterwechsel machte es dringend notwendig, die Ernte einzubringen. Den Samstagnachmittag verbrachten sie damit, ihre Höfe und das ganze Dorf fein herzurichten. Da wurde geharkt und gefegt und alles für den Sonntag vorbereitet. Am Sonntagmorgen besuchte dann jedermann den Gottesdienst.

In den größeren Siedlungen wie Tarutino gab es große Kirchen. Zu den Dörfern kamen von Zeit zu Zeit Pastoren aus den umliegenden Orten. Jeder Pastor hatte in seinem Bezirk vier oder fünf Dörfer zu versorgen – und man erwartete von ihm, dass er mindestens zwei Mal im Jahr in jedem Dorf den

Gottesdienst hielt. Der Pastor für Mintschuna, der mich auch konfirmiert hat, war Pastor Erwin Meyer. Er unterstand dem Oberpastor Haase in Tarutino. Pastor Meyer nahm während seiner Besuche Amtshandlungen vor: Er segnete erneut Kinder, die in der Zeit seit seinem letzten Besuch durch Laienprediger getauft worden waren.

An den Sonntagen, an denen Pastor Meyer nicht in Mintschuna sein konnte, hielt der Küsterlehrer, der deutsche Lehrer, die Gottesdienste im Bethaus. Der Küster hielt die Gottesdienste gemäß der Schriftlesungsordnung, die für jeden Tag des Jahres herausgegeben wurde und wie es sie noch heute gibt: eine Lesung aus dem Alten Testament, eine Evangeliumslesung und eine aus den Briefen der Apostel, stets in derselben Ordnung.

Am Nachmittag, nach dem normalen Gottesdienst, kam die Dorfjugend zusammen. Die Konfirmanden erhielten Konfirmandenunterricht. Alle Kinder des Dorfes mussten erscheinen, auch die im Alter bis zu achtzehn Jahren, um an der Kinderlehre teilzunehmen. Einmal hatte ich das ganze dritte Kapitel des Johannesevangeliums auswendig gelernt. Es ist die Geschichte, in der Nikodemus Jesus fragt, wie ein Mensch neu geboren werden könne, wenn er schon alt ist. Als Kinder mussten wir überhaupt sehr viel auswendig lernen. Taten wir es nicht, so wurden wir zur Strafe körperlich gezüchtigt. Jedes Kind musste damit rechnen, einmal vor der ganzen Gemeinde die Fragen zu beantworten, die der Küster ausgesucht hatte. Es war ein strenges System, aber dadurch bewahrten wir deutschen Siedler in der Fremde unsere eigene Kultur.

Als ich an jenem Abend im Bethaus saß, während die Brüder und Schwestern im Gebet verharrten, wanderten meine Gedanken zum Nachmittag zurück. Ich hatte einen der rumänischen Schäfer beobachtet, der die Schafe des Dorfes zur allgemeinen Weide auf die Steppe führte, und beschlossen, ihn auf einem Teil seines Weges zu begleiten. Ich wollte sehen, wie er und die Herde auf der Steppe entschwanden, und dann noch vor Einbruch der Dunkelheit nach Hause zurücklaufen. Ich schaute dem Schäfer zu, wie er die Herde für den Austrieb vorbereitete. Er war ein junger Mann in den Zwanzigern.

Ich ging im trockenen Flussbett zwischen zwei großen, wellenförmigen Landrücken. Der Schäfer und seine Herde gingen vor mir durch das Gras und die Büsche, die das Flussbett säumten. Es ging etwas bergan, nordwestlich von Mintschuna. Wenn man fünfzehn Kilometer so weiterginge, würde man in das Dorf Kantemir gelangen und, noch etwas weiter, nach Neu-Josefsdorf. In beiden Dörfern war ich noch nie gewesen. Sehr weit würde ich mich von Mintschuna nicht weg wagen. Selbst wenn die Leute aus dem Dorf nicht gefährlich waren – so barg die Steppe doch viele andere Gefahren. Ich drehte mich um und sah den Pfad, den ich gerade gegangen war, die Bäume und Häuser des Dorfes als dünne Linie am Flussbett zwischen dem Tal und der wogenden Steppe. Dann blickte ich wieder nach vorn und sah, wie dieses weite Meer der Steppe sich nach allen Richtungen bis zum Horizont erstreckte. Nichts unterbrach dieses Bild außer ein paar schwarzen Punkten, wahrscheinlich Feldarbeiter. Mir kamen sie wie Schiffe auf dem offenen Meer vor, weit voneinander entfernt. Dieses Meer war im Frühling grün.

Ich dachte über die Rolle des Hirten nach, der in der Bibel so oft erwähnt wurde. Wir deutschen Siedler pflegten kaum Umgang mit den Rumänen, aber unsere Schafe vertrauten wir ihnen an. Wo der Schäfer sie hinführte, wussten wir nicht, seine Aufgabe war es, über sie zu wachen. Ihm vertrauten die Hütehunde, die kilometerweit durch die trockene Steppe streiften, seine Autorität wurde nicht in Frage gestellt. Ihm vertrauten auch die Schafe auf ihre eigene Weise, obwohl man das nicht hätte annehmen sollen, wenn man sie so sah, wie sie herumhüpften und über die Steppe davonstoben, worauf die Hunde hinter ihnen herjagten und sie wieder zusammentrieben.

Das Schauspiel der Schafe, Hunde und des Hirten, ihr lärmendes Konzert bei der Wanderung schlug mich ganz in seinen

Bann. Bald merkte ich, dass ich ihnen schon zu weit gefolgt war. Ich musste schleunigst umkehren, ehe die Sonne sich noch weiter dem flachen Horizont näherte.

Auf meinem Rückweg zum Dorf musste ich daran denken, dass es eine Sache ist, über und mit Gott zu sprechen, wenn man im Bethaus sitzt, umgeben von Brüdern und Schwestern. Eine ganz andere Sache ist es, draußen in der Nacht sein Haupt auf die Steine zu legen oder auch nur wach dazusitzen und die Schafe im Mantel der Nacht zu bewachen. Dann stellte ich mir den Himmel in seiner ungeheuren Unendlichkeit vor. Und der Mensch schien mir auf einmal nichts anderes zu sein als ein winzig kleiner Teil in dem Großen und Ganzen des Himmels und der Erde.

Ich eilte nach Hause, dem Flussbett im Tal folgend. Als ich den Baumreihen und den ersten Häusern des Dorfes näherkam, bewegte mich der Gedanke, dass das Dorf der deutschen Siedler einer Herde vergleichbar war, die Sicherheit und Identität verlieh. Jeder Mensch war ein Einzelwesen, sicherlich. Aber er war zugleich Mitglied einer Familie, Mitglied des ganzen Dorfes der deutschen Siedler, die sich von den anderen Menschen der Gegend durch ihre Sprache, ihre Lebensgewohnheiten und ihren lutherischen Glauben unterschieden. Dieses gemeinsame Erbe war Teil jedes Einzelnen, es konnte nicht von ihm getrennt werden. Aber war es genauso wichtig wie die gemeinsame Zugehörigkeit zu Gottes unendlicher Schöpfung?

Das wollte ich Mama erzählen, als ich sie im Bethaus suchte. Es stellte sich heraus, dass ich lange warten musste, bis die Versammlung zu Ende war. Also sprach ich mit ihr auf dem Heimweg darüber.

Als ich meine aufgeregte Schilderung beendet hatte, nahm Mama mich einfach ganz fest in die Arme. Sie sagte nichts, aber ich verstand auch so. Für einen Abend war genug gedacht und geredet worden. Ich gehörte dazu. Ja, da gab es gar keine Frage, ich gehörte dazu.

3

Eines Tages herrschte helle Aufregung in Mintschuna. Die Männer des Dorfes waren für den Abend, noch vor dem Abendbrot, zu einer Versammlung geladen worden. Die Kinder sprachen darüber. Ein Mann würde mit einem Wagen kommen, auf dem er einen Kasten mit sich führte, den keiner von uns bisher je gesehen hatte. Dieser Kasten konnte Signale durch die Luft empfangen, ohne dass er eine Telegrafenleitung benötigte. Die drahtabhängige Telegrafie hatte ich kennen gelernt, als man mich zur Drainage meines durch Scharlach geschädigten Ohres ins Krankenhaus gebracht hatte. Doch dieses Radio war viel mehr als drahtlose Telegrafie. Die Kinder sagten, es könne Stimmen ausstrahlen und empfangen. Das wollte ich auch sehen.

Ich fragte Mama, ob ich wohl an der Versammlung der Männer teilnehmen dürfe.

„Du kannst gehen, Oskar. Aber halte dich bitte aus allem heraus. Du weißt nicht, wie Bauern sein können. Es ist schwer, sie für etwas zu begeistern ... Aber wenn man sie aufhetzt, können sie sich in der Masse verhalten, wie du das noch nie erlebt hast.“

Normalerweise ließ Mama mich frei im Dorf herumlaufen. Es gab so wenige Gefahren, wenn man von Unfällen oder Krankheit absieht. Es war auch so gut wie ausgeschlossen, dass irgendein Bewohner des Dorfes einem anderen etwas antun könnte. Wir gingen schließlich alle zum Gottesdienst ins Bethaus, führten ein rechtschaffenes und arbeitsames Leben. Davon abzuweichen, war keinem gestattet. Politische Versammlungen hatten in Mintschuna bisher äußerst selten stattgefunden.

Voller Erwartung machte ich mich bereits am Nachmittag auf den Weg. Ich trat aus dem kühlen Schatten unseres Hofes. Meine Aufregung wuchs, als ich die lange braune Dorfstraße hinunterrannte. Die Stille des Tages wurde nur hin und wieder durch den Ruf eines Vogels, durch das Lachen eines Kindes in der Ferne unterbrochen. Kein Motorengeräusch. Es lag so viel Glückseligkeit in der ruhigen, klaren Luft.

Ich lief zur Mitte des Dorfes hin und orientierte mich am Geschrei der anderen Kinder. Sie spielten hinter der Kanzlei Nachlaufen. Ich warf einen kurzen Blick in die Straße, wo der Ziegeleibesitzer wohnte. Reihe auf Reihe waren dort die Ziegel gestapelt. Dann schaute ich kurz auf das Haus von Gottlieb Schlapp. An seinem Giebel stand ein merkwürdiger Spruch: „Dies Haus gehört mir und gehört mir doch nicht. Auch der Nächste, der darin wohnen wird, wird es nicht besitzen. Und auch den Dritten wird man hinaustragen. Meine Freunde fragen: wessen Haus ist es eigentlich?" Was bedeutete das? Später wurde mir klar, was er damit sagen wollte: Wir müssen bereit sein, alles, was wir besitzen, wegzugeben, weil es in Wahrheit Gott gehört und nicht uns selbst.

Ich entdeckte, dass die Kinder, mit denen ich spielen wollte, zum trockenen Flussbett hinuntergelaufen waren. Ich ging ihnen nach, und über dem Spiel vergaßen wir die Zeit, bis wir auf einmal bemerkten, dass sich die Sonne dem Horizont näherte und die Männer vom Feld heimkehrten. Da erinnerten wir uns plötzlich an das Radio und die Versammlung. Wir liefen eilig ins Dorf zurück, um den kleinen Kasten zu suchen, von dem wir gehört hatten.

Das Radio hing an einem Kästchen, das sich als Lastwagenbatterie entpuppte. Kopfhörer waren angeschlossen, die wir alle nacheinander aufsetzten. Es knisterte und knackte, und wir lauschten angestrengt auf die schwer verständliche Geräuschkulisse der Kurzwelle. Zugleich hatten wir das Gefühl, dass hier etwas ganz Wichtiges in unser Leben einbrach. Dieses Knistern konnte Telegrafensignale weitertragen! Dieses Knacken konnte die menschliche Stimme verbreiten! Obwohl wir diese Stimme gar nicht hörten, glaubten wir sehr wohl, dass man sie auf diese Weise übertragen konnte. Und zum ersten Mal begriffen wir, dass uns dieses Medium eines Tages mit der fernen, weiten Welt verbinden würde, die uns damals noch völlig unbekannt war.

Die Männer, die das Radio nach Mintschuna brachten, waren Mitglieder der Eisernen Garde (Garda de fier). Damals war mir noch unbekannt, dass sie eine illegale rechtsextreme Partei repräsentierten, die Rumänien für die Machtübernahme durch die faschistische Eiserne Front vorbereiten wollte. Gespannt hörte ich zu, während die Männer in flammenden Worten über Themen sprachen, die ich nicht verstand. Es gelang ihnen, wie meine Mutter vermutet hatte, die Emotionen aufzuputschen. Bald hatten sie die Zuhörerschaft in eine schreiende Horde verwandelt, die „Heil, Gussa!", „Heil, Goga!" schrie. Das waren Männer in Bukarest, die den Bauern vermutlich ebenso unbekannt waren wie mir. Bruchstückhaft fing ich Sätze und Formulierungen auf, deren sich die Redner bedienten: „Blut und Boden ... Reinheit der Sitten und der Sprache ... unsere Menschen, unsere Gemeinden ..." Mir fiel auf, dass die Redner Schlagstöcke in der Hand hielten.

„Wir stellen hier nur Splitter des Deutschtums dar. Wie wollen wir unsere völkische Existenz unter so vielen Fremdvölkischen erhalten? Schon unsere Anwesenheit hier ist der Anlass zu Spannungen zwischen den Volksgruppen und den Nationen. Und dennoch: Dürfen wir als die Repräsentanten hochwertigen Blutes uns einfach in die hiesigen Volksgruppen assimilieren lassen? Nein, und abermals nein! Es müssen andere Wege gefunden werden, die unser Deutschtum nicht leugnen oder schwächen. Niemals dürfen wir eine solche Entweihung und Schändung unseres Herkommens, unserer Hochkultur und unserer Blutsbande zu unseren deutschen Vorfahren zulassen!"

Wieder erklangen die Rufe „Heil, Gussa", „Heil, Goga."

Da standen die Redner der Eisernen Front vor den Bauern des Dorfes, die nicht wussten und auch nicht verstehen konnten, dass die Männer der Eisernen Garde von Leuten finanziert wurden, die Hunderte von Kilometern von Bessarabien und selbst von Bukarest entfernt waren. Diese Bauern besaßen weder Radio noch Telefon und hatten folglich nur sehr wenig Verbindung zur Außenwelt. Ein Wochenblättchen aus Tarutino, das war alles. Es war ihnen völlig unmöglich, die Dinge zu durchschauen, die ihnen hier vorgetragen wurden. Die hereinbrechende Dunkelheit und die Abendbrotzeit setzten der Versammlung kein Ende. Man entzündete Fackeln, und die Reden gingen weiter.

Mit den anderen Jungen verließ ich die Versammlung vor den Männern. Als ich in der Abenddämmerung nach Hause ging, hatte ich in der Magengrube ein kribbelndes Gefühl, als sei ich Zeuge einer großen Veränderung geworden. Was es aber eigentlich war, das wusste ich nicht.

Die Dunkelheit umfing Mintschuna. In allen Häusern, auch in unserem, zündete man die Petroleumlampen an. Der gelbe Schein, der durch das Fenster fiel, begrüßte mich. Der köstliche Duft des Abendessens schlug mir entgegen, als ich unseren Hof betrat. Ich war froh, wieder in den Schutz unseres Hauses und unserer Familie zurückzukehren.

Mama begrüßte mich mit einer herzlichen Umarmung. Um ihren kräftigen Körper hatte sie eine Schürze gebunden. Meine Mutter war nicht viel größer als ich selbst. Draußen, am Gewölbe des bessarabischen Himmels erschienen die ersten Sterne. Ihr Licht war warm und sanft wie die Lichter, die aus den Häusern drangen. Alle Kinder waren jetzt sicher in ihrem Zuhause unter ein und demselben schützenden himmlischen Baldachin.

Wir wussten noch nicht, dass die heile Welt Bessarabiens im Begriff war, Risse zu bekommen.

2. Teil

Im Zwielicht

4

Ich beobachtete, wie die breite Dorfstraße sich in einen Strom von Menschen verwandelte. Zunächst waren es Hunderte, dann Tausende. Alles hatte als ein kleines Rinnsal von rumänischen Flüchtlingen begonnen. Innerhalb von Stunden war daraus ein Strom geworden.

Es war im Juni 1940. Ich hatte die vorausgehenden neun Monate an der Oberschule für Jungen, dem Gymnasium in Tarutino zugebracht. Manche Nacht während dieser langen Monate hatte ich wach gelegen und mich danach gesehnt, wieder bei meiner Familie zu sein. Jetzt, da ich für die Sommerferien nach Hause gekommen war, regierten überall Chaos und Angst. Es hieß, die russische Rote Armee, stünde nur einige Tagesmärsche entfernt, sie würde kommen und Bessarabien besetzen.

Ein nicht enden wollender Strom von Menschern ergoss sich durch Mintschuna. Die meisten saßen auf übereilt beladenen Pferdewagen. Ganz wenige fuhren mit Autos durch das Dorf. Viele gingen auch zu Fuß – so viel sie nur konnten, in Säcken auf dem Rücken mit sich schleppend. Der Flüchtlingsstrom endete drei Tage und Nächte lang nicht. Die meisten waren Rumänen. Wir deutschen Siedler verließen unser Dorf nicht. Durch den Nichtangriffspakt zwischen Hitler und Stalin waren wir geschützt. Viele Rumänen aber, die diesen Schutz nicht genossen, fürchteten Tod oder Verschleppung nach Sibirien, wenn sie den Russen in die Hände fallen sollten.

Der Tag, an dem alles begann, war der 28. Juni 1940. Bessarabien war von der Sowjetunion annektiert worden. Die 1919 festgelegten Grenzen wurden durch Streitkräfte unter Gewaltandrohung verschoben. Als die rumänische Regierung von der Sowjetunion aufgefordert wurde, Bessarabien innerhalb von 72 Stunden zu evakuieren, und das Deutsche Reich dazu riet, dieser Forderung nachzugeben, durfte Rumänien keine Zeit mit dem Rückzug seiner Truppen verlieren. Die Soldaten zogen sich westwärts an den Fluss Pruth zurück. Die rumänischen Staatsbürger musste man nicht erst auffordern zu gehen. Sie schlossen sich ihren flüchtenden Truppen an, ehe die Russen einrückten.

Die rumänischen Soldaten, die durch Mintschuna kamen, tauschten bei den Bauern, auch bei Mama, ihre Pferde gegen frische Tiere für die Flucht ein. Die Dorfbewohner waren ständig auf Posten, weil sie Diebstähle befürchteten. Wir hatten keine Ahnung, dass wir in weniger als vier Monaten ebenfalls alles, was wir zu retten suchten, verlassen mussten.

Am dritten Tage ließ der Flüchtlingsstrom nach. Gelegentlich schleppte sich noch eine Familie mit völlig überladenem Wagen durch das Dorf. Am darauf folgenden Tag waren die russischen Panzer da. Zwischen 20 und 30 Kampfwagen fuhren, in eine Staubwolke gehüllt, in das Dorf ein. Für die Kinder Mintschunas war das ein aufregendes Erlebnis. Die gepanzerten Fahrzeuge rasselten, polterten und röhrten wie Ungeheuer. Die russischen Panzerfahrer ließen uns auf die Tanks klettern und ein Stück mitfahren. Ich war dreizehn und etwas mutiger als die jüngeren Kinder. So kletterte ich vorn auf einen Panzer, als er gerade stoppte und hielt mich am Rohr der Kanone fest. Ein Russe, der in der Luke des Panzerturms stand, rief mir etwas zu, das ich nicht verstand. Dann winkte er und brüllte vor Lachen, als das Ungetüm sich unbeholfen in Fahrt setzte. Ich fuhr auf dem Panzer mitten auf der Dorfstraße durch Mintschuna bis zum Ende des Dorfes, wo die Russen alle ihre Panzer abstellten und ein Lager errichteten.

Jede Panzerbesatzung bestand aus drei oder vier Männern. Nachdem sie die Panzer abgestellt hatten, kamen die russischen Soldaten ins Dorf zurück. Wir Kinder liefen vorneweg.

Die Dorfbewohner fanden bald heraus, dass die russischen Panzerfahrer dicke Bündel von Banknoten besaßen. Wo immer sie vorher gewesen sein mochten, sie hatten dort keine Möglichkeit gehabt, etwas einzukaufen. Über Nacht waren die Vorratslager des Ortes geleert. Geld schien für die Russen keine Rolle zu spielen. Sie waren so unterversorgt, dass sie einem Kaufmann, der vierzig Kopeken für ein Pfund Zucker verlangte, zehn Rubel gaben und den ganzen Sack Zucker mitnahmen. Sie machten den Eindruck, als hätten sie in ihrem ganzen Leben nie etwas besessen. Was ihnen unter die Hände kam, wurde umgehend gekauft.

Die Russen taten niemandem in Mintschuna etwas zu Leide. Jeder schien mit ihnen zufrieden zu sein. Aber die Dorfbewohner sahen auch, was für eine ärmliche Armee da in Bessarabien eingerückt war – trotz des vielen Geldes in ihren Taschen. Die Russen boten ein widersprüchliches Bild. Ihre Panzer waren alt und abgenutzt, aber immerhin waren es Panzer. Für die Dorfbewohner, die für schwere Zugarbeiten nur Pferde kannten, waren die russischen Fahrzeuge moderne Maschinen. Anders sah es bei den halbverhungerten Soldaten aus. Für die wohlgenährten Bauernfamilien des Dorfes waren sie der lebende Beweis dafür, dass die Lebensbedingungen in Russland wirklich so schlecht waren, wie immer behauptet wurde.

Am Tag darauf zogen die Panzer weiter, und russische Soldaten rückten an, die Infanterie. Sie wurden auf offenen Lastwagen transportiert. Eng gepackt wie Sardinen standen sie auf der Ladefläche, mit Seilen gesichert, damit sie nicht vom Wagen geschleudert wurden, wenn dieser holpernd übers Land fuhr. Hunderte von Lastwagen, jeweils mit 30 bis 40 Soldaten beladen, fuhren durch das Dorf.

Mir schien, dass die Soldaten schlimmer behandelt wurden, als wir mit unseren Tieren umgingen. Es waren ausgemergelte, hohlwangige Männer in zerlumpten Uniformen. Sie machten jedenfalls nicht den Eindruck, als seien sie einsatzbereit – und dabei hatte der Krieg noch gar nicht richtig begonnen. Im Unterschied zu den Panzerbesatzungen durften die Infanteristen keinen Kontakt zu Dorfbewohnern aufnehmen. Außerhalb des Dorfes schlugen sie ein eigenes Lager auf, das mehr Fläche einnahm als das Dorf selbst. Am folgenden Tag zogen sie weiter nach Westen.

Nur ein kleines Kontingent, vielleicht ein Dutzend Soldaten, blieb in Mintschuna zurück. Am Anfang verlief noch alles im gewohnten Rahmen. Doch dann wurde plötzlich der Bürgermeister des Ortes vom kommandierenden russischen Leutnant seines Postens enthoben. An seiner Stelle wurde der größte Feigling des Dorfes zum neuen Bürgermeister ernannt. Leute aus dem Dorf, die in Russland gelebt hatten, sagten, dies sei die Methode der Kommunisten: Sie ließen Amtsträger einsetzen, die sie leicht einschüchtern konnten.

Nach einigen Tagen erhielten alle männlichen Bewohner die Anweisung, nicht mehr auf ihre Felder zur Arbeit zu gehen, sondern sich stattdessen jeden Morgen um fünf Uhr vor der Kanzlei zu melden. Dort würde man ihnen sagen, was sie im Kollektiv zu arbeiten hätten. Wenn früher ein Bauer auf sein Land fuhr, um zu pflügen, so entschied er selbst über seine Arbeit; das war nun vorbei. Stattdessen wies man die Männer an, auf einen vorher bestimmten Bauernhof zu gehen und dort miteinander zu pflügen. Es gab keine förmliche Landenteignung, aber die Männer wurden ihrer Selbstständigkeit beraubt und konnten nicht mehr frei über ihre Zeit verfügen. Die Wirkung war die gleiche, als hätte man ihnen das Land weggenommen.

Binnen kürzester Zeit erstickte die Sinnlosigkeit dieses Verfahrens jeglichen Wunsch der Bauern, weiterhin an ihrem Land festzuhalten. Dabei besaßen sie schöne und stattliche Bauernhöfe und Häuser. Noch im Frühsommer des Jahres 1940 hatten sie begonnen, ihre Felder zu bearbeiten, ohne die leiseste Ahnung, dass sie ihren Besitz jemals aufgeben könnten. Im August aber dachten sie bereits daran, alles zu verlassen und wegzugehen. Das Kollektivsystem, das man ihnen auferlegte, sorgte für einen raschen Sinneswandel.

Diese dramatischen Veränderungen in Mintschuna waren kein Einzelfall. Und so ließen sich fast alle 92 000 Deutschen, die in Bessarabien lebten, für eine Umsiedlung eintragen. Die es nicht taten, hatten besondere Gründe zu bleiben – etwa wenn sie in Mischehen lebten.

Das Deutsche Reich trat Ende Juli in Verhandlungen mit der Sowjetunion über eine Rückführung der Volksdeutschen ein, und am 5. September wurde ein Vertrag unterzeichnet. Er enthielt einen Artikel, nach dem die Bessarabier deutscher Abstammung sich für eine Umsiedlung registrieren lassen konnten. Diese sollte zwischen dem 5. September und dem 15. November stattfinden. Im Vertrag war detailliert festgelegt, welcher Besitz nicht aus Bessarabien mitgenommen werden durfte.

Eine gemeinsame deutsch-sowjetische Umsiedlungskommission wurde gebildet. Sie verschickte an alle Betroffenen die Aufforderung, sich an einen Umsiedlungsbeauftragten des Deutschen Reiches zu wenden, der in jede einzelne Siedlung geschickt wurde.

Mitte September kamen die Umsiedlungsbeauftragten auch nach Mintschuna. Sie trugen jeden deutschen Haushalt in Listen ein – mit allen Namen der Familienmitglieder, deren Alter, mit allem persönlichen Besitz, Größe der Felder, Zahl und Art des Viehbestandes ... Die deutschen Siedler wurden nicht nur gegen alle Übergriffe von Seiten der Russen geschützt, man versprach uns auch im Falle der Umsiedlung vergleichbare Besitzungen im Deutschen Reich.

Jeder Einzelne in Mintschuna ließ sich registrieren, um „heim ins Reich“ zu gehen, das doch keiner von uns kannte. Ende September, so wurde uns mitgeteilt, sollten alle Dorfbewohner an ein und demselben Tag den Ort verlassen.

Am Morgen unserer Abfahrt ertönte früh um 6 Uhr eine laute Sirene – das Signal zum Aufbruch. Jeder hatte eine Umsiedlungskarte bekommen, die wir wie ein Namensschild an einer Schnur um den Hals trugen. Die Karten waren sehr begehrt, verliehen sie uns doch Sicherheit und einen Status, den keine andere Volksgruppe in Bessarabien genoss. Die Russen erkannten diese Umsiedlungskarte vorbehaltlos an.

Bald bewegte sich ein langer Wagenzug auf dem Weg von Mintschuna zur 15 km entfernten Bahnstation in Romanowka. Als wir uns Romanowka näherten, kam uns eine große Menschenmenge entgegen, Rumänen und andere Volksgruppen. Sie standen weinend am Wegesrand und winkten uns zu. Wir waren die Glücklichen, mit unseren Umsiedlungskarten um den Hals! Die da am Wege standen besaßen nicht das Vorrecht, irgendwohin zu gehen. Viele von ihnen, insbesondere die reichen Bulgaren, sind wahrscheinlich in den nächsten Tagen liquidiert oder in Zwangsarbeitslager verschleppt worden.

Am Bahnhof in Romanowka wurden alte Menschen, Frauen und Kinder zum Zug geleitet. Mama, meine Schwester und ich gehörten zu dieser Gruppe. Die Männer sollten die Pferdewagen mit unseren Besitztümern nach Galatz, einer Stadt an der Donau, führen und uns einige Tage später dort treffen. Wir fuhren mit dem Zug in Richtung Südwesten durch die Steppe und über den Pruth nach Galatz. Gleichzeitig mit uns strömten etwa 90 000 Deutsche aus ganz Bessarabien auf diesen Ort zu.

In Galatz brachte man uns zusammen mit den übrigen Frauen und Kindern des Dorfes zu zwei großen Flussbooten der Donau-Dampfschifffahrts-Gesellschaft. Wir sahen, wie sich die Straßen von Galatz in ein Meer von Pferdewagen, beladen mit dem Besitz der Familien, verwandelten. Die Fahrgastboote waren breit und niedrig, jedes fasste etwa 100 Passagiere, so dass eine Flotte von fünf Booten nötig war, um die gesamte Bevölkerung Mintschunas von 470 Personen zu transportieren. Unser Transport füllte zweieinhalb Boote. Die Männer mit unserer Habe würden einige Tage später nachkommen und ebenso viele Boote füllen. Alle Bauern mussten Pferde und Wagen in Galatz zurücklassen, weil der Transportraum auf den Booten für eine

Verladung nicht ausreichte. So würde es auch unseren Pferden und unserer Habe ergehen. Wir konnten das schon erkennen, als wir vom Zug zu den Booten gingen. Ganz Galatz versank im Chaos dieses herrenlosen Gutes.

Alles änderte sich, sobald wir an Bord waren. Ich lief auf dem ganzen Boot herum und hatte eine fantastische Zeit, weil ich so viele Dinge sah, die mir unbekannt waren. Alle Leute auf dem Boot kamen aus Mintschuna. Außer den Männern der Umsiedlungskommission und der Besatzung war sonst niemand an Bord. So konnten wir Kinder während der sechstägigen Reise flussaufwärts nach Prahovo miteinander spielen. Wir merkten nicht viel von der Zukunftsangst, die unsere Mütter sicherlich empfunden haben müssen.

In Prahovo gingen wir von Bord. Man geleitete uns zu einer Zeltstadt in einem Park. Niemand durfte die Zeltstadt verlassen. Die Eltern hatten natürlich Angst, dass wir unter den vielen Tausenden von Kindern verloren gehen könnten, und ließen uns erst recht nicht frei herumstromern. Einige Tage vergingen, ehe die Boote ankamen, auf denen sich die Männer aus Mintschuna befanden. Zum ersten Mal seit der Abfahrt des Zuges in Romanowka war unser Dorf wieder vereint.

Trotz der beengten Lebensverhältnisse in der Zeltstadt wurden wir regelrecht hofiert. Männer und Frauen aus dem Reich versorgten uns. Als wir in der Zeltstadt ankamen, durften nicht einmal die Mütter ihre eigenen Säuglinge tragen. Rot-Kreuz-Schwestern in Uniform erschienen und nahmen die Kinder an sich, halfen den Müttern bei der Pflege. Wir bekamen regelmäßig warme Mahlzeiten. Volksmusik erklang aus den Lautsprechern, und alles Mögliche wurde unternommen, um uns das Gefühl zu vermitteln, dass wir in die Heimat zurückgekehrt seien. Viele dieser Volkslieder kannten wir schon aus Bessarabien. Auch Flaggen und politische Spruchbänder gab es reichlich; sie alle vermittelten die Botschaft: Die Bessarabiendeutschen kehren heim ins Reich. Ich war ein Junge von 13 Jahren und voll in meinem Element.

Während unserer Zeit in der Zeltstadt wurden wir registriert und gezählt. Man traf Vorkehrungen für unsere Einbürgerung, und die Bestimmungsorte in Österreich wurden festgelegt, in die wir geschickt werden sollten. Die meisten sollten in Klöstern und Konventen untergebracht werden, die das Dritte Reich im Enteignungsverfahren der Katholischen Kirche weggenommen hatte. Österreich war zu jener Zeit bereits Teil des Deutschen Reiches, Ungarn hingegen war noch unabhängig, obwohl schon sehr stark unter deutschem Einfluss. Was uns betraf, so war Österreich für uns dasselbe wie Deutschland.

Wir blieben zehn Tage in der Zeltstadt. Dann ging es auf dem Schienenweg weiter nach Österreich. Als wir an die Reihe kamen, brachte man uns mit dem Bus zum Bahnhof, wo wir den Zug nach Wien bestiegen.

Wien! Etwas hilflos standen wir in der riesigen Bahnhofshalle, die vom ohrenbetäubenden Lärm der Dampfloks erfüllt war. Niemals zuvor hatten wir so etwas gehört und gesehen. Züge liefen ein, manchmal fünf oder sechs gleichzeitig auf verschiedenen Gleisen, ebenso viele liefen aus dem Bahnhof aus. Alles war in Bewegung. Überall dröhnte der Lärm. Das Ganze wirkte wie ein organisiertes Chaos. Bis vor drei Wochen hatten wir nichts anderes gekannt als die Geräusche der endlosen Steppe, das Schnauben und Wiehern der Pferde. Wir ließen alles über uns ergehen.

Ein Mitglied der Umsiedlungskommission führte uns zu unseren neuen Zügen. Zum Abschiednehmen blieb gar keine Zeit, wir mussten uns ganz darauf konzentrieren, in dem Durcheinander den richtigen Zug zu finden. Fast das halbe Dorf, darunter auch meine Familie, fuhr nach Krems, einer Stadt, die in westlicher Richtung flussaufwärts lag. Nach der Ankunft in Krems sollten wir mit Bussen nach Wolfsberg, einem Kloster ungefähr 22 Kilometer von Krems entfernt, gebracht werden. Andere Leute in unserem Zug sollten in das Kloster Spitz gebracht werden, wieder andere in das Kloster Göttweig, das 10

Kilometer entfernt lag. Diese Klöster waren für unsere Unterbringung vorbereitet worden. Dort sollten wir so lange bleiben, bis der Umsiedlungsstab des Reiches befand, dass Westpreußen sicher genug sei, wo wir durch Ansiedlung auf einem Bauernhof entschädigt werden sollten.

5

Die Nachmittagsschatten wurden bereits länger, als wir durch die Busfenster die Stadt Krems und das malerische Donautal vor uns liegen sahen. Während der Bus durch Krems kurvte, begann die Sonne bereits hinter den steilen Bergen jenseits des Flusses zu versinken.

Krems schien uns das Idealbild einer deutschen Stadt zu sein mit ihren hohen Giebeln, den Stuckfassaden, den roten Ziegeldächern, den Blumenkästen vor den Fenstern ... Der Bus fuhr weiter und brachte uns zu dem Kloster, das uns aufnehmen sollte. Über Jahrhunderte hinweg war dieser Ort ein katholisches Kloster gewesen, jetzt würde er uns als provisorische Unterkunft dienen, bis wir wieder eigenen Grund und Boden bekommen sollten. Der Bus kroch eine enge Straße hinauf, die sich um die Besitzungen des Klosters wand, dann hielten wir vor dem Eingangstor. Die Mitglieder der Umsiedlungskommission gingen hinein und blieben lange weg.

Aus dem Busfenster sah ich die Klostergebäude und angrenzenden Grundstücke. Es gab zwei Hauptgebäude, die wie zwei Quadrate ausgelegt waren, deren eine Seite offen war. Diese offenen Seiten lagen einander gegenüber, so dass sie zusammen ein Rechteck bildeten, in dessen Mitte der Klosterhof lag. Die Gebäude waren mit Stuckarbeiten verziert und hatten steil aufragende Ziegeldächer, ganz wie die Häuser in Krems. Ein bisschen ähnelten sie auch unseren Häusern in Mintschuna, nur waren sie viel größer. Ein Trakt wurde von einem reich verzierten Turm überragt, der mit Statuen, Ornamenten und giebelartigen Vorbauten geschmückt war.

Schließlich kam die Umsiedlungskommission zurück und geleitete uns in das Gebäude. Drinnen war es sehr dunkel. Wir standen nebeneinander in einer Art Eingangshalle, deren Fußboden und Wände aus Stein waren. Jedes Geräusch erzeugte ein Echo, selbst ganz leises Flüstern. Der Raum hatte auch einen ganz eigenartigen Geruch, kalt und modrig, ein bisschen wie Mehltau. Wahrscheinlich hatte sich in diesem Kloster seit Hunderten von Jahren nichts geändert, es war immer kühl und feucht gewesen.

Sobald alle Leute in der Eingangshalle standen, wurden wir um Aufmerksamkeit gebeten. Die Umsiedlungsleiter, die mit uns von Mintschuna bis hierher gereist waren, hießen uns willkommen. Sie hatten die Kleidung gewechselt, trugen jetzt braune Uniformen und rote Armbinden mit Hakenkreuzen. Ich schaute an den Beamten vorbei in die Korridore, die von der Eingangshalle abgingen: endlos lange, dunkle Flure mit dunklen Holztüren auf beiden Seiten. Man hatte das Licht noch nicht angemacht, aber von der Decke sah ich ein paar Glühbirnen baumeln.

Schwestern, ebenfalls in braune Blusen und Röcke gekleidet, teilten uns die Zimmer zu. Nicht lange, und eine Schwester rief Mamas Namen auf. Sie war groß und schlank, hatte breite Schultern, und ihr hellbraunes Haar war straff zu einem Knoten gebunden. Sie lächelte nicht. Mama, meine Schwestern und ich wurden einen der langen Korridore hinuntergeführt. Dann ging es schweigend eine alte Steintreppe zum zweiten Stock hinauf. Die Treppe war sehr steil, eng und düster. Mama ging wortlos dahin, meine Schwestern und ich schauten uns um, fanden aber nichts, was unser Interesse gefunden hätte.

Endlich standen wir vor der Tür zu unserem Zimmer. Früher war es die Zelle eines Mönchs gewesen und mit einem Bett und spärlichem Mobiliar ausgestattet. Jetzt standen auf engstem Raum vier Betten darin. Mama ging zwischen den Betten hindurch und schaute durch den kleinen Fensterspalt am Ende des Raumes. Sie hatte die Arme in die Hüften gestemmt. Wir standen hinter ihr.

„Das Zimmer ist nicht sehr groß, Mama."

„Hier bleiben wir aber nicht lange, nicht wahr, Mama?"

Mama drehte sich zu uns um. „Nein, bestimmt nicht lange, Ella." Sie war sehr müde, und aus ihrer Stimme klang Zweifel. „Wir werden bald wieder unseren eigenen Bauernhof haben."

„Mama, hier gibt es keine Küche. Wo können wir essen?"

Die Schwester meldete sich zu Wort: „Abendbrot ist heute im Speisesaal im ersten Stock um 7 Uhr. Sie müssen sich um viertel vor sieben vor dem Speisesaal einfinden. Ich führe Sie dann hinein."

Ella legte sich auf eins der Betten, streckte sich und seufzte tief. Sie hatte die Hände hinter ihrem Kopf verschränkt.

„Du, da!", rief die Schwester. „Steh sofort auf. Niemand hat dir erlaubt, dich hier hinzulegen. Wir haben nur wenig Zeit bis zum Abendessen."

Ella schaute Mama an. Mutter stand regungslos da, nach wie vor die Arme in die Hüften gestemmt. Leichte Röte stieg ihr ins Gesicht, sie blickte die Schwester schweigend an. Die Dinge schienen sich zu klären, Ella war wieder aufgestanden.

Erneut meldete sich die Schwester. „Zum Abendessen stellen sich alle auf dem Flur mit dem Rücken zur Wand auf. Wenn alle so weit sind, gehen wir geschlossen zum Speisesaal. Dabei darf nicht gesprochen werden ... Ach ja, zum Waschen habt ihr hier ein Becken und als Toilette einen Topf. Wasser gibt es an einem Brunnen im Hof. Ihr werdet noch erfahren, wo ihr den Topf leeren könnt. Jetzt bleiben nur noch wenige Minuten bis zum Abendessen."

Die Schwester hatte Recht, wir hatten nicht mehr viel Zeit. Eine schrille elektrische Klingel ertönte auf den Fluren, ein unangenehmer, metallener Klang. In Mintschuna hatte es so etwas nicht gegeben, es war auch nicht nötig gewesen. Sonne und Mond und die Jahreszeiten hatten unsere Zeiteinteilung bestimmt. Alle Familien schauten vorsichtig aus ihren Zimmern, traten dann heraus und stellten sich an den Wänden der Korridore auf.

„Achtung! Hergeschaut." Alle taten, was die Schwester anordnete. „Wir gehen zum Abendessen."

In Zweierreihe marschierten wir schweigend den Flur entlang. Hin und wieder wurden ängstliche Blicke gewechselt.

Im Speisesaal fanden mehrere Hundert Menschen an langen, parallel aufgestellten Tischen Platz. Glühbirnen hingen an Kabeln über den Tischen, deren spärliches Licht unheimliche Schatten auf die Gesichter derer warf, die direkt darunter standen.

Die Schwestern führten uns zu unseren Plätzen. An dem Tisch vor uns fand eine ganze Familie Platz, nur ein Mädchen blieb über. Sie wurde an das Ende des nächsten Tisches verwiesen. Die Eltern protestierten, aber die Schwestern nahmen gar keine Notiz von ihnen und taten so, als ob sie gar nicht da wären.

Allmählich waren alle Tische besetzt, aber keiner setzte sich. Neugierig schaute ich mich um. Was würde als nächstes passieren? Am Kopfende des Saales war ein Tisch quer aufgestellt worden. Hinter diesem Tisch hatte man an der Wand die rote Hakenkreuzflagge des Deutschen Reiches aufgehängt. Einige Männer in Uniform, darunter auch die Männer der Umsiedlungskommission, standen dort und unterhielten sich. Einer von ihnen war besonders groß, breitschultrig und sehr schlank. Ich beobachtete ihn. Wie die anderen trug er eine braune Uniform, aber sie war doch etwas anders. Er trug ein eng anliegendes braunes Hemd, das bis zum Kragen hoch geknöpft war. Auf dem Kragen trug er Rangabzeichen aus Metall. Über seine Brust spannte sich ein Lederriemen, der durch ein Achselstück auf der rechten Schulter geführt wurde. Am linken Arm trug er eine Hakenkreuzbinde. An seiner linken Seite hing eine Pistole im Futteral. Er trug braune Reiterhosen und braune Lederstiefel, die ihm fast bis zum Knie reichten.

Dieser Mann wandte sich uns plötzlich zu und sagte mit lauter Stimme: „Bitte, alle herhören. Ich heiße Otto Stoltz. Ich bin Kreisleiter von Krems und Umgebung. Im Namen der NSDAP und des Deutschen Reiches heiße ich Sie alle hier in ihrem Übergangslager, im Kloster Wolfsberg, willkommen. Wir wollen jetzt dem Vaterland für alle seine Wohltaten danken."

Ein Raunen der Zustimmung ging durch den Raum und alle beugten den Kopf.

„Sprecht mir nach: Für Essen und Unterkunft ..."

„Für Essen und Unterkunft ..."

„... für alles Gute, das uns das Vaterland gegeben hat,
danken wir unserem Führer."

„... danken wir unserem ..." Wie bitte? Alle hoben den Kopf.

„Was ist das für eine Gotteslästerung?", flüsterte ein alter Mann dicht neben mir. Ich sah mich um. Die Blicke wurden eisern, die Augenbrauen zogen sich zusammen.

„Jetzt könnt ihr euch setzen."

Ich guckte Mama an. Sie hatte die Augen geschlossen, ihre Lippen bewegten sich lautlos. Das war ein anderes Tischgebet als jene Gebete vor unseren Mahlzeiten in Mintschuna.

Ich hatte großen Hunger, aber das Essen, das man servierte, war minderwertig. Aller Geschmack im Gemüse war zerkocht, das Brot enthielt bittere Körner. Wollte man, dass wir nicht so viel aßen? Die müden Bessarabier aßen schweigend. Fast alle Augen waren ausdruckslos auf die Tischmitte gerichtet, keiner schaute den Nachbarn an.

„Was meinst du, wie lange wir hier bleiben?", flüsterte Ella dem Mädchen neben ihr zu. „Eigentlich möchte ich wieder in unserem Haus und bei unserem Essen sein."

Die Antwort hörte ich nicht. Es spielte auch keine Rolle. Jeder schien sich dieselbe Frage zu stellen.

In den nächsten Tagen und Wochen stellte man ganz offen weitere Fragen. Für die Frauen und Männer gab es keine Arbeit.

Die Männer trafen sich in diesen Tagen häufig auf dem Hof des Klosters. Bauern, die keine Felder mehr hatten. Den Frauen erging es nicht anders. Ohne ihre Häuser, die sie einst versorgt hatten, blieb ihnen wenig zu tun. Die Stimmung in den Familien wurde bald gereizt.

Wir konnten auch nicht zur Schule oder zur Kirche gehen. Wir Kinder beklagten uns nicht. Wir betrachteten die neue Freiheit als ein Geschenk. So oft ich konnte, verbrachte ich die Zeit im Freien. Häufig ging ich zum Fluss hinunter, schaute auf die Strömung, beobachtete die Vögel, hin und wieder den Schiffsverkehr auf dem Strom.

Dicht beim Gelände des Klosters lag ein kleines Dorf. Bald schloss ich mit einigen Kindern, die dort wohnten, Bekanntschaft. Darunter waren mehrere Jungen und ein Mädchen meines Alters. Das Mädchen hieß Finni. Wir freundeten uns an, und sie sorgte dafür, dass ich an den Fußballspielen, die fast jeden Nachmittag stattfanden, teilnehmen konnte.

Die Erwachsenen hatten es nicht so gut. Alles, was ihr Leben bisher ausgemacht hatte, war plötzlich nicht mehr da. Mama tat fast nichts anderes als in der Bibel zu lesen und vor sich hin zu singen. Eines Tages saß sie auf der Bettkante und war unschlüssig, ob sie aufstehen oder sich wieder hinlegen sollte. Ihre Hände ruhten auf ihren Knien, die Ellbogen angewinkelt, als wolle sie eine schwere Last hochheben. Ich fragte, was sie bedrückte.

„Weißt du, Oskar, ich fürchte, wir werden noch sehr lange hier sein. Für eine Frau wie mich, die gewohnt ist, von Tagesanbruch bis in die dunkle Nacht hinein zu arbeiten und die das auch Zeit ihres Lebens getan hat, ist das schwerer zu ertragen als all die schwere Arbeit, die ich immer tun musste. Unsere Arbeit war stets auch eine Wohltat für uns, denn wir taten sie für das Land, das uns gehörte. Es ist jetzt sehr schwer für mich, den ganzen Tag herumzusitzen, ohne ein Wort der Anerkennung, ohne die Möglichkeit, meinen eigenen Haushalt zu führen. Auch du, Oskar, hast nichts Sinnvolles zu tun. Nach den zwei Jahren im Gymnasium Tarutino lernst du zurzeit überhaupt nichts mehr. Alles, was wir zu Hause aufgebaut haben, verfällt hier nach und nach."

Mama war nicht die Einzige, die sich über die Erziehung und Ausbildung der bessarabischen Jugendlichen im Lager Gedanken machte. Otto Stoltz, der Kreisleiter, besuchte in den ersten Wochen nach unserer Ankunft häufig das Lager. Ich sah ihn oft, wenn sein großer Wagen die Einfahrt herauffuhr, wobei die kleinen Wimpel der Reichsflagge an der Motorhaube flatterten. Einen Mann mit solcher Machtfülle hatte in Mintschuna niemand gekannt. Ja, körperlich stark waren die Menschen in Mintschuna auch gewesen. Aber der Kreisleiter unterschied sich von den Männern daheim ganz erheblich. Dieser Mann gebot über alle Mittel der Macht des 20. Jahrhunderts. Das Personal des Klosters gehorchte und folgte ihm absolut. Die kleinste Andeutung, der leiseste Wink, dass etwas getan werden müsse, und die Schwestern flogen nur so zu ihrer Arbeit. Jedes Mal, wenn ich den langen Wagen durch die Einfahrt fahren sah, fragte ich mich, wie das wohl sein mochte, einmal in einem solchen Wagen über die Straßen zu jagen ...

An einem kühlen Novembermorgen, einige Wochen nach unserer Ankunft im Kloster, stand ich dicht bei dem Einfahrtstor und wärmte mich in der Morgensonne, die auf die Ostfront des Gebäudes fiel. Ich sah Herrn Stoltz' Wagen die Einfahrt heraufkommen und plötzlich anhalten. Herr Stoltz stieg aus, mein Blick fiel auf den Schulterriemen und die Pistolentasche. Ich muss ihn fasziniert angestarrt haben, denn er hielt plötzlich inne und wandte sich mir zu: „Wie heißt du, junger Mann?"

„Oskar Groß, Herr Kreisleiter." Ich hatte gar keine Zeit, überrascht oder eingeschüchtert zu sein. Er stand ganz dicht bei mir und überragte mich, sein Atem stand in der kalten Morgenluft.

„Ich habe dich schon früher gesehen. Ja, du bist mir aufgefallen. Ich habe den Eindruck, dass du ein Junge mit Zukunft bist. Du bist der einzige Junge in dieser Gruppe. Langweilt dich das Leben im Kloster nicht schon ein bisschen?"

„Ja, ein wenig langweilt es mich schon ..."

„Welche Schulbildung hast du vor der Heimkehr ins Vaterland genossen?"

„Ich habe das Gymnasium in Tarutino zwei Jahre lang besucht." Worauf wollte er hinaus?

„Aha. Hier in Krems haben wir auch ein sehr gutes Gymnasium. Bist du nicht der Junge, dessen Vater starb, als du noch sehr klein warst?"

„Mein Vater starb, als ich zwei Jahre alt war."

„Gut. Junger Mann, ich werde mich noch ein anderes Mal mit dir unterhalten. Jetzt habe ich meinen Dienst für den Führer zu tun. Bis zum nächsten Mal. Guten Morgen."

„Guten Morgen, Herr Kreisleiter."

Es vergingen nur in paar Tage, bis meine Mutter und ich in das Hauptbüro des Kreisleiters bestellt wurden. Herr Stoltz empfing uns dort, der Schulterriemen spannte sich über seiner kräftigen Brust. Er begrüßte uns und nahm dann hinter dem großen Schreibtisch Platz, der den Raum fast ganz ausfüllte.

„Bitte setzen Sie sich doch." Herr Stoltz deutete auf zwei breite Polstersessel.

Wir wussten immer noch nicht, weshalb wir hierher bestellt worden waren.

„Ihr Sohn ist ein prächtiger Junge, Frau Groß."

„Vielen Dank."

„Er hat mir gesagt, dass er in Bessarabien zwei Jahre lang das Gymnasium besucht hat. Ich halte es für richtig, dass er hier in Krems auf dem Gymnasium seine Schulbildung fortsetzt."

Mama sah den Kreisleiter an, als wolle sie in sein Inneres hineinschauen.

„Ich möchte auch sehr gern, dass er seine schulische Ausbildung fortsetzt. Aber wie soll das gehen, wo wir hier im Kloster doch recht isoliert leben?"

„Genau darüber möchte ich mit Ihnen heute sprechen, Frau

Groß. Ich würde mich freuen, wenn Sie Ihrem Sohn erlauben würden, bei mir und meiner Frau in Krems zu wohnen und dort das Gymnasium zu besuchen."

„Das ist ein sehr großzügiges und freundliches Angebot, Herr Stoltz, aber wäre das nicht eine zu große Belastung für Ihre Familie?"

„Frau Groß, wir haben leider selbst keine eigenen Kinder. Meine Frau und ich würden es sehr begrüßen, einen Jungen wie Ihren Sohn in unserem Haus zu haben."

Mama rutschte unruhig in ihrem Sessel hin und her. Später verriet sie mir, sie habe sich die ganze Zeit gefragt, ob sie damals über die Steppe gefahren sei, um ihre Kinder vor der Fronarbeit bei ihrem Onkel zu bewahren ... um jetzt zu erleben, dass ihr Sohn von einem vollkommen fremden Menschen weggenommen würde. Sie sagte nichts.

„Vielleicht denken Sie, Frau Groß, dass Ihr Sohn es bei uns nicht gut haben würde. Ich schlage daher vor, dass Oskar zunächst für ein paar Tage bei uns zu Besuch weilt. Ich könnte ihm unser Haus und die Stadt Krems zeigen, und wir könnten zum Gymnasium gehen. Danach könnte er Ihnen von den Lebensbedingungen bei uns berichten, falls das nötig sein sollte. Wenn es ihm gefällt, könnten wir der Frage seines Schulbesuches nähertreten."

Selbst hinter dem Schreibtisch wirkte Herr Stoltz riesig. Seine breiten Schultern waren erwartungsvoll nach vorne gebeugt, seine ganze Haltung verriet dynamische Spannung und Begeisterung. Er hatte seine Handflächen auf den Schreibtisch gelegt. Die Arme umfassten beinahe die ganze Breite des Schreibtisches. Er verharrte in dieser Haltung und wartete auf eine Antwort.

Aber Mama zögerte.

„Sie machen uns ein großzügiges Angebot, und wir schätzen es nicht gering. Aber ich muss mit Oskar und seinen Schwestern darüber sprechen. Und ich möchte darüber beten."

Herr Stoltz hob den Kopf. „Na schön. Überlegen Sie die Sache, bis ich das nächste Mal wiederkomme, das wird am Donnerstag sein. Ist das für Sie annehmbar?"

„Ja, dann werden Sie eine Antwort bekommen."

Mama quälte sich mit der Entscheidung einige Tage herum. Ich wurde immer aufgeregter. Vor allem dachte ich daran, wie es wohl sein würde, in dem großen Auto zu fahren. Während Mama Sorgen wälzte, versuchte ich mir vorzustellen, wie es wäre, in Krems das Gymnasium zu besuchen und im Hause einer wichtigen politischen Persönlichkeit zu wohnen.

Am Mittwochabend musste ich auf der Bettkante meines Bettes ihr gegenüber Platz nehmen. „Sag mir, Oskar, was du davon hältst. Morgen müssen wir Herrn Stoltz eine Antwort geben."

„Mama, du weißt, dass ich meine Schulbildung fortsetzen muss."

„Ja."

„Deswegen meine ich, dass ich dorthin gehen sollte."

„Ja, das denke ich auch. Aber ich mache mir schon Sorgen um meinen Kleinen."

„Ich bin nicht mehr klein, Mama."

„Mein Kind bleibst du immer, das sagt mir mein Herz. Ich mache mir Sorgen um deine Sicherheit, auch darum, die Liebe meines einzigen Sohnes zu verlieren."

„Das wird niemals passieren, Mama."

„Wir waren noch nicht lange hier im Kloster, Oskar, als ich an dich dachte. Da fiel mir die Geschichte von Josefs Leben in der Fremde ein und wie der Segen des Herrn ihn nie verließ, wo immer er auch hinging. Heute Nachmittag habe ich noch einmal Josefs Geschichte gelesen. In der Bibel steht, dass der Herr alles machte, wodurch Josef Erfolg hatte. Na, mein kleiner Josef, unsere Situation hier unterscheidet sich nicht so sehr von der in der Bibel geschilderten. Deshalb werde ich dich den schützenden Armen Gottes anvertrauen, er ist wahrlich der einzige Schutz, den wir wirklich haben. Und deshalb werde ich morgen dem Kreisleiter meine Zustimmung geben. Und ich werde mich dem Willen des Herrn fügen und zu ihm sagen: ‚Ja, Herr, ich vertraue nur auf dich'."

Am nächsten Morgen saßen Mama und ich wieder dem Kreisleiter gegenüber.

„Haben Sie sich in der Frage des Schulbesuches Ihres Sohnes entschieden?"

„Ja, das habe ich. Ich denke, er sollte wieder zur Schule gehen, solange wir hier im Kloster leben. Ich halte es auch nicht für notwendig, dass er zunächst bei Ihnen zur Probe wohnt. Aber Sie müssen mir versprechen, dass es ihm freisteht, Ihr Haus jederzeit zu verlassen, wenn er das will. Und wenn wir auf unseren Bauernhof in Westpreußen ziehen können, muss er die Freiheit haben, Ihr Haus und das Gymnasium zu verlassen und mit uns zu kommen. Sind wir uns darin einig?"

„Darin sind wir uns einig."

„Wie oft kann ich ihn sehen, wenn er erst mal bei Ihnen wohnt?"

„Wann immer es möglich ist, werde ich ihn bei meinen Besuchen hier im Kloster mitbringen. Zudem gibt es bald Ferien zum Jahresende, auch im Sommer gibt es Ferien. Hin und wieder kann er Sie auch anrufen."

Noch nie in ihrem Leben hatte Mutter die Gelegenheit gehabt zu telefonieren, aber sie gab ihre Zustimmung.

Schon bald kam der Tag, an dem ich das Kloster verließ, um bei Herrn und Frau Stoltz zu wohnen. Ich wartete auf den langen Wagen, der die Auffahrt heraufkommen musste. Mir kam es vor, als ob er nie kommen würde, aber als ich ihn erblickte, verwandelte sich meine Aufregung plötzlich in Verzagtheit und Angst. Wieder Trennung, wieder Abschiednehmen!

Jedes Mal, wenn ich Mintschuna verlassen hatte, um nach Tarutino zu fahren, hatte ich das Heimwehgefühl durchlebt, das einen 10- oder 11-jährigen Jungen überkommt, der sein Daheim für längere Zeit verlässt. Aber zu Hause geschah das immerhin in der Gemeinschaft der Bessarabiendeutschen. Jetzt war die selbstverständliche Geborgenheit des Lebens nicht mehr da, und es war auch keine andere Sicherheit an ihre Stelle getreten. Obgleich ich Mama und sie mich den schützenden Armen Gottes anvertraut hatte, überkam mich eine Welle der Panik. Im Hause von Otto Stoltz zu leben, war sicherlich aufregend, aber wegzugehen hieß eben auch, die anderen Bessarabier im Kloster zurückzulassen. Diese Mischung unterschiedlichster Gefühlen überkam mich, als ich Herrn Stoltz an der Einfahrt zum Kloster begegnete, als mein Koffer in das Auto geladen wurde, als ich mich von Mama und meinen Schwestern verabschiedete.

Aber schon als wir losfuhren, gewann das Gefühl der Aufregung und Spannung die Oberhand. Der Wagen rauschte die Uferstraße entlang, die Bergkehren hoch, gewann an Tempo, der Fahrtwind wehte herein. Herr Stoltz hatte eine Schachtel Lindt-Pralinen mitgebracht und schob sie zu mir herüber. Was für eine Leckerei! Ich hatte nur selten Schokolade gegessen. In Mintschuna gab es zu Weihnachten einen kleinen Beutel mit Walnüssen, einem oder zwei Äpfeln, einer Apfelsine und einigen Süßigkeiten, darunter vielleicht auch etwas Schokolade. Ich aß Schokolade, genoss den Rausch der Geschwindigkeit und erfreute mich an der Schönheit der frühmorgendlichen Landschaft.

Die 15 Kilometer bis Krems hatten wir bald zurückgelegt. Der Wagen verlangsamte sich, bald wand er sich durch die engen Straßen in Krems, um schließlich vor einem großen, mit Ornamenten verzierten Haus mit dunklen Balken anzuhalten. Die schwere, dunkle Haustür öffnete sich, noch ehe ich ausgestiegen war, und im Eingang stand eine kräftige, mittelgroße Frau. Sie trug eine Dirndlbluse, ein dunkelblaues Faltenkleid mit farbenfrohen Stickereien und eine weiße Schürze. Ein herzliches Lächeln lag auf ihrem Gesicht.

Herr Stoltz stellte sie mir als „Tante Moni“ vor und sagte, ich solle ihn von nun an „Onkel Otto“ nennen. Beide zeigten mir das Haus. Es erschien mir riesengroß, prächtige Möbel standen darin. Eine steile Treppe führte nach oben in den zweiten und dritten Stock. Tante Moni und Onkel Otto führten mich zu dem Zimmer, das im dritten Stock für mich vorbereitet worden war. Das war ein ungemein praktischer Raum in einem Giebel des Hauses, mit Wandschrägen. Für meine Schularbeiten stand dort ein Schreibtisch, ein Kleiderschrank würde meine Kleider aufnehmen. Das Fenster ging zur belebten Straße hinaus, das Bett schien von weichen Kissen überzuquellen. Auf dem Nachttisch neben dem Bett lag eine weitere Schachtel Schokolade.

Onkel Otto und Tante Moni sprachen den ganzen Nachmittag mit mir über das Leben in Bessarabien, über meine Schulzeit und meine Familie. Sie sagten mir, dass sie selbst keine Kinder hätten und froh darüber seien, dass sie mir die Chance geben könnten, bei ihnen zu wohnen und meine Schulausbildung fortzusetzen. Tante Moni schien mich mit ihrer Fürsorge überwältigen zu wollen. Onkel Otto erzählte, wie er seine Firma aufgebaut hatte. Er besaß einen Betrieb, der Maßbänder, Lineale, Rechenschieber und andere Maß- und Präzisionsinstrumente herstellte. Auch über seine politischen Aktivitäten sprach er, die er neben seinem Betrieb verfolgte. Seine Funktion als Kreisleiter war der Grund dafür, dass er immer seine braune Uniform trug, sogar bei der Arbeit.

Die Aktivitäten der Nazi-Partei beschrieb Onkel Otto voller Begeisterung. Davon verstand ich sehr wenig, außer dass die Partei offenbar dem Reich nach Jahren der Armut wieder Wohlstand gebracht hatte. Gerade als Tante Moni sich verabschiedete, um das Abendessen vorzubereiten, sagte Onkel Otto, dass er alles in die Wege leiten würde, damit ich in die Hitlerjugend (HJ) eintreten könne. Dann schlug er vor, dass ich in mein Zimmer gehen sollte, wo ich mich ein bisschen frisch machen und mich vielleicht noch etwas hinlegen könnte. Diese Pause hatte ich wirklich nötig. Ich hatte so viel Neues gehört und gesehen, dass ich das alles gar nicht fassen konnte. Ich war richtiggehend erschöpft.

Sobald ich in meinem Zimmer war, überflog ich die Titel der reichhaltigen Bibliothek in den Bücherregalen. Im Augenblick verspürte ich keine Lust zu lesen, aber in der kommenden Zeit würde ich das Angebot gern nutzen. Eines bemerkte ich allerdings am ersten Tag in der neuen Umgebung noch nicht, nämlich dass es hier weder Bibeln noch Gesangbücher gab.

Das Abendessen lieferte den Beweis, dass Tante Moni eine vorzügliche Köchin war, der Fleisch und vielerlei andere Lebensmittel zur Verfügung standen. Es gab Braten, Salzkartoffeln, Möhren, Soße, mehrere Sorten Brot, Butter, Milch, Wurst und frisches Obst. Ein solches Essen hatte ich seit unserer Abreise aus Mintschuna nicht mehr gesehen. Drei Personen konnten unmöglich alles essen, was auf dem Tisch stand. Und als Nachtisch servierte Tante Moni eine leckere Apfeltorte mit Schlagsahne. Danach gab es Kaffee, in den ich mir reichlich Zucker und Sahne tat. Ich war so satt, dass ich kaum wach bleiben konnte.

Während Tante Moni den Tisch abräumte, war ich mit Onkel Otto im Wohnzimmer. Wir saßen schweigend in hochlehnigen, verzierten Sesseln. Onkel Otto stellte das Radio an, einen großen Apparat aus Holz. Der Sender Wien war eingestellt, es gab abwechselnd Musik und Wortkommentare. Auf einmal war ich von der Technik des 20. Jahrhunderts umgeben. Ich döste in meinem Sessel vor mich hin, bis es Zeit war, ins Bett zu gehen. Als ich die steile Treppe hinaufstieg, ging es mir durch den Kopf, wie anders mein Leben im Hause Stoltz nun verlaufen würde, als ich es bisher gewohnt war.

Nachdem ich mich ausgezogen hatte und unter die Bettdecke geschlüpft war, klopften Tante Moni und Onkel Otto noch einmal an die Tür. Tante Moni versicherte mir erneut, wie glücklich sie seien, dass ich nun bei ihnen wohnte. Onkel Otto, immer noch in Uniform, sagte etwas über das neue Zeitalter, das angebrochen sei, und die glänzenden Aussichten für junge Menschen wie mich. Tante Moni wandte sich zum Gehen, und ich meinte, sie weinen gesehen zu haben.

Ehe ich einschlief, dachte ich an Mama. Vielleicht weinte sie heute Abend auch. Sicherlich würde sie sich um mich Sorgen machen. Mir war auch zum Weinen zumute, aber ich kämpfte dagegen an. Es stimmte schon. Ich wurde erwachsen. Es war höchste Zeit, dass ich meinen eigenen Weg in der modernen Welt fand. Eigentlich hatte ich großes Glück, dass ich hier bei Familie Stoltz sein konnte. Mir ging es wie dem jungen Josef in der Bibel: Aus scheinbar hoffnungsloser Lage hatten sich die Dinge zum Guten gewendet.

Innerhalb weniger Tage war ich mit dem Alltagsleben in meiner neuen Heimat völlig vertraut; auch fand ich, dass der Unterricht im Gymnasium sich nicht wesentlich von dem Unterricht in Tarutino unterschied. Ich war zwar schlank und nicht sehr groß, doch meine geistige und körperliche Entwicklung machte gute Fortschritte. An harte Arbeit war ich gewöhnt, das kam mir bei meinen schulischen Anforderungen zugute.

Allerdings dauerte es einige Zeit, ehe ich neue Freunde fand. Mein „Akzent“ war den anderen Jungen nicht vertraut, deshalb nahmen sie mich etwas über eine Woche lang nicht in ihren Kreis auf. Dennoch war es kein besonders großes Problem, ihren anfänglichen Widerstand zu überwinden. Da waren zunächst meine eigenen Fähigkeiten, auf die ich bauen konnte. Vor allem aber war ich vom Kreisleiter „adoptiert“ worden.

Trotzdem fand ich, dass sich das soziale Leben von dem in Bessarabien erheblich unterschied. Unter den Jugendlichen gab es weniger freien Umgang, auch nicht so viel offene Freundschaft. Die Jungen in Österreich hatten so viel Freude und Spaß, wie es ihnen eben möglich war, bedenkt man den Druck, den die politischen Verhältnisse in ihr Leben gebracht hatten. Sie schienen ihre schulischen Arbeiten viel gründlicher zu erledigen, auch waren sie persönlich ernster, als ich das erwartet hatte. Es dauerte nicht lange, bis ich herausfand, dass ein Großteil ihrer Freizeitgestaltung sich um Aktivitäten in der Hitlerjugend drehte.

Schon bald fragte ich Onkel Otto, wie ich denn in die Hitlerjugend eintreten könnte. Natürlich gefiel ihm diese Frage, und am nächsten Nachmittag holte er mich nach der Schule ab und wir fuhren los, um mir eine HJ-Uniform anmessen zu lassen. Als der Kreisleiter mit seinem großen Wagen am Gymnasium vorfuhr, achtete ich genau darauf, dass meine Klassenkameraden mitbekamen, dass dieser amtliche Wagen mit Wimpeln seitlich der Motorhaube *meinetwegen* gekommen war. Ich genoss ihre bewundernden Blicke, als wir abfuhren.

Als ich mich an jenem Nachmittag in meiner neuen braunen Uniform im Spiegel anschaute, während Onkel Otto neben mir stand und mich in seiner Uniform von gleicher Farbe überragte, hatte ich das Gefühl, dass ich dabei war, ein Mann zu werden ... Fortan beobachtete ich alles, was Onkel Otto tat, und versuchte es ihm gleich zu tun. Er war mein großes Vorbild. So musste ein Mann sein: stark, entscheidungsfreudig, angesehen, einflussreich, wohlhabend.

Onkel Otto half mir beim Eintritt in die Hitlerjugend. Ich konnte mich zwischen der Aufnahme in die Luftwaffen-, Land- oder Marinehitlerjugend entscheiden. Von Schiffen oder Booten verstand ich zwar nichts, aber ich wusste, dass mir die Freiheit der Meere ebenso liegen würde, wie mir die Freiheit der bessarabischen Steppe gefallen hatte. Und so wählte ich die Marinehitlerjugend.

Der HJ-Dienst fand an bestimmten Nachmittagen im Anschluss an den Unterricht statt. In diesem Winter 1940/41 spielten sich alle Aktivitäten drinnen ab. Dazu gehörten allgemeine Dienstübungen, das Studium des Schiffsantriebs, grundlegende Kenntnisse in der Navigation und die Beschäftigung mit den großen Seeschlachten der Geschichte. Im Frühjahr, so hieß es, würde der Dienst in kleinen Booten auf der Donau stattfinden. Jeder freute sich schon auf diese Zeit.

Trotz all dieser aufregenden Erlebnisse während jener Wintermonate gab es für mich auch Zeiten, da ich bitter unter Heimweh litt. Diese Phasen traten stets ganz unerwartet und unvorhergesehen auf. Einmal, als ich gerade auf dem Heimweg von der Schule war, rief der Geruch frisch gebackenen Brotes bei mir die Erinnerung an das frische Brot, das Mama in Mintschuna gebacken hatte, wach. Fast hätte ich geweint. Ich musste daran denken, wie sie unser Heim sicherlich auch vermisste.

Sie und all die anderen waren immer noch in den engen Mauern des Klosters eingesperrt. Wenn wir miteinander telefonierten, sprach sie fast nur davon. Ich telefonierte einmal im Monat mit Mama. Das einzige Telefon im Kloster, zu dem die Bessarabier Zugang hatten, stand im Speisesaal. Manchmal musste ich minutenlang warten, bis endlich jemand abnahm. Dann sagte ich: „Bitte holen Sie doch meine Mutter, Anna Groß, ans Telefon."

Onkel Otto nahm mich bei seinen gelegentlichen Besuchen im Kloster mit. Mein Stolz, in diesem großen, schnellen Auto mitfahren zu können, war immer noch ungebrochen. Ich mochte es, wenn die anderen bessarabischen Kinder und Jugendlichen sich um den Wagen scharten, sobald er am Kloster vorfuhr. Sie schienen überhaupt nicht zu verstehen, wie einer von ihnen so schnell und so gänzlich ein Bestandteil dieser neuen Heimat geworden war. Sie blieben Teil der alten Lebensweise, die ihre Eltern im Kloster zu bewahren suchten.

Gewöhnlich dauerten unsere Besuche nur kurz, vielleicht eine Stunde oder zwei, während Onkel Otto mit den Verwaltern dieses oder jenes besprach. Mama nutzte diese Zeit, um mich über mein Ergehen in der Schule und über mein Leben im Hause Stoltz zu befragen. Fast immer kreisten ihre Fragen um dieselben Themen. So geschah es auch an einem jener regnerischen Märznachmittage. Onkel Otto hatte die Fahrt extra gemacht, damit ich Mama besuchen und meinen vierzehnten Geburtstag am 8. März 1941 mit der Familie feiern konnte.

„Wie sieht es mit deinem Glauben aus, Oskar? Bist du zur Kirche gegangen?"

„Seit unserem letzten Wiedersehen sind wir einmal in der Kirche gewesen."

Ja, an einem Sonntagmorgen versammelten sich alle aktiven politischen Führer zum Dienst und marschierten danach in ihren Uniformen zur katholischen Kirche. Frau Stoltz und ich waren an diesem Tag auch in der Kirche, aber wir saßen nicht bei den Parteileuten. Von dem, was an jenem Sonntag sonst noch ablief, erzählte ich Mama nichts. Ich glaubte nicht, dass sie es verstanden hätte. Nach dem Gottesdienst standen die Parteiführer beim Pfarrer. Gerade als Frau Stoltz und ich an der Gruppe vorbeigingen, hörte ich, wie einer von ihnen den Pfarrer ansprach.

„Wir waren eine ganze Stunde im Gottesdienst, Herr Pfarrer", meinte er, „und wir haben nicht ein einziges Mal gehört, dass der Name des Führers genannt wurde."

„Das stimmt", sagte der Pfarrer, „dies ist das Haus des Herrn, deshalb reden wir hier von Gott."

„Genau. Aber wir dürfen nicht vergessen, dass es das Verdienst des Führers ist, dass wir das überhaupt tun können. Das müssen Sie doch zugeben, Herr Pfarrer."

Der Pfarrer zögerte einen Augenblick, ehe er antwortete. „Ja, das stimmt."

Es war nur ein sehr kurzes Gespräch gewesen, aber selbst mir war die Verachtung nicht entgangen, die aus den Worten der Parteiführer sprach, ebenso wenig die Angst, die aus den Worten des Pfarrers klang.

Das hätte Mama nicht verstanden. Sie hätte überhaupt nicht verstanden, dass die Bedeutung des Führers Teil der neuen, modernen Welt, der Zukunft war, so wie ich sie jetzt verstand. Sie hätte gedacht, dass die Worte, die an den Pfarrer gerichtet worden waren, eher gotteslästerlich geklungen hatten. Darüber hätte sie sich gegrämt. Sie hätte sich über eine Welt gegrämt, in der Gotteslästerung dieser Art ganz alltäglich geworden war. Deshalb sagte ich ihr nichts. Dieses Verschweigen war ja keine Lüge; so beschwichtigte ich mich.

Immerhin belastete mich dieses Verschweigen ebenso sehr, wie eine Lüge das getan hätte. Wahrscheinlich ging es noch tiefer. Die Frage meiner Mutter war wie eine Weggabelung gewesen, an der ich eine Richtung eingeschlagen hatte, von der ich wusste, dass meine Mutter sie nicht genommen hätte. Das hatte ich getan, ohne ihr auch nur mit einem Wort anzudeuten, dass ich es tat.

Immer stärker empfand ich mit der Zeit, dass ihre Vorstellungen von der Welt, wie ich sie jetzt kennen lernte, so weit entfernt waren wie Bessarabien – vielleicht auch ebenso überholt. Ihre Ansichten stammten aus einem Land, das es auf den modernen Landkarten gar nicht mehr gab. Sie verstand die neue Welt, die im Reich entstand, überhaupt nicht.

Auf der Heimfahrt nach Krems öffnete Onkel Otto das Kabrioverdeck des Wagens. An jenem frühen Märznachmittag wehte uns ein kalter Wind ins Gesicht, aber unsere Körper waren warm. Während wir so dahinfuhren, wurde das Licht am westlichen Horizont schwächer, Onkel Otto schaltete die Scheinwerfer ein. Das Tal der Donau versank in der Dunkelheit. Entzücken erfüllte mich, als der große Wagen auf dem Weg nach Hause Krems zueilte, während die Scheinwerfer die Dunkelheit erhellten. War das nicht wunderbar! Ich vergaß mein Gespräch mit Mama.

Später, beim Abendbrot, kam mir der Gedanke, den Vorfall in der Kirche, den ich Mama vorenthalten hatte, meinen Pflegeeltern zu berichten. Aber dann ließ ich es doch. Nicht, dass ich Angst vor ihrer Reaktion gehabt hätte. Es war mir einfach peinlich, sie über die altmodischen Ansichten meiner Mutter aufzuklären. Das Gespräch nahm eine andere Wendung.

„Sag mal, Oskar, freust du dich schon auf den HJ-Dienst im nächsten Monat?“

Onkel Otto meinte die ersten Bootsübungen auf der Donau, auf die sich alle Jungen schon den ganzen Winter über gefreut hatten. Ich würde am Steuer eines kleinen Motorbootes stehen. Die Boote der Marine-HJ sollten eine Gefechtsübung durchführen, wobei wir die Manöver und Formationsübungen, die wir den Winter über eingeübt hatten, anwenden sollten. Na klar freute ich mich! Allein der Gedanke daran wischte die Verwirrung aus, die das Gespräch mit Mama bei mir hinterlassen hatte.

„Ja, Onkel Otto, wir erwarten die Boote gegen Ende der Woche, dann machen wir sie flussklar."

Während des Winters hatten wir unseren HJ-Dienst in einem leeren Bootshaus unten am Fluss durchgeführt. Das war ein großes, niedriges Gebäude und sah aus wie ein Lagerhaus. Nebenan gab es ein anderes Gebäude, in dem ein beheiztes Schwimmbad war, das die Marine-HJ auch nutzen durfte. Früher hatten diese Gebäude einem kleinen Segelclub gehört, waren dann aber von der Partei beschlagnahmt worden. Jetzt diente uns das Bootshaus als Lagerhaus und Übungshalle für die kleinen Boote, die der Marine-HJ zugewiesen worden waren. Natürlich wusste Onkel Otto das alles, wahrscheinlich war er auch an der Beschaffung der Boote beteiligt gewesen. Jetzt aber ließ er mich mit aller meiner Begeisterung davon erzählen.

Der große Tag kam schnell und war noch aufregender, als ich ihn mir vorgestellt hatte. Die Weite des Flusses, seine Breite und Länge, die Macht der Strömung ... All das kam mir um ein Vielfaches größer vor, als ich zum ersten Mal mit meinem kleinen Boot auf den Fluss hinausfuhr. Tatsächlich ist die Donau an der Stelle nur zweihundert Meter breit, aber sie fließt mit der strömenden Macht des großen Flusses dahin, der sie ja ist. Der Fluss erschien mir so flach, mein Boot mitten auf diesem Fluss kam mir so klein vor, an den Ufern schienen die Wellen am Land hochzusteigen. Und über uns ragten die hohen Berge. Mir kam es vor, als sei ich nur ein kleiner Tropfen in einer großen Wanne.

Hoch über mir hörte ich das Rauschen der Luftwaffen-HJ in ihren Segelflugzeugen. Riesigen Adlern gleich, schwebten sie das Flusstal entlang, mit ausgebreiteten, festen Schwingen, sich in den Strömungen der Luft elegant wiegend und manövrierend.

Bei der Gefechtsübung bestand meine erste Aufgabe darin, meine Gefechtsstation einzunehmen, wie man das nannte. Es war eine maritime Aufstellung, die wir studiert und eingeübt hatten. Nachdem wir unsere Gefechtsstationen eingenommen hatten, bedeutete uns eine Signalflagge vom Kommandoboot, unsere Formation zu ändern, wobei wir uns auf ein neues Signal hin in eine Linie kleiner Boote, die alle im Kielwasser des vorausfahrenden Bootes auf den Wellen tanzten, einordneten und das Tempo erhöhten. Dann sichteten wir eine genauso lange Linie von Booten, die auf uns zufuhren. Ihre Bugwellen schienen so groß wie die Boote selbst zu sein. Das waren die übrigen Boote der Marine-HJ, die unseren Gegner darstellten.

Meine Bootsformation führte eine Reihe von schnellen Manövern durch. Zunächst eine gleichzeitig ausgeführte Wende um 90 Grad, wodurch aus einer Linie eine Dwarsformation der Boote entstand, dann eine erneute Wende um 90 Grad, wodurch eine erneute Linienformation entstand. Wir wichen dem Gegner aus, indem wir parallel zu seinem geplanten Kurs vor ihm abliefen, dann ließen wir ihn näherkommen, um ihn einzukreisen.

Alles verlief nach Plan, und ich erwartete das Signal für die letzten Kehrtwendungen. Das Führungsboot in unserer Linie, weit vor mir, sollte eine 90-Grad-Wende vollführen, aber dieses Mal würden die übrigen Boote nicht gleichzeitig wenden. Statt dessen würden wir als Linie eine Wende im rechten Winkel vollführen, wobei jedes Boot einzeln das Manöver vollzog, wenn es den Punkt erreicht hatte, an dem das erste Boot gewendet hatte.

Das Signal kam. Das erste Boot wendete, alle nachfolgenden folgten diesem Manöver. Mein Boot befand sich in der Mitte der Linie, und nachdem ich gewendet hatte, blickte ich zurück, um die Symmetrie des rechten Winkels zu kontrollieren, den wir durch unser Manöver gebildet hatten. Die Schlacht stand bevor. Meine Formation „kreuzte das T“ der feindlichen Linie, genau wie wir es theoretisch geübt hatten. Wären die kleinen Boote wirkliche Kriegsschiffe gewesen, hätte sich die ganze Steuerbordbewaffnung jetzt auf die schmale feindliche Linie konzentriert. Nur das Führungsschiff der feindlichen Linie hätte ein Ziel sehen und anvisieren können. Ohne Geschütze war der Kern des Manövers für uns Jungen einfach auszuführen, er prägte sich uns tief ein. Ich war mächtig stolz auf die Präzision, mit der unsere Formation das Manöver ausgeführt hatte.

Sobald das letzte Boot der Linie den angenommenen Kurs der Feindformation gekreuzt hatte, führte unsere Linie ein letztes Manöver durch: eine scharfe Wende, fast auf der Stelle, um 180 Grad. Alle Boote nahmen Gegenkurs auf, so dass wir „das T erneut kreuzten". Dieses Mal richtete sich unsere angenommene Backbordbewaffnung auf die feindliche Linie. Hätte es sich um wirkliche Kriegsschiffe gehandelt, wäre die feindliche Linie jetzt zerstreut gewesen. Aus ihr wäre eine chaotische Ansammlung von Schiffen geworden, einige beschädigt, brennend oder sinkend, während die übrigen in alle Richtungen auseinanderstieben würden, inmitten von Rauch und Chaos.

Solche Dinge stellen sich dem jugendlichen Gemüt einfach und abstrakt dar; Rauch und Chaos kommen einem gar nicht erst zu Bewusstsein. Das Feuer, die Todesangst, die Verluste: das alles müssen wir erst selbst erfahren, bis wir verstehen, dass es jeden trifft. Im jugendlichen Gemüt gibt es nichts von alledem; da haben Sieger und Besiegte nichts miteinander gemein, da sind „wir" fraglos immer die Sieger.

Meine Formation, die an diesem Tag wie geplant der Sieger war, lief mit hoher Geschwindigkeit stromaufwärts in Richtung Krems ab. Mein kleines Boot tanzte auf den Wellen, kaltes Wasser spritzte über den Bug und durchnässte mich, ich verspürte ein Gefühl der Ekstase, das alle Erwartungen übertraf. Die Erregung, die von dem Tempo des Motorbootes ausging, die Zufriedenheit über die präzisen Manöver, dass meine Schulkameraden genau wie erwachsene Männer gehandelt hatten – das alles war kaum zu fassen.

Nachdem wir unsere Boote am Strand vor dem Bootshaus

abgestellt hatten, versammelten wir uns kurz in militärischer Aufstellung. Wir sangen ein begeisterndes Kampflied, brüllten „Hurra“ und wurden dann zur letzten Übung des Tages entlassen: Schwimmen im beheizten Schwimmbad.

Die Zukunft schien mir unbegrenzte Möglichkeiten anzubieten. Ich schwamm auf der Flutwelle eines gewaltigen Menschheitsexperiments. Als wir wild im warmen Wasser des Bades herumtollten, unsere glatten Körper aneinander stießen, war da ein Gemeinschaftsgefühl, viel stärker als jenes Zusammengehörigkeitsgefühl, das ich seinerzeit in Mintschuna empfunden hatte. Nach Tagen wie diesem auf dem Fluss schien Bessarabien weit weg zu liegen, so weit weg, dass es schon gar nicht mehr wirklich existierte.

Nicht lange nach unserer aufregenden Seegefechtsübung erfuhr meine HJ-Einheit, dass der Tag des ersten Frühlingstreffens bevorstand. Es handelte sich um ein Gebietstreffen in der Stadt Krems. Ich wusste bereits, dass Otto Stoltz der Leiter sein würde, und vielleicht würde sogar ein Redner aus Berlin kommen. Ich befragte Onkel Otto beim Abendessen.

„Ja, Oskar, es kommt ein Redner von außerhalb. Ich denke, das Treffen wird ein großes Erlebnis für dich werden, ebenso wie für alle anderen Hitlerjungen. Ich werde alles tun, um es so eindrucksvoll wie möglich für euch zu gestalten.“

Das große Treffen fand an einem Freitagnachmittag statt. Nach dem Unterricht versammelte sich die HJ in Uniform. Manche besaßen eigens eine gute Uniform für solche Veranstaltungen.

Während der Dämmerung paradierte meine Einheit auf dem großen Platz vor dem Bootshaus. Die Jungen vom Trommlerkorps schlugen einen gleichmäßigen Takt, nach dem wir marschierten. Unsere Sturmführer – ältere Hitlerjungen, die Führerrang erreicht hatten – leiteten während der Exerzierübungen unsere Sprechchöre im Wechsel mit den Liedern.

Bei Einbruch der Dunkelheit marschierten wir vom Bootshaus aus durch die Straßen von Krems, unser Trommlerkorps und die Hitlerjugendfahne voran. Menschen riefen und winkten uns vom Straßenrand zu. Die Versammlung sollte auf einem offenen Feld im Norden der Stadt, am Fuße eines bewaldeten Berghanges stattfinden. Als wir die nördlichen Vororte von Krems verließen, wurde helles Licht auf dem Versammlungsplatz eingeschaltet. Es waren Scheinwerfer, die senkrecht in den Abendhimmel strahlten – wie weiße Säulen, die ein geheimnisvolles Gebäude stützten, wobei die niedrig hängenden Wolken das Dach bildeten.

Die Stimmen der Sturmführer wurden lauter. Dann kam das Kommando „Stillgestanden!" Die Trommeln schwiegen. Vom Aufmarschplatz konnten wir andere Trommeln hören, zwischendurch auch Fanfarenklänge. Es war, als ob eine riesige Maschine in Gang gesetzt wurde, erst ein Teil, dann ein anderer, Klang auf Klang baute sich auf und verschmolz zu einem Bündel rhythmischer Energie. Feuer wurden entzündet. Die Leute an der Straße verteilten Fackeln, bis jeder eine hatte.

Die Sturmführer gaben Befehle: „Fackeln hochhalten!" „Achtung!" „Vorwärts marsch!"

Wir marschierten zum Aufmarschplatz. Die Fackeln warfen ihr gespenstisches Licht über unsere Köpfe, unsere Füße schlugen den Takt auf das Pflaster, wir hatten unseren eigenen Pulsschlag. Als wir uns dem Lichtdom aus Scheinwerfern auf dem Platz näherten, durchflutete mich ein unbeschreibliches Gemeinschaftsgefühl. Die Trommeln wurden lauter. Hin und wieder die Fanfarenstöße. Ich erriet nun, dass die Fanfarenstöße jeweils erklangen, wenn eine Einheit auf den Platz marschierte. Jetzt waren wir an der Reihe.

Wir betraten den Lichtdom, als ob wir in einen Säulentempel mit Ätherhimmel einträten. Auf dem Boden dieses Tempels waren alle HJ-Einheiten des Gebietes versammelt, Reihe an Reihe, Schulter an Schulter, immer noch die Fackeln in die Höhe haltend. Wir schlossen uns der Formation an.

Vor uns befand sich eine Bühne mit einem Rednerpult und einigen Stühlen. Im Hintergrund eine riesige schwarz-weiß-rote

Flagge. Auf der Bühne war das Licht von hinten auf die Köpfe der Männer gerichtet, die sich dort aufhielten. Das erzeugte Licht- und Schattenwinkel auf ihren Gesichtern, wenn sie auf die Menge herabschauten. Onkel Otto und ein kleinerer Mann traten zu ihnen. Als die Männer Platz nahmen, verstummte die Musik.

Onkel Otto trat zum Rednerpult und sprach einige freundliche Begrüßungsworte. Nach ihm sprach ein anderer Mann, ebenfalls sehr kurz. Jetzt kam der angekündigte Redner an die Reihe; es war jener kleine Mann, mit dem Onkel Otto auf die Bühne gekommen war.

Er begann ruhig und sachlich, aber schon nach kurzer Zeit hallte seine Stimme vom Podium. Leidenschaftlich erhob er seine Stimme, sprach von der ruhmreichen Zukunft der Jugend, die vor ihm versammelt stand. Er erinnerte an die Vergangenheit, an das Unrecht, das Deutschland von vielen fremden Völkern angetan worden sei. Immer wieder kam er auf die Stärke der deutschen Jugend zu sprechen und stellte ihr eine verheißungsvolle Zukunft in Aussicht. Alles, was unrecht in der Welt gewesen sei, alles, was unrecht in Deutschland gewesen sei, jedes Unrecht, das den anwesenden Jugendlichen widerfahren sei, würde nun wieder gutgemacht werden.

Ja! Das stimmte. Ich war Teil einer Menschheitswelle, die bei ihrem Lauf durch die Geschichte fortwährend anschwoll. Es war unsere Bestimmung, alles zu ändern. Wir würden das Recht wiederherstellen. Ja, ich wusste es!

Plötzlich wurde alles dunkel. Alle Scheinwerfer auf dem Platz und auf der Bühne erloschen. Nur die Fackeln warfen ihr flackerndes Licht. Von der dunklen Bühne her stimmte der Redner ein Lied an, und alle fielen ein. Ein sanftes Volkslied, gesungen, während im Takt die Fackeln geschwenkt wurden. Wir waren *ein* Körper. Ich fühlte die ganze Gruppe, als wäre sie ein Teil von mir.

Die Versammlung ging still, beinahe weihevoll zu Ende. Schweigend verließen wir den dunklen Aufmarschplatz, formierten uns wieder zu Marschkolonnen. Jetzt ohne Trommelschlag, ohne Musik, ohne Sprechchöre, nur mit unseren Fackeln, die teilweise schon zu erlöschen begannen. Als wir zu der Stelle kamen, wo wir die Fackeln bekommen hatten, hielten wir kurz an. Die Menschen am Straßenrand, die uns die Fackeln gegeben hatten, sammelten sie jetzt wieder ein. Schweigend marschierten wir weiter durch die Straßen von Krems, den Gleichschritt ohne Aufforderung einhaltend, wie ein Organismus. Vor dem Bootshaus standen wir still und wurden dann entlassen. Jeder ging zu seinem Haus zurück. Die Versammlung war zu Ende; ihre Wirkung auf mich dauerte an.

Den ganzen Frühling, Sommer und Herbst des Jahres 1941 hindurch wiederholten sich die Bootsübungen auf der Donau und die Freitagsaufmärsche viele Male. Sie waren häufig leidenschaftlich, das Ergebnis aber war immer dasselbe: ein Gefühl der Einheit, der Bestimmung und der unbegrenzten Möglichkeiten. Für mich war es eine wunderbare Zeit.

Im folgenden Winter dachte ich nur noch selten an Bessarabien. Meine Gedanken kreisten vielmehr um die Zukunft des Reiches. Welche Rolle würde ich darin spielen?

Nach wie vor besuchte ich meine Mutter und meine Schwestern. Jedes Mal, wenn Onkel Otto zum Kloster Wolfsberg fuhr, nahm er mich mit. Wilma und Ella hatten in der Zwischenzeit Arbeit außerhalb des Klosters gefunden. Das half ihnen, der Eintönigkeit des Lebens dort zu entfliehen. Bei jedem Besuch merkte ich, dass sich die Bessarabier zunehmend Sorgen über die Dauer ihres Aufenthaltes machten.

Im Januar 1942 verbreitete sich das Gerücht, der Zeitpunkt sei nicht mehr fern, dass die Bessarabier ihre Bauernhöfe in Westpreußen bekommen würden. Gewiss werden wir im Frühling dort sein, sagten viele, wir müssen ja die Aussaat für das Jahr ausbringen. Doch Monat um Monat verging, und Hoffnungslosigkeit machte sich breit.

Inzwischen setzte ich meinen Schulbesuch und den HJ-Dienst

fort. Es gefiel mir, aber ich war mir bewusst, dass ich in nicht allzu ferner Zukunft Krems verlassen musste. Ich würde dem Reich dienen und an seiner glänzenden Zukunft Teil haben, aber meine Verpflichtungen gegenüber meiner Familie würde ich nicht vergessen, denn das war auch meine Bestimmung.

6

In einem unserer Telefongespräche Anfang 1942 bat mich meine Mutter, Herrn Stoltz zu fragen, ob er etwas über unsere Umsiedlung zu den neuen Bauernhöfen wisse. Jeder im Kloster, sagte sie, warte ängstlich gespannt darauf. Die bessarabischen Bauern wollten endlich wieder Bauern sein.

Ich fragte Onkel Otto mehrmals. Jedes Mal hielt er dann inne und sah mich nachdenklich an. Falls er etwas wusste, durfte er noch nichts sagen. Aber er würde sofort Bescheid geben, versicherte er mir, sobald er etwas Sicheres wüsste. Wenn er das sagte, pflegte er mir einen Augenblick lang seine Hand auf die Schulter zu legen.

Im April war die Stimmung noch hoffnungsloser und auch zorniger geworden. Jetzt wussten sie, dass sie zur Aussaat nicht mehr rechtzeitig kommen würden. Während meines Besuchs zu Ostern sagte mir meine Mutter, alle im Kloster fühlten sich betrogen. Man hatte sie mit dem Versprechen, in Polen neues Land zu erhalten, aus ihrer Heimat herausgerissen. Jetzt schien sich dies Versprechen als trügerisch zu erweisen. Meine Mutter verglich ihre Lage mit der Situation der Israeliten auf ihrem Zug in das gelobte Land. Aber die Bessarabier im Kloster Wolfsburg hatten keinen Mose und keinen Aaron. Und nicht nur das: Die Zusage, auf die sie ihre Hoffnungen gebaut hatten, war ihnen nicht von Gott gegeben worden, sondern von den Leuten jenes Pharao, der jetzt das Deutsche Reich beherrschte ...

Der Vergleich, den meine Mutter anstellte, beeindruckte mich überhaupt nicht. Als wir seinerzeit über die Möglichkeit gesprochen hatten, dass ich bei Familie Stoltz leben sollte, hatte mich meine Mutter mit dem jungen Josef verglichen, der unter den Ägyptern leben musste. Damals hatte ich den Vergleich gemocht, vermittelte er mir doch ein Gefühl von göttlicher Fügung in meinem Leben. Jetzt aber, nach mehr als einem Jahr in Krems, kamen mir Mutters Rückgriffe auf die Bibel nur noch peinlich und altmodisch vor. Sie fand darin Trost, sicher auch eine Rechtfertigung der Tatsache, dass ich nicht mehr bei meiner Familie lebte. Aber wenn ich wirklich ein Leben im Lager des auserwählten Volkes führte, ein zweites aber am ägyptischen Hofe, dann identifizierte ich mich jetzt eher mit dem Leben der Ägypter. Gott hatte mich sicherlich nicht vergessen, aber ich hatte ihn fast aus meinem Leben verdrängt. Ich verstand mich immer noch als Bessarabier, aber ich war ein Bessarabier, der seine Zukunft in der Berufung durch das Reich sah.

Onkel Otto war sich über die Verzweiflung der Bessarabier im Klaren. Manchmal schien er ebenso verzweifelt wie sie, obgleich er das mir gegenüber niemals zugab. Gegen Ende April machte Tante Moni die eine oder andere Andeutung, dass ich es vielleicht vorziehen würde, in ihrem Hause zu bleiben, wenn die Bessarabier nach Westpreußen umgesiedelt würden. War das ein Hinweis, dass die Entscheidung nahe bevorstand?

Wie konnte ich den Ruf des Reiches mit dem meiner Familie vereinbaren? Für mich gab es da keinen Zweifel: Meine Berufung lag darin, dem Reich in Westpreußen zu dienen. Ich dachte nicht ernsthaft daran, bei Herrn und Frau Stoltz in Krems zu bleiben. Darüber sprach ich mit niemandem. Ließ Tante Moni Bemerkungen darüber fallen, dass ich in ihrem Hause bleiben sollte, so versuchte ich, allgemeine und ausweichende Antworten zu geben.

„Hier ist dein Frühstück, Oskar. Ich habe dir eine Wurst extra gegeben. Du brauchst heute Kraft für den Unterricht. Und hier ist etwas Schokolade. Heb sie dir für die Pause auf, das gibt Energie bis zum Mittagessen. Ich bin so stolz auf dich, mein Junge. Du bist begabt genug, um mit den anderen Jungen im Gymnasium mithalten zu können. Eine glänzende Zukunft liegt vor dir. Wie dein Onkel Otto kannst du ein Führer werden. Wir können dir sehr viel geben, damit du deine Möglichkeiten ausschöpfen kannst. Sag mal, hast du darüber nachgedacht, bei uns zu bleiben, wenn die Leute aus dem Dorf auf ihre Höfe umgesiedelt werden?"

Die Art, wie sie von den Leuten aus dem Dorf sprach, klang abwertend, aber ich war nicht gekränkt. Ich wusste, dass sie mich damit nicht meinte. Und ich wusste, dass ich ihr nicht länger vorenthalten durfte, worin ich meine Bestimmung sah.

„Du bist so lieb, Tante Moni, und ich bin euch sehr dankbar für alles, was ihr für mich getan habt. Ich sehe auch, dass mein künftiger Dienst für das Reich ungeahnte Möglichkeiten birgt. Aber wohin mich der Ruf des Dienstes führt, das sehe ich noch nicht so deutlich. Es kann durchaus sein, dass mich der Ruf der Pflicht zur Arbeit auf den Höfen in Westpreußen und in den Weiten der Ostgebiete ereilt. Ich kann es noch nicht sagen."

Ich formulierte bewusst vorsichtig, aber im Grunde wusste ich es schon. Und als im Mai die Ankündigung kam, dass die Umsiedlung der Wolfsberger nach Westpreußen bevorstand, gab es bei mir keinen Zweifel, was ich tun würde.

Onkel Otto und Tante Moni fuhren mit mir nach Wolfsberg und schlugen meiner Mutter vor, dass sie mich adoptieren wollten. Mutter und ich besprachen uns kurz darüber in ihrem Zimmer, während die beiden unten warteten.

„Was denkst du, Oskar, über diese Chance? Wirst du mich und deine Schwestern allein auf unseren neuen Bauernhof fahren lassen?"

„Nein, Mutter, ich habe niemals einen Zweifel daran gehabt, was ich tun werde. Meine Familie seid ihr! Mir macht es nichts aus, von Krems wegzugehen, eigentlich freue ich mich darauf. Wir werden wieder als Familie auf unserem eigenen Hof zusammen sein."

„Du bist doch wirklich mein kleiner Mose."

Sie begann zu weinen, und wir umarmten uns, dann gingen wir zu Herrn und Frau Stoltz hinunter und teilten ihnen die Nachricht mit. Sie waren enttäuscht, akzeptierten jedoch die Entscheidung. Auf dem Weg zurück nach Krems wurde an jenem Nachmittag sehr wenig gesprochen.

Am Abschiedstag flossen viele Tränen. Tante Moni verlor das einzige Kind, das sie jemals gehabt hatte. Achtzehn Monate lang hatte sie mich mit mütterlicher Fürsorge regelrecht überschüttet, und ich hatte sie dankbar angenommen.

Wir packten beide meine Habseligkeiten zusammen. Während sie packte, weinte sie immer wieder, aber sie war trotzdem unermüdlich, alles nur Erdenkliche für meine Abreise vorzubereiten. Als der Zeitpunkt da war, begleitete sie mich zur Tür, die Arme um meine Schultern gelegt. Sie umarmte mich lange, Tränen erstickten ihre Stimme, dann stieg ich mit Onkel Otto in den Wagen. Ein letztes Winken, und dann waren wir weg.

Onkel Otto liebte es, mit offenem Verdeck zu fahren, und das Maiwetter war geradezu ideal dafür. Diesmal aber behielt er das Verdeck zu, auch die Fenster blieben geschlossen. Während der Fahrt sprach er mit mir ein letztes Mal über meine Gaben und Fähigkeiten. Er sprach über das Schicksal des Reiches und meine Rolle dabei.

„Die deutschen Siedler, Oskar, sind im vorigen Jahrhundert nach Bessarabien gegangen, um die Chancen zu nutzen, die andere Völker überhaupt nicht wahrnahmen. Jetzt hast du die Möglichkeit, bei derselben Aufgabe in Westpreußen mitzuarbeiten. Ich erwarte von dir, dass du deine Schulausbildung in Westpreußen weiterführst. Denn die Zeit ist nicht fern, Oskar, da das Reich begabte junge Leute benötigt, um die Bauernhöfe in den fruchtbaren Weiten des Ostens vom Baltikum bis zum Schwarzen Meer zu bewirtschaften. Das ist eine unglaubliche Chance für junge Leute wie dich. Deutsche Organisationskraft und harte Arbeit werden, wie auch auf anderen Feldern, fantastische Ergebnisse erzielen, wie nur wir Deutsche das können ..."

Ich stimmt ihm zu. Insgesamt gab es aber nur wenig Gelegenheit, mit Onkel Otto auf dieser letzten Fahrt nach Wolfsberg zu sprechen. Er monologisierte gern, diese Fahrt war die letzte Gelegenheit, mir seinen väterlichen Rat zu erteilen. Ich würde ihm ebenso fehlen, wie Tante Moni mich vermissen würde. Das wusste ich. Und er wusste, dass er mir auch fehlen würde. Der Tag, an dem ich den respekteinflößenden Kreisleiter in seiner eindrucksvollen Uniform zum ersten Mal gesehen hatte, schien Ewigkeiten zurückzuliegen. Jetzt war er Teil meiner Welt, wie auch ich Teil seiner Welt geworden war.

Als wir am Haupttor ankamen, trugen wir mein Gepäck in dasselbe Büro, in dem er damals, vor neunzehn Monaten, mit meiner Mutter gesprochen hatte. Mutter wurde herbeigerufen. Als sie erschien, drückte ich noch einmal fest Onkel Ottos Hand; er legte mir seine andere Hand auf die Schulter.

„Ich wäre stolz darauf, dich meinen Sohn zu nennen. Das würde mich immer mit Stolz erfüllen."

Tränen stiegen mir in die Augen. Wie sollte ich ihm sagen, was er mir bedeutete?

„Ich ... Ich werde euch schreiben. Ich werde euch über meine Fortschritte auf dem Laufenden halten." Mutter trat neben mich und umarmte mich.

Onkel Otto grüßte Mutter in militärischer Haltung mit einer leichten Verbeugung und verabschiedete sich.

Natürlich war ich glücklich, wieder bei meiner Mutter zu sein, aber mir kam es bei jedem Abschied so vor, als ließe ich etwas zurück. Das erste Mal war es die Geborgenheit meiner Kindheit in Mintschuna gewesen. Dann die Geborgenheit meiner Familie, als ich wegging, um bei Herrn und Frau Stoltz zu leben. Und jetzt nahm ich Abschied von dem aufregenden Leben der modernen Welt und der väterlichen Liebe Onkel Ottos. Zum Glück wusste ich nicht, wie viele Abschiede noch vor mir lagen.

Der Tag der Umsiedlung kam. Die ehemaligen Bewohner Mintschunas stiegen am Haupttor in Busse. Die Zeremonie bei unserer Ankunft vor mehr als anderthalb Jahren wiederholte sich in umgekehrter Reihenfolge. Jetzt allerdings war mir die Landschaft auf dem Weg nach Krems wohl vertraut. Später, als unser Zug aus dem Bahnhof auslief, überfiel mich Trauer, ja Heimweh nach Herrn und Frau Stoltz und dem Leben, das ich in ihrem Haus kennen gelernt hatte.

Alle Bessarabier reisten gemeinsam in Waggons, die für uns reserviert waren. Das Donautal prangte in voller Frühlingsschönheit, während wir auf Wien zufuhren. Bald vergaß ich meine Traurigkeit, und die Neugier auf das vor uns liegende Abenteuer überwog.

Bei unserer Ankunft in Wien interessierte mich die Größe der Stadt und der riesige Bahnhof. Diesmal war ich nicht überwältigt von allen Eindrücken, wie noch vor neunzehn Monaten. Inzwischen war ich selbst ein Teil dieser Welt. Am späten Nachmittag stiegen wir in einen anderen Zug um und begannen unsere Reise nach Norden. Als die Dämmerung hereinbrach, fuhren wir durch eine ländliche Gegend. Die Anspannung unter den Reisenden wuchs. Wir konnten es kaum fassen, dass bald alle Umbrüche in unserem Leben zu Ende sein sollten. So gut es ging, versuchten wir auf den Bänken im Zug zu schlafen. Im Morgengrauen fuhren wir bereits durch das Bergland der Tschechoslowakei. Das Land erstreckte sich in sanften Hügeln vor unseren Augen; überall gab es große Ackerflächen.

Die Frühstückszeit war bereits vorbei, als wir in Litzmannstadt ankamen, der Stadt im Warthegau, die früher Lodz geheißen hatte. Autobusse brachten uns vom Bahnhof zu einem großen, tief im Wald gelegenen Lager. Es bestand aus Holzbaracken und schien für das Militär errichtet worden zu sein. Als wir sie bezogen, fragten wir uns insgeheim, wie lange wir hier bleiben würden. Die offene Bauweise verhinderte jegliche private Atmosphäre.

Unglücklicherweise verzögerte sich die organisatorische Abwicklung. Die Tage gingen dahin, niemand informierte uns, wann die endgültige Aufteilung auf die Gehöfte erfolgen würde. Wieder waren die Nerven strapaziert. In den Familien entstand

Streit über Dinge, die es ohnehin kaum gab: Privatleben, Ruhezeiten, Raumbedarf.

In der zweiten Woche schlossen sich mehrere Männer zusammen und verlangten Auskunft. Sie standen vor dem Büro des Umsiedlungskommissars und forderten ihn auf, herauszukommen und ihre Fragen zu beantworten. Er kam auch heraus, konnte aber nur versprechen, dass er alles versuchen werde, den Ansiedlungsprozess zu beschleunigen. Die Männer äußerten lautstark ihr Misstrauen. Würden die Versprechungen, die vor zwei Jahren in Bessarabien gemacht worden waren, sich wirklich von diesem entlegenen Lager aus erfüllen? Die Tage gingen ins Land, immer stärker wurde der Wunsch der Erwachsenen, endlich wieder als freie Bauern auf der eigenen Scholle zu leben.

Dann endlich kam die Nachricht. Ein Vertreter jeder Familie wurde ins Büro gerufen. Dort wurde ihm ein ganzes Päckchen mit Informationen ausgehändigt. Der genaue Ort des neuen Bauernhofes, Reiseanweisungen und Fahrkarten, dazu der Name eines örtlichen Kontaktmanns, der die Umsiedler am nächsten Bahnhof erwarten und zu ihrem Bauernhof geleiten würde.

Die Kunde verbreitete sich in Windeseile. Alle würden das Lager am darauffolgenden Tag verlassen. Gemeinsam würden wir nach Litzmannstadt fahren und von dort aus die verschiedenen Reiserouten zu unseren Höfen antreten.

Mutter brachte unsere Reiseunterlagen. Unser Hof lag nicht weit von einer Stadt mit dem Namen Briesen entfernt. Unsere Fahrkarten lauteten von Litzmannstadt nach Thorn, von Thorn nach Briesen, dann weiter zu einem anderen kleinen Bahnhof. Mutter las die Unterlagen durch: „Es heißt hier, dass uns am Bahnhof ein Herr Franeck erwartet; er wird uns zu unserem neuen Hof bringen."

Natürlich waren wir alle sehr aufgeregt und konnten den nächsten Tag kaum erwarten. Am Abend besuchten viele der Familien sich noch einmal. In die Freude, dass es nun endlich weiterging, mischte sich Trauer über die bevorstehende Trennung.

Vor dem Schlafengehen versammelte Mutter mich und meine Schwestern zu einer kleinen Andacht auf ihrem Lagerbett. Für die Morgenandacht könnte am nächsten Tag vielleicht die Zeit fehlen. An Teile der Andacht an jenem Abend kann ich mich noch erinnern. Sie sprach zu uns über den Unterschied zwischen dem Suchen nach Wissen und dem Vertrauen in den Glauben.

„So sehr wir wissen möchten, was der morgige Tag uns bringen wird, so wenig können wir das wissen. Aber das können wir tun: Wir können dem morgigen Tag ruhig entgegensehen – im Glauben daran, dass er Gottes Gabe an uns sein wird. Ob es uns morgen nun gut oder schlecht erscheinen mag, wir sollten unsere Herzen bereiten, dafür dankbar zu sein."

Am nächsten Morgen bestiegen wir sehr früh die Autobusse und fuhren zum Bahnhof in Litzmannstadt. Die Leute aus Mintschuna verabschiedeten sich eilig voneinander. Die meisten hatten reichlich damit zu tun, die Abfahrtzeiten und Bahnsteige ihrer Züge zu finden. Wir hatten bald unsere Zugverbindung nach Thorn herausgefunden. Die Zugfahrt zu dieser historisch bemerkenswerten Stadt stand ganz im Zeichen unserer Freude darüber, bald wieder auf unserem eigenen Bauernhof leben.

Am frühen Nachmittag erreichten wir Thorn und stiegen in den Zug nach Briesen um. Dort nahmen wir eine Kleinbahn, die uns die letzten fünfzehn Kilometer zu dem kleinen Bahnhof bringen würde, an dem uns ein Mann namens Franeck erwartete.

Die Gegend um Briesen war flach und weit, es gab große kultivierte Felder. Die Kleinbahn hielt häufig an Bahnhöfen, die kaum größer waren als Vorratsschuppen mit Bahnsteigen an den Gleisen. Mutter, meine Schwester und ich gaben gut Acht, um unseren Zielbahnhof nicht zu verpassen. Schließlich wurde der Name ausgerufen und wir sahen, dass auch dieser Bahnhof lediglich aus einem Schuppen mit einem Bahnsteig bestand.

Eine Reihe leerer Pferdewagen standen am Bahnhof. Ein Wagen war mit einem Pferd bespannt. Auf ihm saß ein Mann, der offenbar die Ankunft des Zuges erwartet hatte. Er stieg vom Wagen herunter und näherte sich dem Zug. Etwas unbeholfen winkte er uns zu, machte den Versuch eines Lächelns – als sei er unsicher, ob diese Art der Begrüßung angemessen sei.

Er war ein junger Mann, kaum zwanzig Jahre alt, schlank aber breitschultrig. Er hatte feines, helles Haar, das ihm schräg über die Stirn fiel. Er trug weite Kleidung, ein abgetragenes Hemd und wollene Hosen, die ihm zu groß waren. Bald stellte ich fest, dass dies während der Kriegszeit die übliche Bekleidung in Polen war.

Wir stiegen aus dem Zug und Mutter fragte ihn, ob er Franeck heiße.

„Ja." Er schien sehr nervös zu sein. Er erklärte uns, dass er etwas Deutsch verstünde, seine Muttersprache aber Polnisch sei.

Auch Mutter schien etwas vorsichtig bei Gesprächen mit ihm zu sein. Sie sagte ihm, dass wir die polnische Sprache nicht verstanden, und fragte dann: „Bringen Sie uns in Ihrem Wagen zu unserem neuen Hof?"

Er nickte. „Es ist jetzt *Ihr* Wagen, wie alles auf dem Hof."

Schweigend gingen wir zum Wagen, und Franeck lud unsere Habseligkeiten auf die Ladefläche. Seit fast zwei Jahren waren wir nicht mehr auf einem Pferdewagen gefahren. Das letzte Mal war das auf unserer Fahrt von Mintschuna zum Bahnhof in Romanowka geschehen. Ich hatte den Eindruck, dass der Kreis sich schloss: Wir kamen heim, die Unterbrechung durch die Umsiedlung war nun zu Ende.

Mutter saß vorne auf dem Wagen neben Franeck. Meine Schwestern und ich saßen dicht dahinter, so dass wir alles mithören konnten. Franeck erzählte, er sei einer der Landarbeiter, er lebe auf unserem Bauernhof. Mutter fasste Vertrauen zu ihm.

Ich wusste, dass sie jetzt wieder in die vertraute Rolle als Bäuerin in einem Bauernhaushalt schlüpfen würde. In Bessarabien hatte sie keine Schwierigkeiten bei der Bewirtschaftung unseres Hofes gehabt. Aber ich wusste auch, dass sie sich Sorgen machte, ob es ihr gelingen würde, das neue Land gut zu verwalten. Von den Umsiedlungskommissaren hatte sie nur wenig darüber erfahren, ob wir Landarbeiter oder Pächter antreffen würden. Jetzt konnte sie sich bei einem der Landarbeiter erkundigen. Sie fragte nach Franecks Familie. Niemand von uns war auf seine Antwort vorbereitet.

„Meine Eltern sind verschwunden. Unser Bauernhof war Ihrem Hof benachbart. Eines Nachts kamen Leute und nahmen sie mit. Das war vor sechs Monaten. Seither habe ich nichts mehr von ihnen gehört."

Mutter war empört. „Was waren das für Leute? Die Behörden sind doch sicherlich in der Lage, sie zu finden."

Franeck schaute Mutter verständnislos an. Mutters Unwissenheit und Unschuld waren allzu offensichtlich. „Frau Groß, Sie scheinen das nicht zu verstehen. Es waren ja die Behörden, die sie mitgenommen haben."

„Und warum hätten sie das tun sollen?"

„Niemand weiß, warum. Wenigstens wissen wir es nicht genau. Die Dinge sind Ihnen doch sicherlich klar." Er schaute vorsichtig zu Mutter hinüber, als glaube er ihr nicht, dass sie seine gefährdete Situation nicht verstehen könne.

„Junger Mann, Sie werden bald merken, dass wir eine Bauernfamilie sind. Von Leuten und der Landwirtschaft verstehe ich einiges, von Politik aber weiß ich wenig."

Erneut sah Franeck zu ihr hin, als sei er immer noch unsicher, ob er ihr glauben könne.

„Es gibt einen Treuhänder aus Deutschland, der die Oberaufsicht führt. Wissen Sie das gar nicht? Das müssen Sie doch wissen, wenn Sie aus Deutschland kommen."

„Eigentlich kommen wir aus Bessarabien. Das ist jetzt ein Teil der Sowjetunion und liegt in der Ukraine. Als die Russen das Land besetzt haben, wurden wir in ein Kloster in Österreich umgesiedelt. Über das Leben in Deutschland wissen wir wenig. Außer meinem Sohn, der in der Stadt zur Schule ging, haben wir anderen wenig davon erfahren, wie die Dinge in Deutschland gehandhabt werden. Wir mussten einfach zusammen mit unseren Landsleuten in jenem Kloster bleiben, bis ein Bauernhof als Entschädigung für das, was wir an die Russen verloren haben, für uns bereit stand."

„Aber sagen Sie mir bitte, Frau Groß, wenn Ihnen das möglich ist ... und das frage ich mit allem Respekt Ihnen gegenüber ..." Franeck schaute Mutter lange an, ehe er fortfuhr. „Aber das möchte ich doch fragen: Wo, meinen Sie, kommt der Hof her, den Sie jetzt bekommen?"

„Ich habe nie etwas anderes angenommen, als dass das Deutsche Reich ihn uns zur Verfügung gestellt hat."

„Dann sollten Sie vielleicht sehr behutsam mit dem umgehen, was Sie jetzt hören werden, ich muss sehr vorsichtig dabei sein, wie ich Ihnen das sage. Sehen Sie, der Hof, der jetzt der Ihre ist, hat einst meinem Onkel und meiner Tante gehört. Was meinen Eltern geschah, ist meinem Onkel und meiner Tante auch passiert. Eines Nachts, lange nach Mitternacht, klopfte es an der Tür. Das war das Zeichen dafür, dass die Behörden da waren, um den Hof zu beschlagnahmen und die Eigentümer wegzuschaffen. Niemand weiß, wo sie hingebracht wurden. Wahrscheinlich in ein Konzentrationslager, wenn sie überhaupt noch leben. Dann, vielleicht eine oder zwei Wochen später, erschien der Aufseher aus dem Reich, um die Kontrolle über den Hof, das Vieh und die landwirtschaftlichen Geräte zu übernehmen. Ich war in der Nacht, in der mein Onkel und meine Tante abtransportiert wurden, in einem Nebengebäude des Hofes. Die Behörden suchen keine Landarbeiter. Die einzigen, die hier verschwinden, sind die Eigentümer."

Mutter sagte lange Zeit gar nichts. Auch Franeck schwieg. Endlich fragte Mutter: „Aus welchem Grund wird eine Familie ausgesucht, weshalb verlieren sie ihren Hof? Ist es die Religion?

Ist es die Politik? Irgendwie hängt das natürlich alles mit der Politik zusammen ... Aber verstehen kann ich es nicht."

„Das geht nicht nur Ihnen so ... Die Religion? Ich weiß nicht. Alle sind wir hier katholischen Glaubens. Wenn die Religion der Grund ist, warum trifft es dann nicht uns alle? Keiner von uns versteht das. Ich hatte gedacht, dass vielleicht Sie mir mehr sagen könnten."

„Ich kann Ihnen gar nichts sagen – außer vielleicht, dass es so scheint, als ob die ganze Welt verrückt geworden ist. Und dennoch müssen wir fest daran glauben, dass der Herr unsere Sache vertreten wird ... Aber, junger Mann, sagen Sie mir, was aus den Treuhändern aus dem Reich wird. Werden sie die neuen Besitzer des Landes?"

„Manchmal, aber nicht immer. Auf Ihrem Hof ist zur Zeit noch ein Treuhänder mit seiner Familie. Bis vor ein paar Tagen haben sie noch im Hauptgebäude gewohnt. Dann haben sie erfahren, dass Sie die neue Besitzerin sind. Jetzt sind diese Leute in ein kleines Landarbeiterhaus auf dem Hof gezogen. Der Mann ist ziemlich enttäuscht."

„Ich meine, dass eher Sie enttäuscht oder gar äußerst verbittert sein sollten. Sie werden merken, dass ich und meine Familie einfache Bauersleute sind, genau wie Sie auch. Die Dinge, die Sie uns erzählt haben, verstehen wir ebenso wenig wie Sie. Solche Sachen und noch Schlimmeres kennen wir aus Russland, ja! Aber vom deutschen Reich hätten wir das nicht erwartet ..."

Mutter hatte immer noch nicht verstanden, in welch heikle Lage Franeck durch solche Gespräche kam. Polen konnten schon dafür hingerichtet werden, dass sie nichts weiter taten, als schweigend solchen kritischen Äußerungen über das Reich zuzuhören.

„Ich sage besser nichts mehr, Frau Groß. Vielleicht habe ich schon zu viel gesagt. Aber ich dachte, Sie müssen so viel wissen, um Ihren jetzigen Besitz besser zu verstehen."

„Wo wir auch hinkommen, junger Mann, warten Probleme auf uns. Wir gehen weg, geben die Höfe auf, für die wir Opfer gebracht haben, wir verlieren sie, wir werden umgesiedelt. Und dann entdecken wir, dass wir vor neuen Schwierigkeiten stehen, die genau so groß sind wie die, vor denen wir geflohen sind."

„Aber wenigstens werden Sie als Deutsche eingestuft, Frau Groß. Das ist ein großer Unterschied ... Sie werden hier so lange sicher sein, bis die Russen kommen."

Mutter schluckte. „Und wir wissen, dass ihnen das niemals gelingen wird. Ich kann mir gar nicht vorstellen, dass die Russen bis hierher kommen. Die können kaum ihre eigenen Soldaten ernähren, selbst in ihrem eigenen Land nicht. Aber ich sage Ihnen ganz offen, dass ich größere Angst vor den Polen habe, vor Menschen wie Ihnen, die ihre Familien und ihre Ländereien durch diese ungerechte Behandlung verloren haben. Wie sollte es möglich sein, dass Sie und andere, die ebenso behandelt worden sind, nicht gegen ihre Peiniger zurückschlagen?"

„Von mir haben Sie nichts zu befürchten, Frau Groß. Ich bin derjenige, der Angst hat. Ich fürchte, Sie könnten mir nicht erlauben, auf Ihrem Lande zu arbeiten. Einen anderen Lebensunterhalt habe ich nicht, was bedeutet, dass ich kein Recht auf Leben habe. Wenn es dem Treuhänder gefällt, kann er mich deportieren lassen, in ein Arbeitslager oder selbst in den Tod schicken. So liegen die Dinge hier."

Danach schwiegen Mutter und Franeck. Einmal drehte sie sich um und sah mich an. Ihr Gesicht wirkte gespannt, die Lippen waren fest zusammengepresst. Dunkle Schatten lagen um ihre Augen.

War dies das Land, das man uns versprochen hatte? Dafür hatte man uns gebeten, unsere Heimat zu verlassen? Ich wusste, dass Mutter betete. Ihr Kopf wiegte sich langsam vor und zurück. Vielleicht sang sie heimlich.

Ich sah auf den Weg hinter unserem Wagen zurück. Weithin erstreckte sich die Straße und verlor sich im Dunst einer fernen Reihe von Bäumen. Ich verstand nicht, wie man eine Familie von ihrem Besitz vertreiben konnte, damit sie durch eine andere Familie, die ebenfalls ihren eigenen Hof verloren hatte, ersetzt werden konnte. Wo war da der Sinn? Wir sagten nichts, aber ich denke, dass meine Mutter ebenso über den neuen, versprochenen Hof dachte wie ich. Wir hatten ihn als unsere Bestimmung angesehen ... als Gottes Willen und seine besondere Gabe an uns. Jetzt erschien uns diese Gabe irgendwie schmutzig ...

Franeck brach das lange Schweigen. Er streckte den Arm aus und wies in eine Richtung.

„Da. Da ist es."

In der Ferne war zwischen einer lockeren Baumgruppe eine kleine Insel von Gebäuden an einem kleinen Teich zu erkennen, umgeben von einem riesigen grünen Weizenfeld.

„Wer hat all die Saaten ausgebracht?", fragte ich.

„Ihr werdet es gleich sehen. Die Verantwortung für die Arbeiten lag beim Treuhänder. Die anderen Landarbeiter haben die Arbeiten durchgeführt."

Als wir uns dem Bauernhof näherten, sahen wir einen Mann am Tor eines kleineren Gebäudes stehen. Bewegungslos stand er da, mit verschränkten Armen. Er war groß und von kräftiger Statur. Wir winkten ihm zu, aber er erwiderte das Winken nicht. Als wir an ihm vorbeifuhren, starrte er uns nur an. Das ist also der Treuhänder, dachte ich bei mir. Natürlich wollte er mit uns nichts zu tun haben.

Das Haus war weitläufig, aber recht einfach und nicht so solide gebaut wie das Haus, das uns in Mintschuna gehört hatte.

Mutters erstes Interesse galt der Küche. Endlich, nach fast zwei Jahren des beengten Lebens in der Mönchszelle mit Gemeinschaftsverpflegung hatte sie wieder ihre eigene Küche. Mutter inspizierte jede Ecke des Raumes. Dabei entdeckte sie, dass jemand für einen kleinen Vorrat an Lebensmitteln gesorgt hatte, überwiegend haltbare Sachen wie Obst in Weckgläsern, Tüten mit Mehl, eingelegtes Gemüse und dergleichen mehr.

„Junger Mann, wer hat das alles besorgt. Waren Sie das?"

„Das war mir ein Vergnügen, Frau Groß. Herzlich willkommen in Ihrem neuen Haus."

„Franeck, Sie beschämen uns! Wenn ich bedenke, dass Sie das für die Leute getan haben, die gekommen sind, um den Hof zu übernehmen, der Ihrem Onkel und Ihrer Tante gehört hat. Ich werde gleich etwas kochen. Währenddessen können Sie den Kindern ihre neuen Zimmer zeigen. Ich komme nur kurz mit und teile die Zimmer auf, dann fange ich an zu kochen."

„Aber, Frau Groß, ich bin nur Ihr Knecht. Ich bin nicht gewöhnt, zusammen mit den Besitzern des Hofes zu essen."

„Na, waren Sie etwa nicht gewohnt, zusammen mit Ihrem Onkel und Ihrer Tante in dieser Küche zu essen? Oder daheim bei Ihren Eltern, deren Küche vermutlich so ähnlich wie diese war? Wer sind wir denn, dass Sie nicht mit uns essen dürfen? Wir sind ehrliche, fleißige Leute, die von denselben Machthabern, die Ihnen Ihre Familie genommen haben, herumgestoßen worden sind. Wir müssen noch viel lernen und besser verstehen, aber dass wir mit Ihnen an einem Tisch sitzen werden, das brauchen wir nicht zu lernen. Daran gibt es gar keinen Zweifel."

„Danke. Ich bin wirklich dankbar dafür. Der Treuhänder hat sich immer für etwas Besseres gehalten als die Landarbeiter."

„Ich hoffe, Sie werden bald merken, dass ich diesen Hof ohne falschen Stolz leiten kann. Wissen Sie, unser Gott hat uns reich beschenkt. Wir haben nichts getan, womit wir diesen Vorzug in seinen Augen verdient hätten ... Dann können wir wenigstens seine Geschenke mit anderen teilen."

In Franecks Augen traten Tränen. Mutter hat mich stets durch die Tiefe ihres Glaubens beeindruckt. Während der Zeit in Krems hatte ich diesen Glauben zwar oft für altmodisch gehalten. Wenn ich aber die Früchte ihres Glaubens sah, dann konnte ich nicht anders, als beeindruckt zu sein. An diesem Tag hatte sie binnen zweier Stunden die Enttäuschung über ein besudeltes Geschenk überwunden – und war schon wieder dankbar für alles, was sie erhalten hatte. Ich begriff: Es gibt Momente, in denen man eine Situation nicht verstehen kann. Das sollte einen aber nicht hindern, Dankbarkeit dafür zu empfinden. Dies war ein solcher Augenblick, und ich wusste Mutters Glauben zu schätzen, obwohl der Glaube an Gott für mich unbewusst Mutters Glaube war, nicht mein eigener.

In den folgenden Tagen machten meine Schwestern und ich uns aufs Neue mit den täglichen Pflichten und dem Rhythmus auf einem Bauernhof vertraut. Als Erstes übernahm ich wieder die Aufgabe, den Hof sauber zu halten und die Tiere zu versorgen. Dazu gehörten mehrere Pferde, ein paar Kühe und Schweine und ungefähr ein Dutzend Hühner. Dabei musste ich mich auch um die Scheune kümmern.

Gelegentlich kam ich in die Nähe des kleinen Gebäudes, wo der Treuhänder mit seiner Familie eingezogen war. Hin und wieder kam er aus seinem kleinen Haus, starrte mich an, sprach aber niemals ein Wort. Seine Frau und seine Kinder sah ich auch mehrmals, redete aber nicht mit ihnen. Der Mann hielt sich stets in ihrer Nähe auf, als müsse er sie beschützen. In seinen Augen las ich Hass und Abneigung, was auch nicht verwunderlich war. Er hatte das ganze Frühjahr hindurch gepflügt und gesät, in der Hoffnung, dass er den Hof bekommen würde. Von den Versprechungen, die ihn dazu bewogen haben mochten, Deutschland zu verlassen und die Aufgabe als Treuhänder zu übernehmen, wussten wir nichts. Was auch immer – er schien uns die Schuld an seiner Situation zu geben.

Noch vor Ende der ersten Woche, musste sich Mutter mit dem Treuhänder auseinandersetzen. Sie ließ ihn durch Franeck rufen, und er schlurfte herbei, um mit Mutter im Wohnzimmer zu sprechen. Mutter machte die Zimmertür zu, daher weiß ich nicht, was dort gesprochen wurde. Aber nach einigen Tagen waren er und seine Familie verschwunden.

In Fragen der Ländereien mit Männern hart zu verhandeln, war für Mutter überhaupt nichts Neues. Nach meines Vaters Tod hatte sie gelernt, das Land in Mintschuna zu bewirtschaften und als Besitz zu erhalten. Aber ich denke, diese Auseinandersetzung mit dem Treuhänder muss eine ihrer schwersten Prüfungen gewesen sein.

Das Wiedereinleben in die Pflichten und Aufgaben des Bauernlebens war für meine Schwestern schwieriger als für mich. Da ich jetzt älter war als zu der Zeit, da wir Mintschuna verlassen hatten, erwartete man von mir, dass ich mehr auf den Feldern als auf dem Hof arbeitete. Für den Hof waren nun meine Schwestern verantwortlich. Ihre Routinearbeiten waren auch viel begrenzter. Seit wir Mintschuna verlassen hatten, hatten sie so viel von der Welt gesehen, dass ihnen wohl bewusst war, wie einsam und eintönig das Leben auf dem Bauernhof war – verglichen mit dem Leben anderswo.

Wenige Tage nach unserer Ankunft und nach unserem ersten Abendessen mit Franeck hatte Mutter alle Landarbeiter eingeladen, künftig das Frühstück und Mittagessen mit uns zusammen einzunehmen. Außer Franeck waren das noch fünf oder sechs Arbeiter. Sie waren alle jung und sprachen fast kein Deutsch. In der übrigen Zeit hatten sie mit meinen Schwestern so gut wie keinen Kontakt, aber es war doch eine kleine Abwechslung für sie.

Die Sommerwochen, die ich mit Franeck und den anderen Arbeitern auf den Feldern verbrachte, gingen friedlich dahin. Um die Zukunft machte ich mir keine Gedanken. Dafür machte sich meine Mutter umso mehr Gedanken. Als sie erfuhr, dass es in Thorn eine Landwirtschaftsschule gab, meldete sie mich kurz entschlossen dort an, damit ich meine Ausbildung fortsetzen konnte.

Franeck half mir bei der Abreise und fuhr mich mit dem Pferdewagen zu dem kleinen Bahnhof, an dem wir ihm zum ersten Mal begegnet waren. Während der Fahrt sprachen wir über Geborgenheit und Trennung. Ich beklagte mich darüber, dass ich in den letzten Jahren so oft Abschied hatte nehmen müssen. Mir kam es so vor, als ob ich immer wieder einen Ort verlassen und zu einem anderen ziehen musste. Der Sommer auf dem Hof war so schön und voller Geborgenheit gewesen – fast so wie die

Kindheitstage in Mintschuna. Nun musste ich auch das wieder zurücklassen!

Franeck widersprach: „Oskar, wir müssen das tun, was wir können, und damit hat es sich. Schau mich an. Meine Eltern, mein Onkel und meine Tante – alle sind sie von mir weggerissen worden. Vielleicht leben sie noch, und ich werde sie eines Tages wiedersehen, aber vielleicht sind sie schon lange tot. Weiß ich die Antwort? Und wie viel Schweres wird die Zukunft bringen?"

„Das klingt genau wie Mutters Ratschläge. Am Vorabend unserer Reise hierher sprach Mutter zu uns Kindern über den Baum der Erkenntnis des Guten und des Bösen. Sie sagte, die Zukunft können wir nicht erkennen, aber dennoch sollten wir dankbar sein."

„Du sprichst von Trennung. Ja, das war auch eine Trennung, als Gott Adam und Eva sagte, dass sie den Garten verlassen müssten und niemals mehr zurückkommen würden."

Ich dachte eine Zeit lang nach, ehe ich antwortete.

„Ja, das war ein endgültiger Abschied. Wie müssen sie sich gewünscht haben, in die glückliche Zeit zurückzukehren, in die Zeit, als alles gut war und sie als Teil des Gartens lebten, ohne den Unterschied zwischen Gut und Böse zu kennen."

Franeck sah mich stirnrunzelnd an.

„Hör mal zu, Oskar. Man kann sich auch unglücklich machen, wenn man sich zu viele Gedanken über Dinge macht, die man nicht ändern kann. Geh deinen Weg einfach weiter. In die Vergangenheit kannst du nicht zurück. Deshalb musst du die Zukunft mit aller Kraft angehen. Du musst in Thorn fleißig arbeiten. Tu, was deine Mutter dir aufgetragen hat. Sie weiß, dass die Welt niemals stillsteht. Was immer auch passiert, Oskar, die alten Formen der Landwirtschaft werden keinen Bestand haben. Das einfache Leben ist vorbei, hier wie in Bessarabien, nur wissen wir das noch nicht. Das hat mir deine Mutter gesagt, und ich meine, sie hat Recht ...

Wir werden immer Dinge aufgeben müssen. Wenn wir uns

an sie klammern, werden wir wahnsinnig. Also müssen wir sie loslassen. Haben wir eine andere Wahl? Gott allein weiß es. Deine Mutter ist der Meinung, du solltest deine Ausbildung fortführen, um für alle Wechselfälle des Lebens gewappnet zu sein. Nur deshalb schickt sie dich wieder von sich fort. Sie ist eine sehr kluge Frau, Oskar. Jetzt tu du deinen Teil und arbeite fleißig."

7

Für einen Jungen aus Mintschuna war der Besuch der Landwirtschaftsschule eine gewaltige Herausforderung. Aber während der Bahnfahrt hatte ich mich stark gemacht, indem ich an Onkel Otto und meine Erfahrungen in Krems dachte. Ich war nicht mehr der naive Bauernjunge aus einer rückständigen Provinz. Nein, ich war ein Junge, der die Zukunft des Deutschen Reiches mitgestalten wollte. In diesem Bewusstsein suchte ich die Landwirtschaftsschule auf, ließ mich einschreiben, erhielt Zimmer und Klasse zugeteilt und erledigte alle Formalitäten.

Thorn war eine alte Stadt, die auf eine lange Tradition im Landhandel zurückblickte. Den ganzen Winter hindurch arbeitete ich fleißig in der Schule. Meine Mutter und meine Schwester besuchte ich nur zu Weihnachten.

Im Frühjahr 1943 wurde ich zu einem Praktikum auf einen 1000 Hektar großen Hof geschickt. Mit mir ging ein weiterer Schüler, Harry Scheer, in dieses Praktikum. Unsere Aufgabe bestand darin, als studentische Vorarbeiter die Arbeiten und die Landarbeiter zu beaufsichtigen. Ich war gerade mal fünfzehn Jahre alt. Obgleich landwirtschaftliche Arbeiten fast mein ganzes Leben begleitet hatten, bestand doch meine einzige wirklich praktische Erfahrung im Fruchtanbau nur aus den sechs Wochen, als ich im letzten Sommer zusammen mit Franeck auf den Feldern gearbeitet hatte. Zu Hause in Mintschuna war ich noch zu jung dafür gewesen. Die Landarbeiter – gestandene polnische Bauern – verstanden sehr wohl, dass sie Harry und mich ausbilden sollten, während wir offiziell die Aufsicht über sie zu führen hatten.

Harry war nicht viel älter als ich. Er war sechzehn, besaß aber bereits beachtliche Lebenserfahrung. Bei der Arbeit mit ihm merkte ich, dass die achtzehn Monate in Krems mein Weltverständnis stark geprägt hatten. Harry war groß gewachsen, mit den polnischen Arbeitern hatte er keine Probleme. Ich hingegen war für mein Alter klein. Sicherlich habe ich in den Augen der polnischen Bauern manchmal eine lächerliche Figur abgegeben, aber meine Autorität wurde nicht in Frage gestellt. Ich hatte meine Rolle zu spielen, auch wenn sie nur darin bestand, ihnen die Aufträge *der* Leute zu vermitteln, die tatsächlich die Entscheidungen trafen.

Jeden Morgen schwangen Harry und ich uns in den Sattel und ritten über die riesigen Ländereien. Meine Gedanken kreisten oft um meine Bestimmung. Mir war ganz klar, dass meine Berufung hier lag, in dem weiten Raum, in den unendlichen Möglichkeiten. Meine Träume fanden Nahrung in der Begegnung mit einem Mann, dem Harry und ich unterstellt waren. Er hieß Alberti und war Deutscher, obgleich sein Name italienisch klang. Er war nicht sehr groß, vielleicht 1,75 Meter, und sehr schlank. Wie man es häufig bei solchen Menschen antrifft, war er unablässig in Bewegung. Sein Alter schätzte ich auf Ende zwanzig. Er hatte strahlend blaue Augen, die ständig aufmerksam umherschweiften.

Harry und ich wohnten in einem Nebengebäude dicht bei Albertis Haus. Unser Frühstück und Mittagessen nahmen wir bei ihm ein, wobei wir auch seine Frau und seine beiden kleinen Kinder kennen lernten. Nach den Mahlzeiten unterhielten wir uns immer noch eine Weile über alle möglichen Themen; dabei rauchte er eine Zigarette nach der anderen. Wir genossen diese Gespräche sehr.

Einmal sprachen wir über unsere Familien. Als ich die Umbrüche in meinem Leben schilderte – den Tod meines Vaters und meines Bruders, die Umsiedlung, die Zeit in Krems – da stellte ich fest, dass Harry und ich einiges gemeinsam hatten.

„Ich weiß sehr wohl, wie es ist, ohne Mann im Haus aufzuwachsen“, erzählte er. „Meinen Vater kenne ich nicht. Ich bin bei meiner Mutter in München aufgewachsen. Sie war Kellnerin. Wir wohnten bei meiner Großmutter. Auch mein Großvater war gestorben. Als ich elf Jahre alt war, wurde ich als der Mann im Hause angesehen, wenigstens dann, wenn Dinge zu erledigen waren, die sonst niemand tun wollte. Meine Mutter wünschte zum Beispiel, dass ich die schadhafte Angel einer Tür oder eines Fensters reparierte. Aber woher sollte ich wissen, wie man das macht? Als ich dreizehn war, wurde mir klar, dass ich immer ihr Kind und ihr Diener bleiben würde. Also ging ich weg.“

„Wohin bist du gegangen?“

„Nicht sehr weit. Gerade mal bis zum entgegengesetzten Ende der Stadt. Zu jener Zeit besaß fast niemand irgendwelche Ersparnisse. Ich hatte aber einen Schulfreund, dessen Onkel ein Tanzcafé betrieb. Ich musste den Tanzsaal, die kleine Küche und die Zimmer im ersten Stock sauber machen. Ich bekam nicht viel Geld und musste praktisch in der Besenkammer schlafen, aber ich hatte ein Dach über dem Kopf und genug zu essen, um zu überleben. Vor allen Dingen war ich unabhängig.“

„Wie lange bist du dort geblieben?“

„Na ja, ich fand bald heraus, dass der Onkel meines Freundes ein ziemlich grober Patron war. Er hatte eine Schar Frauen, die dort als Nutten lebten, du verstehst schon. Es dauerte nicht lange, und sie machten sich an mich ran. In mancher Hinsicht war das fast so eine Art Ausbildung ... Andererseits – je länger es andauerte, war es genauso wie zu Hause. Einige der Frauen leiteten mich an, wenn du verstehst, was ich meine, aber sie erwarteten auch Gegenleistungen. Neben dem Putzen im Café wurde ich wieder der Bote und der Handwerker für diese Frauen. Auch schreckte der Onkel meines Freundes nicht davor zurück, die Frauen und auch mich zu prügeln, wenn ihm etwas nicht gefiel. Ich hielt es fast ein Jahr lang dort aus, aber dann zog ich fort."

„Wohin gingst du?"

„Damals bin ich zum ersten Mal mit politischen Dingen in Berührung gekommen. Unter den regelmäßigen Kunden des Tanzcafés gab es einige junge Männer, die nicht viel älter waren als wir jetzt. Häufig hatte ich Unterhaltungen mit angehört, in denen über politische Fragen in einer Weise gesprochen wurde, als ob diese Leute einer politischen Organisation angehörten. Sie waren keineswegs gebildeter als ich. Verglichen mit andern Gästen schienen sie viel Geld zu haben, daher versuchte ich herauszufinden, was sie eigentlich machten. Bei jeder Gelegenheit suchte ich das Gespräch mit ihnen und fragte sie schließlich, wie ich es anstellen könnte, Mitglied in ihrer Organisation zu werden.

Zunächst lachten sie mich aus, aber ich ließ nicht locker. Schließlich nahmen sie mich ernst und gaben mir ein paar Aufträge. Ich gab mir große Mühe, alles zu ihrer Zufriedenheit zu erledigen, und irgendwann boten mir die Männer eine Anstellung an, die es mir erlaubte, ein eigenes Zimmer zu mieten. Deshalb verließ ich das Tanzcafé und arbeitet fortan für die Partei, in deren Dienst sie standen. Anfangs war das eine sehr untergeordnete Tätigkeit, bisweilen auch schwer, aber sie ermöglichte mir, dahin zu kommen, wo ich hin wollte. Und sie hat mich letztendlich hierher geführt."

Harry war der NSDAP sehr dankbar und fest davon überzeugt, dass wir eine großartige Zukunft haben würden. Alberti war ganz seiner Meinung.

„Ihr werdet sehen, Jungs, es wird alles so werden wie hier in Westpreußen, nur noch viel größer. Ich werde ein großes Gebiet mit vielen Höfen unter mir haben. Ihr Jungs werdet Parteifunktionäre sein und einen eigenen Hof zur Bewirtschaftung haben. Die armen Russen, die außer Wodkatrinken nichts verstehen, werden unsere Arbeitskräfte sein; dabei wird es ihnen viel besser gehen als jetzt. Alles verläuft nach unseren Plänen, das sage ich euch ..."

Albertis Prophezeiungen erinnerten mich an das Abschiedsgespräch mit Herrn Stoltz, damals, als wir zum letzten Mal von Krems nach Wolfsberg fuhren. In Wahrheit wusste aber keiner von uns – Alberti eingeschlossen – was außerhalb Westpreußens geschah.

Neben den polnischen Landarbeitern befanden sich auf dem Hof auch etliche britische Kriegsgefangene. Alle trugen sie Fliegermonturen, wie wir sie noch nicht gesehen hatten. Vermutlich waren es Flugzeugbesatzungen, die bei Luftangriffen auf Danzig oder andere deutsche Städte abgeschossen worden waren. Harry und ich hatten keinen Kontakt zu ihnen. Wir sprachen kein Englisch, und sie sprachen kein Deutsch. Bewacht wurden sie durch zwei deutsche Soldaten, die ihnen durch Zeichen und mit Hilfe einiger elementarer englischer Wörter Arbeitsanweisungen gaben. Hätten wir Englisch gesprochen, so hätten Harry und ich Gelegenheit gehabt, von ihnen etwas über den Verlauf des Krieges zu erfahren. Aber das versuchten wir gar nicht erst.

Einer der Kriegsgefangenen hatte den Spitznamen „Monty" – wahrscheinlich in Anspielung auf den britischen General. Sein richtiger Name war George. Eines Tages stand er auf einer Heufuhre in der Nähe der Scheune. Harry und ich schauten zu, wie Monty das Heu ablud. Dabei stieß er gegen eine Eisenstange, die aus der Scheune herausragte. Er fluchte und wischte sich mit der Hand über die Stirn. Als er die Hand ansah, bemerkte er, dass sie blutverschmiert war. Er brach zusammen, verlor das Bewusstsein und fiel vom Heuwagen herunter. Harry und ich liefen hin, um ihm zu helfen, aber er war nicht ernstlich verletzt. Wir halfen ihm sich aufzurichten und gaben ihm einen Lappen, den er gegen den Kopf drückte, bis die Blutung gestillt war. Hinterher lachten wir herzhaft über ihn.

„Sag mal, Harry, hast du jemals gehört, dass ein Soldat beim Anblick von so ein bisschen Blut in Ohnmacht fällt?"

„Glaubst du, dass alle englischen Soldaten so sind? Kein Wunder, wenn sie den Krieg verlieren."

Wir dachten, das sei lustig. So wenig wussten wir damals über den Krieg. In Wirklichkeit hatte sich die Richtung des Krieges schon lange gewendet. Die Ostfront war zwar immer noch weit weg, kam aber auf uns zu. Im Winter 1943 hatten die Russen die Deutsche Wehrmacht bei Stalingrad gestoppt. Jetzt waren sie dabei, die Ukraine zurückzuerobern. Mehr als 500 000 deutsche Soldaten waren im Winter gefallen. Und jetzt tobte der Kampf in der Steppe.

Von all dem hatten Alberti, Harry und ich in jenem Sommer 1943 nicht die leiseste Ahnung. Als wir im Herbst zu unserer Schule in Thorn zurückkehrten, sahen wir immer noch unsere Zukunft im Brotkorb der russischen Getreidefelder.

Nach Plan sollte ich die Landwirtschaftsschule im nächsten Frühjahr, im Mai 1944, beenden. Den ganzen Herbst und Winter hindurch lernte ich fleißig und voller Optimismus auf den Tag hin, an dem ich meine Anstellung erhalten sollte. Als der Frühling kam, hatte jedoch keiner von der gesamten Schule eine Anstellung bekommen. Gerüchte gingen um, die russische Armee nähere sich bereits Polen. Ich konnte das einfach nicht glauben.

Plötzlich, wenige Wochen vor unserem Abschluss, wurde ich zum Reichsarbeitsdienst (RAD), der Arbeits- und Dienstleistungsorganisation des Dritten Reiches, eingezogen. Ich war sechzehn – zu jung für die Wehrmacht, aber alt genug für den RAD. Andere Schüler erhielten ebenfalls Einberufungsbefehle. Unsere Ausbildung durften wir nicht mehr beenden. Ich war wie vor den Kopf geschlagen.

Die Stimmung an der Schule schwankte zwischen Empörung und Resignation. Wir hatten so fleißig gearbeitet – und nun entriss man uns die Zeugnisse! Ganz sicher hatten die Behörden und die Schulleitung das schon eine Zeitlang gewusst. Warum hatten sie uns nichts gesagt? Vielleicht hatte die Hoffnung bestanden, wir würden unsere Einberufung erst nach dem Schulabschluss erhalten.

Innerhalb von Tagen, ja Stunden schlug die Stimmung erneut um: Mobilmachung! Wieder kamen die Russen ... Damals nach Bessarabien. Jetzt nach Westpreußen. Mir blieb gerade noch Zeit, meine Familie zu besuchen, ehe ich mich in Bromberg melden sollte; deshalb fing ich an zu packen und fuhr nach Hause. Die Schulverwaltung half uns dabei, Fahrkarten für die Heimreise zu beschaffen.

Auf der kurzen Fahrt nach Hause merkte ich, dass fast alle in Thorn und Briesen sich auf den Aufbruch vorbereiteten. Dieselben Gerüchte, die an der Schule kursiert waren, machten sich in der gesamten Bevölkerung breit.

Mein Besuch zu Hause dauerte gerade mal zwei Tage. Ich brachte meine Kleidung und das Unterrichtsmaterial von der Schule heim. Mutter packte Sachen zusammen, die ich mit nach Bromberg nehmen sollte. Wieder ein tränenreicher Abschied von Mutter, wieder die Fahrt mit Franeck zum Bahnhof. Diesmal war meine Stimmung düsterer als jemals zuvor.

Ich sprach mit Franeck über die Sicherheit meiner Familie. Wenn sich herausstellen sollte, dass die Russen wirklich kamen, würden sie den Hof aufgeben. Franeck würde sie nach Westen, nach Deutschland, begleiten. Wenn möglich, würde er sie bis an die Oder, eine Entfernung von 250 Kilometern, bringen. Niemand wusste, was wir erwarten konnten.

Im Zug nach Bromberg öffnete ich das Päckchen, das Mutter mir für die Reise mitgegeben hatte. Ich fand etwas Proviant, einen kleinen Zettel und eine Bibel. Auf dem Zettel stand: „Für meinen jungen Josef. Wenn du auch unter den Ägyptern leben musst, sollst du immer den Segen und die Gnade des Herrn bei dir haben."

Während der Zug dahinrollte, hielt ich die Bibel in der Hand und ließ meinen Gedanken freien Lauf. Ob ich wohl meine Mutter und meine Schwestern je wiedersehen würde? Und wie war das mit meiner Bestimmung? Bessarabien war es nicht gewesen. Russland oder Weißrussland offenbar auch nicht, ebenso wenig wie Westpreußen. War es denn möglich, dass die hungernden und schlecht ausgestatteten Russen die Wehrmacht des Reiches vor sich hertrieben? Würde ich je Betriebsleiter auf einem Bauernhof im Reich sein?

Meine Fragen und Zweifel wichen, als ich in Bromberg ankam und mit der RAD-Ausbildung begann. Zweifellos bestand ein Hauptziel der Ausbildung darin, uns Vertrauen in die Zukunft des Reiches und unsere Rolle darin einzuimpfen. Meine Einheit bestand überwiegend aus Jungen unter zwanzig Jahren.

Die Ausbildung ähnelte der Grundausbildung der Wehrmacht, nur dass wir keine Waffen trugen, sondern Spaten, mit denen wir so übten, als seien sie Karabiner. Das war nicht als Witz gemeint und wurde auch nicht als Schande angesehen. Der Spaten war eben das Symbol für den RAD, er erschien auch als Abzeichen auf unseren Uniformen. Wir hatten ein eigenes Lager, eigene Kasernen, eigene Offiziere. Zwar gehörten wir nicht zur Armee, aber wir wurden für den späteren Dienst in der Wehrmacht ausgebildet, das war uns allen klar.

In Bromberg herrschte nicht die Alarmstimmung wie in Thorn. Tatsächlich drangen die Russen einen Monat, nachdem ich eingezogen worden war, in das östliche Polen ein – das war am 21. Juni 1944. Aber die RAD-Ausbildung in Bromberg ging noch sechs Monate weiter. Ähnlich wie bei der Grundausbildung der Wehrmacht standen am Anfang körperliche Übungen und Disziplin im Mittelpunkt. Nach sechs Wochen wurde die Ausbildung der militärischen immer ähnlicher. Die Bedienung von Karabinern, Handfeuerwaffen, automatischen Schusswaffen und leichten Maschinengewehren – alles brachte man uns bei, obwohl keine dieser Waffen an uns ausgegeben wurde. Wir übten mit unseren Spaten fast alles ein, was die Soldaten mit ihren Waffen taten. Wir marschierten auf dem Exerzierplatz, die Spaten geschultert. Wir machten Ehrenbezeugungen mit ihnen. Sie wurden gereinigt und geölt und von unseren Offizieren inspiziert. Kam die Zeit, wo wir unsere Spaten ablegten und dafür Waffen in die Hand nahmen – was alle in Kürze erwarteten – so würde der Übergang glatt und reibungslos verlaufen.

Während meiner Zeit im RAD wurde ich befördert. Wahrscheinlich lag das daran, dass ich eine bessere Ausbildung hatte als die meisten anderen Jungen. Darüber hinaus waren mir der Drill und die Übungen bestens aus Krems vertraut. Sowohl der Besuch des Gymnasiums als auch die Atmosphäre in der HJ und meine Beobachtungen der Rolle Onkel Ottos als Kreisleiter waren nicht spurlos an mir vorübergegangen. Ich bekam das Kommando über zwölf Jungen, etwa wie ein Zug in der Wehrmacht. Häufig führte ich, obgleich ich kein Offizier war, mehrere dieser Züge, eine militärische Einheit von etwa vierzig Jungen. Einmal im Monat erhielt ich sogar das Kommando über eine ganze Kompanie von etwa 120 Kameraden.

Gegen Ende des Sommers in jenem Jahr 1944 in Bromberg hatte ich bereits eine gewisse Routine erworben. Ich versuchte mich zu beschäftigen, indem ich mich zu freiwilligen Arbeiten meldete, da es insgesamt wenig zu tun gab. So ging es weiter bis in den Dezember hinein, da wurde diese Routine plötzlich unterbrochen. Unsere gesamte Brigade, etwa 250 Jungen, wurde nach Bromberg kommandiert und hatte sich an einem neuen Standort in der Nähe von Stuttgart zu melden.

Gerüchte machten sich breit, die Russen hätten bereits die Vororte von Warschau erreicht. Das war etwa 200 Kilometer südöstlich von uns. Wir marschierten in die entgegengesetzte Richtung, mit unseren Tornistern auf dem Rücken, die Spaten geschultert, 300 Kilometer weit bis nach Stettin an der Oder. Es war derselbe Weg, wie ich hoffte, den Franeck meine Mutter und meine Schwestern führen würde. Ich machte mir Sorgen um ihre Sicherheit, konnte aber nichts für sie tun. Seit ich beim Arbeitsdienst war, hatte ich nichts mehr von ihnen gehört.

In Stettin bestiegen wir den Zug nach Stuttgart. Wir kamen in ein Lager in Bebenhausen, einem Dorf südöstlich von Stuttgart. Wir wurden in einem Schulgebäude einquartiert und schliefen auf dem Fußboden der Klassenräume.

Im Januar und Februar 1945 wurden wir täglich in Eis und Schnee gedrillt und warteten im übrigen auf weitere Befehle. Wir wussten, dass wir die Zeit überbrücken mussten. Informationen über den Verlauf des Krieges gab es kaum. Kurz nachdem wir in Memmingen angekommen waren, verbreitete sich das Gerücht von einer größeren deutschen Offensive an der Westfront in Belgien. Manche meinten, wir würden in die Wehrmacht eingegliedert und dorthin geschickt, um zu kämpfen. Über das, was in Polen und in Westpreußen geschah, erfuhren wir kein Wort. Aber die Russen setzten ihren Vormarsch fort; gegen Ende Februar näherten sie sich der Oder.

Anfang März erhielten wir unsere Marschbefehle. Mit dem Zug sollten wir nach Jüterbog verlegt werden, auf einen Truppenübungsplatz in der Nähe von Berlin, und an einer großen militärischen Übung teilnehmen. Nun sollten wir tatsächlich in die Wehrmacht eingegliedert werden.

3. Teil

In dunkler Nacht

8

In Jüterbog wurden wir als erstes in die Wehrmacht eingegliedert. Jeder erhielt einen Karabiner und zehn Patronen. Mit diesen zehn Patronen und unter Einsatz unseres Lebens sollten wir den Vormarsch der Roten Armee stoppen, ehe sie Berlin erreichte. Wir mussten weiterhin unsere RAD-Uniformen tragen, denn die Wehrmacht hatte keine Uniformen mehr für uns.

Fast sechs Wochen lang, von Anfang März bis Mitte April 1945, nahmen wir an einer militärischen Übung teil und trainierten Scheingefechte. Wir lebten in Regen und Schlamm, besetzten aufgeworfene Erdwälle und gruben Schützenlöcher fast wie im richtigen Gefecht. Dann marschierten wir in großer Eile drei Tage lang nach Osten. Wir fragten uns, wann wir in den wirklichen Kampf eingreifen sollten.

Am späten Nachmittag des dritten Tages endete unser Marsch an einer Hecke am Ende eines weiten Feldes. Hinter den Büschen, vielleicht zwanzig Meter entfernt, zog sich eine Baumreihe hin. Wir bekamen Befehl, uns hinter der Hecke in Abständen von etwa 50 Metern einzugraben. Ich wusste, dass wir irgendwo südöstlich von Berlin waren, aber wo wir uns genau befanden, war uns nicht bekannt. Heute weiß ich, dass es in der Nähe von Freiwalde bei Lübben gewesen sein muss, längs der alten Reichsstraße 96, die in nördlicher Richtung nach Berlin führte.

Ich stand auf meinem Gefechtsposten. Würde das hier mein Grab werden? Es war ein Stück Erde, aus dem gerade die ersten Frühlingsgräser hervorkamen. Ich begann zu graben. Unser RAD-Offizier schritt die Frontlinie ab, während wir gruben. Wir erwarteten die Rote Armee auf dem Feld, das sich vor uns erstreckte. Wir mussten uns schnell und tief eingraben.

„Es ist zu erwarten, dass Panzer angreifen, denen die Infanterie in loser Formation folgt." Ich erinnerte mich an die Panzerbesatzungen und die Infanterie, die ich in Mintschuna gesehen hatte. Die hatten nicht den Eindruck gemacht als seien sie einsatzbereit. Aber wie sah es bei uns aus? Welche Streitkräfte waren eigentlich nötig, um eine Stellung zu überrollen, die von Jungen mit Repetiergewehren und jeweils zehn Schuss Munition verteidigt wurde?

„Der Befehl des Führers lautet: Kampf bis zum Tode. Ein Rückzug ist strengstens verboten. Wenn uns die Munition ausgeht, haben wir mit dem Seitengewehr weiterzukämpfen."

Alle Jungen in der Kampflinie müssen denselben Gedanken gehabt haben wie ich: Das ist Selbstmord! Ich musste an die halbverhungerten Soldaten der Roten Armee denken, die ich in Mintschuna gesehen hatte. Jetzt grub ich ein Loch, das wahrscheinlich mein Grab werden würde. War ich eigentlich besser dran als jene Sowjetsoldaten? Jene unterernährten Soldaten der Roten Armee, die mehrere russische Winter überlebt hatten, seit ich sie in Mintschuna gesehen hatte, deren Familien ermordet, deren Häuser und Höfe geplündert worden waren? Zu welchen Menschen hatten sie sich entwickelt? Was war das für eine Armee, welche die Wehrmacht über die ganze Strecke durch die Ukraine und durch Weißrussland hindurch aufgerollt hatte? Und wir Jungen vom Arbeitsdienst mit unseren Handfeuerwaffen und zehn Schuss Munition sollten sie aufhalten?

Nachdem sich jeder in der Kampflinie eingegraben hatte, wurde Stille befohlen. Eine lange Nacht des Wachens und Wartens begann. Nichts geschah. Keine Gespräche, kaum Bewegungen, einfach warten. Ich wusste noch nicht einmal das Datum. Heute weiß ich, dass es Montag, der 16. April 1945 war. Ich war siebzehn Jahre alt, und ich hatte Angst. Fünfzig Meter trennten mich von dem nächsten Kameraden – und der Befehl zu schweigen.

Damals war mir unbekannt, dass an jenem Montagmorgen die Streitkräfte der Roten Armee unter Marschall Konjew den Fluss Neiße überquert hatten und auf der Reichsstraße 96 auf Berlin zu marschierten. Während ich nachmittags mein Schützenloch grub, hatte der Gegner bereits Cottbus passiert und drang Richtung Lübben vor. Gegen Abend hatten die russischen Tanks die Spree überquert und stießen nun geradewegs auf uns zu.

Als erstes vernahm ich ein leises Grollen, fast wie Donner, noch sehr weit weg. Die Stunde war da. Ich hatte nichts zu tun als zu horchen. Die Nacht schritt fort, das Grollen wurde lauter. Hinten am Horizont färbte sich der Himmel rot. Zunächst war es die Morgenröte, aber dann sah man auch gelbe und orangefarbene Blitze zucken.

Das Wummern der Artillerie bildete eine gewaltige Kulisse, dazwischen hörte man die etwas näher liegenden Explosionen einzelner Geschosse. Mit Anbruch der Dämmerung wurde der Lärm ohrenbetäubend, der Himmel selbst schien vom Lärm und den Qualen der Hölle überwältigt zu sein. Einschläge der schweren Artillerie gingen weniger als einen Kilometer von uns nieder. Die Erde erbebte bei jedem Einschlag, aber die Granaten fielen so dicht, dass man die einzelnen Explosionen nicht mehr unterscheiden konnte.

Dass die Rote Armee ganz nahe war, wusste ich. Angestrengt schaute ich auf das Feld hinaus. Würde ich das Klirren und Rasseln der heranrückenden russischen Panzer aushalten können? Würden wir den Befehl zum Rückzug in eine Stellung erhalten, wo wir uns mit anderen Einheiten der Wehrmacht vereinigen könnten? Oder würde ich in meinem Loch sitzen, meine zehn Schuss verschießen und dann mit dem Seitengewehr bis zu meinem Tod kämpfen? Der Höllenlärm der Artillerie hatte meinen Kampfeswillen schon angeknackst, aber ich blieb in meinem Schützenloch. Warten. Beobachten. Warten.

Wie empfindungslos kann ein Mensch durch eine Attacke auf einen seiner Sinne werden? Ich konnte nichts riechen. Ich konnte kaum etwas fühlen. Ich konnte nur hören und dieses Hören überdeckte alles, selbst die Farbe der Explosionen am Himmel. Auch sie waren Teil des überwältigenden Lärms. Ein Lärm, so brüllend, dass er meinen Schädel zu zermalmen schien. Ein Lärm, der alles andere in grotesk verzerrte Farben und Schatten verwandelte. Ich verlor mein Zeitgefühl. Ich verlor beinahe meine Angst. Der schmerzende Lärm vertrieb sie, so sehr beherrschte mich das Gebrüll, das sich noch steigerte. Der Lärm selbst verwandelte sich in die Farben und Schatten vor meinen Augen.

Der Artilleriebeschuss hörte und hörte nicht auf. Ich hatte keine Vorstellung, wie die anderen damit fertig wurden. Fünfzig Meter nach rechts und nach links waren zu weit, um irgendetwas deutlich zu erkennen, trotz des Feuers am Himmel. In schmerzlicher Isolierung wartete ich auf den Tagesanbruch und die Rote Armee. Und, wie ich annahm, auf meinen gewaltsamen Tod.

Endlich kam der Tag. Das Grau der Dämmerung verschluckte allmählich die Feuerfarben des nächtlichen Himmels. Ich beugte mich aus meinem Schützenloch hinaus, um zu sehen, was sich in der Frontlinie tat. Nach rechts hin sah ich gar nichts. Nach links sah ich unseren RAD-Führer im nächsten Schützenloch, 50 Meter entfernt. Er lag seltsam verrenkt auf dem Rücken, halb im Loch, halb heraushängend. Vielleicht hatte ihn eine verirrte Kugel getroffen. Ich sprang aus meinem Loch heraus und lief zu ihm hin. Aus Angst vor Scharfschützen oder verirrten Kugeln stieg ich in das Loch des Offiziers und zog ihn hinter mir her. Sofort bedeckte mich sein Blut. In seiner Stirn war ein Einschussloch von der Größe eines Fingers. Sein Hinterkopf war weggeblasen. Mein Magen drehte sich um, aber er war leer. Trockenes Würgen. Sobald ich konnte, sprang ich aus dem Loch heraus und lief zum nächsten: leer. Das nächste: leer. Ich kehrte um und lief die Front in der entgegengesetzten Richtung ab, immer am Knick entlang. Alle Schützenlöcher waren leer.

Was war mit den anderen geschehen? Hatte unsere Einheit während der Nacht den Befehl zum Rückzug erhalten? Mich packte die Angst, die ganze deutsche Armee könnte sich zurückgezogen und mich allein zurückgelassen haben. Mein Verstand sagte mir, dass die anderen in den frühen Morgenstunden geflohen waren, als der Lärm der näher kommenden Artillerie sie überwältigte. Aber das erklärte den Tod des Offiziers nicht. War er durch russisches Feuer aus weiter Distanz getötet worden? Starb er von eigener Hand oder hatte ihn jemand aus unserer eigenen Einheit erschossen?

Ich beschloss, ein Grab für ihn auszuheben. Panzer waren bisher nicht über das offene Feld gekommen. Vielleicht würden gar keine kommen. Die Richtung, aus welcher der Lärm kam, hatte sich geändert. Er war jetzt links von unserer Kampflinie zu vernehmen, vielleicht einen Kilometer entfernt. Immerhin schien er vorbeizuziehen.

Ich bückte mich, um den Offizier bei den Armen zu packen, wollte ihn bis zu den Bäumen ziehen und dort begraben. Es schien mir nicht richtig zu sein, ihn in dem Loch, in dem er gestorben war, zu begraben. Ich konnte keinen klaren Gedanken fassen, ich tat einfach etwas. Ja, ich lebte noch und tat etwas. Die Haut des Offiziers war kalt, aber sein Körper noch nicht starr. Ich ergriff ihn an den Handgelenken und zog ihn aus dem Loch. Wieder würgte es mich, aber ich riss mich zusammen und schleppte ihn in Richtung der Bäume.

Ich begann zu graben. Was tat ich da eigentlich, grub ich ein Grab? Ich wusste es nicht. Ich weiß es heute noch nicht. Ich verlor keinen Gedanken daran. Es war einfach so, dass ich es tun musste. Ich wusste nicht, was ich sonst hätte tun sollen.

Ich versuchte, so wenig wie möglich an den Offizier zu denken. Er war jetzt kein Mann mehr, sondern nur noch eine leblose Leiche. Und doch schienen seine Augen mich zu bannen. Warum ich?, schienen sie zu fragen, warum nicht ein anderer?

Ich grub tiefer und schneller. Ich wollte mich mit dieser Frage nicht belasten. Aber nachdem ich den Körper in das Grab gerollt hatte und Erde darauf schaufelte, stieg die Frage in mir hoch: Warum ich? Warum er?

Als ich das Grab zugeschüttet hatte, stand ich noch einen Augenblick still da. Etwas sollte ich wohl noch sagen oder wenigstens denken. Alles, was mir einfiel, war jener Spruch in Mintschuna am Giebel von Gottlieb Schlapps Haus: „Das ist mein Haus, und doch nicht mein Haus." Das war alles.

Gegen Mittag hatte sich der Kampflärm zur Linken unserer verlassenen Frontlinie weiter entfernt. Die Schlacht verlagerte sich nach Norden, auf Berlin zu. Die Armee Marschall Konjews hatte ihren Sturmlauf auf Berlin in zwei parallelen Marschsäulen angetreten. Nach einigen Gefechten an den Flanken sollten sie sich zangenförmig in den Vororten Berlins wiedertreffen. Die Russen ließen Tausende von deutschen Soldaten links liegen und schnitten ihnen den Weg nach Berlin ab, aber das wusste ich damals nicht. Obgleich ich dem fast sicheren Tod durch einen Frontalangriff entgangen war, befand ich mich jetzt hinter der russischen Hauptkampflinie.

Ich musste an meine Mutter und an meine Schwestern denken. Was wohl aus ihnen geworden war? Ob es Franeck gelungen war, sie bis zur Oder zu bringen, ehe die Russen sie einholten? Ich begann zu beten – nein, ich dachte nur daran zu beten, aber ich konnte es nicht. Wieder musste ich an Mutter denken, an ihre Gebete und Lesungen. Mutter würde für mich beten müssen, wenn sie noch am Leben war.

Ich machte mich auf den Weg. Die Schlacht schien sich in nördliche Richtung verlagert zu haben, deshalb versuchte ich, so gut es ging, nach Südwesten zu marschieren, wobei ich die Schatten von Bäumen und meine Uhr als Kompass benutzte. So wollte ich einen größeren Abstand zu den Russen bekommen und möglicherweise meine Einheit wiederfinden. Den ganzen Tag war ich auf den Beinen. Als es zu dunkel wurde, um noch weiter gehen zu können, schlug ich ein Nachtlager in einem kleinen Gehölz unter mächtigen Bäumen auf. Ich wollte nicht nachts im Schlaf von russischen Panzern überrannt werden. Um dieses Gehölz würden sie herumfahren müssen.

Im frühen Morgengrauen setzte ich meine Wanderung fort. Ich hatte weder Speise noch Trank, um wieder zu Kräften zu kommen. Nach einigen Stunden erreichte ich ein brennendes Dorf. Jedes einzelne Gebäude stand in Flammen, nicht ein einziger Mensch war noch im Dorf geblieben. Niemanden konnte ich dort antreffen, keinen Lebenden, aber auch keinen Toten. Vielleicht hatte ich hier eine Panzerschlacht verpasst, aber ich hatte nichts gehört. Der Gefechtslärm klang eher wie ein beständiges Grollen, das von allen Richtungen des Horizonts auszugehen schien. Das Dorf in Flammen war mir ein Rätsel, aber es bewies mir, dass die Russen offenbar auch zur Rechten unserer Bereitstellung vorgerückt waren.

Wenn ich weiter südwestlich weiterging, fürchtete ich, auf russische Infanterie zu stoßen, wendete ich mich nach Nordwesten, direkt Richtung Berlin, dann bestand die Gefahr, als Deserteur erschossen zu werden, sobald ich die deutschen Linien erreichte. In der Ausbildung hatten wir erfahren, dass es SS-Einheiten gab, die vermeintliche Deserteure erschossen, ohne viele Fragen zu stellen. Ich wandte mich nach Westen. Überall wiederholte sich das Schauspiel: brennende Bauernhäuser, brennende Scheunen. Ich marschierte weiter. Ich suchte meine Einheit, ich suchte überhaupt einen Menschen. Aber ich fand niemanden, weder jemanden in Uniform, noch einen Zivilisten. Wo waren sie alle hin? Essen hatte ich nicht, doch fand ich in den Bächen wenigstens Wasser. Niemals hatte ich mich so einsam gefühlt.

Gegen Mittag änderte ich meine Marschrichtung erneut. Ich wanderte jetzt nach Nordwesten, nach Berlin. Wenn alle anderen Deutschen geflohen waren, dann musste es in diese Richtung gewesen sein. Immer noch fürchtete ich, von der SS exekutiert zu werden, aber schließlich musste ich meine Landsleute finden.

Auch der nächste Tag brachte nur Bilder von ausgebrannten Gehöften und verlassener, trostloser Landschaft. Immer noch war der Gefechtslärm da, mal weiter weg, dann offenbar wieder etwas näher. Alles war sehr verwirrend. Nicht weit von hier tobte eine Schlacht, aber ich sah keine Menschenseele. Schließlich achtete ich auf den Kampflärm nicht mehr. Ich marschierte immer weiter, fast wie in Trance.

Plötzlich wurde diese Trance durch ein markdurchdringendes Heulen direkt vor mir am Himmel unterbrochen. Für einen Augenblick dachte ich, die Welt müsste explodieren. Ich schaute nach oben. Zwei Flugzeuge flogen kreischend über mich weg, niedrig und schnell. Sie sahen eher wie Raketen aus, doch trugen sie die Hoheitszeichen der Luftwaffe. Ehe ich verstand, was da ablief, gingen die beiden Flugzeuge in steilen Steigflug über. Der Waldesrand, etwa zwei Kilometer vor mir, ging in Flammen und Rauch auf. Ich konnte sehen, dass die beiden Flugzeuge dort ihre Bomben abgeworfen hatten. So dicht musste also die Hauptkampflinie der Russen sein.

Ich marschierte weiter. Die beiden Flugzeuge – wie ich später herausfand, handelte es sich um neu entwickelte Düsenjäger, die zu Hitlers „Wunderwaffen" gehörten – waren das einzige wirkliche Anzeichen eines deutschen Widerstandes, das ich bemerkt hatte.

So floh ich vor dem Vormarsch der Roten Armee und lief hinter dem Rückzug der Wehrmacht her. Ich versuchte, mich etwas von dem Schlachtlärm zu entfernen, aber ich hielt weiterhin die Richtung nach Norden ein. Immer noch hatte ich nichts zu essen. Ich fühlte mich ganz und gar verlassen. Auch nach Einbruch der Dunkelheit marschierte ich stundenlang weiter. Wenn ich eine Anhöhe erreichte, konnte ich sehen, dass der Feuerschein sich auf den Nordosten und den Nordwesten konzentrierte. Ich schlug eine mittlere Richtung zwischen beiden ein und hoffte, dass ich die deutschen Linien erreichen würde, ehe sich beide Kampfszenarien vereinen und mich hinter der russischen Front abschneiden würden.

Nach der dritten Nacht wich die Dunkelheit allmählich dem Grau der Dämmerung, die über einem trostlosen Frühlingsmorgen anbrach. Es war der 20. April 1945. Bei Tageslicht sah ich unzerstörte Gebäude vor mir. Es sah so aus, als hätte ich die Vororte von Berlin erreicht. Tatsächlich war ich gerade mal südlich der Stadt Zossen, etwas weiter als zehn Kilometer vom Bezirk Tempelhof in Berlin entfernt.

Ich ging durch die Häuserzeilen. Der Ort war von einem für deutsche Siedlungen völlig untypischen Gestank durchdrungen. Müll und Abfall lagen hoch in den Straßen, er faulte vor sich hin und verpestete die Luft; dazu kam der Geruch der Abwässer. Schließlich kam ich zu einem Amtsgebäude. Ich öffnete die Tür und sah mich vierzig oder fünfzig Zivilisten gegenüber, die zusammengekauert auf dem Boden saßen. Die meisten hatten die Knie ans Kinn herangezogen. Hier roch es noch stärker als draußen nach Urin und Körperausdünstungen, die in den Kleidern hingen. Mir kam gar nicht der Gedanke, wie ich wohl aussah und auf sie wirkte. Meine Erleichterung, andere Deutsche zu finden, war so groß, dass ich sie gern alle umarmt und mit ihnen gefeiert hätte, aber sie schauten mich nur misstrauisch an und bewegten sich so gut wie überhaupt nicht.

Während ich sie noch anschaute, erhob sich aus ihren Reihen ein Offizier des RAD. Ich bin mir sicher, dass ich ihn angelächelt habe, aber er erwiderte dieses Lächeln nicht. Er war mit Waffen nur so behangen. Mehrere Handfeuerwaffen steckten in Futteralen und in seinem Koppel, er schleppte mehrere Karabiner mit sich herum und auf seinem Rücken trug er eine Panzerfaust. Ich kannte ihn nicht, wollte ihn aber fragen, ob er wisse, was aus meiner Einheit geworden war. Dafür ließ er mir gar keine Zeit. Er sah meine Uniform an und befahl mir dann, ihm in das Nachbargebäude zu folgen.

Ich hatte immer noch meinen Karabiner und die zehn Patronen. Der RAD-Offizier trug alle seine Waffen bei sich, aber er hatte nur eine Panzerfaust. Wir krochen zur Ecke des Hauses, ich hinter ihm her. Schon konnte ich das Klirren von Panzerketten hören. Er musste gewusst haben, dass sie näher kamen. Er blickte sich nach mir um. Seine Augenbrauen zogen sich zusammen und sein Kiefer war gespannt. Der Panzerlärm wurde immer lauter.

„Einen von denen werden wir wenigstens erledigen."

Er schaute vorsichtig um die Hausecke herum. Ich kroch zu ihm hin und duckte mich unter ihn. Ich sah die russische Panzerkolonne auf uns zukommen.

Wumm! Über meinem Kopf ein scharfer Knall. Der erste Panzer der Kolonne explodierte, ehe ich genau wusste, was passierte. Der Offizier hatte die Panzerfaust dicht über meinem Kopf abgefeuert, die Rakete hatte den ersten Panzer getroffen.

Einen Augenblick lang sah ich zu dem brennenden Panzer hin, dann wandte ich mich zu dem Offizier. Doch der war nicht mehr da. Einfach verschwunden. Ehe ich mich bewegen konnte, gab es überall in der Gegend Explosionen, viel lauter als der Einschlag der Panzerfaust. Zunächst dachte ich, der russische Panzer habe das Feuer erwidert, doch dann blickte ich nach oben. Hoch über uns luden Bombenflugzeuge ihre tödliche Last ab.

Ich lief ein paar Schritte zurück und duckte mich in den Eingang des Gebäudes. Die Tür gab nach, und ich kroch ins Innere des Hauses. Auch dieses Gebäude war voller Zivilisten, die alle auf dem Boden kauerten. Sie waren hager und dünn, als sei alle Luft aus ihnen entwichen. Entsetzen sprach aus ihren Augen. Einer jammerte vor sich hin.

„Amerikaner. Amerikanische Bomben. Russische Panzer. Amerikanische Bomben. Wir werden alle sterben!"

Minutenlang sah es so aus, als würde in der ganzen Gegend kein Stein auf dem anderen bleiben. Es gab mächtige Erschütterungen, fast wie ein Erdbeben, eine nach der anderen. Der Angriff dauerte wohl nicht länger als eine Minute, dann hörte er so plötzlich auf, wie er begonnen hatte.

Jetzt war es vergleichsweise ruhig geworden; man hörte die Geräusche von knisterndem Feuer und herabstürzenden Mauerteilen. Das Haus, in das ich mich geflüchtet hatte, war nicht getroffen worden. Wie wir so zusammengekauert dasaßen, schauten wir einander an. Was nun? Wir waren, wie ich später erfuhr, in einem der letzten amerikanischen Bombenangriffe des Krieges dem Tode knapp entronnen. Am 20. April 1945, an „Führers" Geburtstag.

Draußen auf der Straße warteten die Russen. Ich wusste das. Nochmals schaute ich auf die Zivilisten. Sie waren besiegt. Kein Gedanke mehr an den Sieg. Aus ihren Gesichtern sprach nichts weiter als der Wunsch zu überleben. Für mich war der Krieg auch vorbei, tot oder lebendig. Ich hatte nicht einen einzigen Schuss abgegeben.

Lautes Klopfen kam von der Tür her. Niemand ging hin. Ich saß am nächsten, stand auf und öffnete die Tür.

„Hände hoch!"

9

Vor der Tür standen zwei russische Infanteristen. In ihren riesigen Stahlhelmen schienen ihre Köpfe beinahe zu versinken. Sie waren etwa in meinem Alter. Beide richteten ihre Waffe auf meine Brust. Ausdruckslos blickten sie mir in die Augen. Sie hatten getötet und würden es wieder tun. Da gab es kein Zögern. Ich ließ das Gewehr samt den zehn Patronen fallen und hob die Hände. Würden sie mich trotzdem töten?

Einer von ihnen schulterte sein Gewehr und fing an, mich abzutasten. Mit Gesten und einigen russischen Kommandos befahl er mir, das Gebäude zu verlassen. Beide führten sie mich über die Straße und um die Ecke, wo der brennende Panzer stand. Was jetzt?

Weitere Russen kamen und brachten noch mehr deutsche Gefangene herbei. Für sie war das alles Routine. Die beiden, die mich gefangen genommen hatten, übergaben mich einer Gruppe von russischen Soldaten, die dort versammelt war, offenbar nur, um die deutschen Gefangenen zu bewachen. Da standen wir im Frühjahrssonnenschein auf der Straße. Wir Deutschen redeten nicht. Es gab nichts zu sagen. Noch mehr Gefangene wurden gebracht, bald waren wir ein gutes Dutzend.

Die Panzer und Gefechte verlagerten sich weiter nach Norden, der Lärm ebbte ab. Den ganzen Nachmittag über brachten russische Soldaten, welche die Gegend durchkämmten, weitere Gefangene zu unserer Gruppe. Am Abend saßen etwa zwei Dutzend von uns auf dem Straßenpflaster. Dann mussten wir uns hinstellen. Wieder Handzeichen und unverständliche Befehle. Für die Nacht wurden wir in ein verlassenes Haus eingewiesen.

Wir sprachen wenig, während wir versuchten, auf dem Fußboden zu schlafen. Wir bekamen weder Wasser noch Essen. Ich hatte kein Bedürfnis zu sprechen. Wir waren nichts weiter als Soldaten einer besiegten Armee. Es war auch nicht nur eine Niederlage in einer Schlacht, es war die endgültige Niederlage in diesem Krieg. Immer noch klammerte ich mich an die schwache Hoffnung, die Wehrmacht könnte einen Gegenangriff starten und die Russen vertreiben. Aber nichts, auch gar nichts, was ich gesehen hatte, seit ich an der Frontlinie angekommen war, gab Anlass zu einer solchen Hoffnung.

Wir waren jetzt Kriegsgefangene. Diese Tatsache kam mir allmählich zum Bewusstsein. Wir waren von einer Armee gefangen genommen worden, von der es hieß, sie wolle Rache nehmen. Rache für jeden geplünderten Bauernhof, für jede vergewaltigte Frau, für jeden Zivilisten, der beim Einfall in ihr Land und bei der Verteidigung der Heimat ums Leben gekommen war. Fast die ganze Nacht hindurch saß ich mit angezogenen Knien da, mein Kinn auf sie gestützt. Schließlich streckte ich mich auf dem Fußboden aus und versuchte zu schlafen. Meine Gefangennahme kam mir immer noch unwirklich vor.

Mir schien es fast, als sei das einem anderen passiert. Den ganzen Tag, während wir auf dem Pflaster saßen, hatte ich meine Wächter und die Umgebung nur mit geringem Interesse betrachtet. Solche Dinge können in einem vorgehen. Unser Geist kann einen Schicksalsschlag abmildern oder gar leugnen, dass er stattgefunden hat. Er kann so vieles leugnen.

Am nächsten Morgen marschierten wir nach Osten, entfernten uns von der Front unserer eigenen Armee, wenn es die überhaupt noch gab. Ich wusste nicht, wo wir waren und welches Datum wir hatten. Tatsächlich befanden wir uns südöstlich von Zossen, das Datum war der 21. April 1945.

Den ganzen Tag hindurch schwoll die Zahl der Gefangenen ständig an. Bald zählten wir zweihundert, dann dreihundert Mann. Tagsüber marschierten wir, nachts wurden wir auf freiem Feld zusammengetrieben. Am nächsten Tag ging es genauso weiter. Nach einigen Tagen, die alle gleichförmig und monoton verliefen, zählten wir schon einige Tausend. In den Lagern wurde es eng.

Eines Abends, gegen Ende der ersten Woche als Gefangener, vernahm ich einen großen Lärm, wie das Herannahen einer Schlacht. Plötzlich trieben unsere Bewacher uns hektisch an. Sie liefen am Rande unserer Marschkolonnen und brüllten „Vorwärts! Vorwärts!" Wer sich nicht schnell genug bewegen konnte, wurde geschlagen. Wie Vieh wurden wir die ganze Nacht hindurch getrieben. Schließlich wurde der Gefechtslärm wieder leiser. Der Lärm, den wir gehört hatten, stammte von dem letzten Durchbruchsversuch der deutschen Streitkräfte südlich von Berlin, nahe Magdeburg. Die Truppen versuchten, die russische Front zu durchbrechen und sich mit der Armee des Generals Wenck östlich von Berlin zu vereinigen. Der Versuch schlug fehl. Uns brauchte man das nicht zu sagen.

Später erfuhr ich auch, dass zu jener Zeit in Berlin bereits alles im Chaos untergegangen war. Die Lebensmittelversorgung war zusammengebrochen, es gab weder Strom noch Trinkwasser. Abfall häufte sich auf den Straßen. Mittlerweile drangen die Russen in die Vororte ein. Zwar wussten wir Gefangene nicht, was in Berlin passierte, aber uns war klar, dass der Krieg vorüber und wir besiegt worden waren.

In jener ersten Woche als Kriegsgefangene erhielten wir keine Verpflegung und nur sehr wenig Wasser. Ich kämpfte dagegen an, nicht allzu bitter zu werden. Ich hatte Angst, zur Strafarbeit nach Sibirien geschickt zu werden. Ich versuchte krampfhaft, nicht daran zu denken.

Hin und wieder gab es eine Abwechslung. Jede Nacht durchsuchten die Russen unser Lager nach Wlassow-Soldaten. Das waren Russen, die mit den Deutschen kollaboriert hatten, indem sie in einer besonderen Einheit unter dem Kommando von General Andrej Wlassow gedient hatten. Wlassows Armee hatte den Deutschen in den Sümpfen des Wolchow-Gebietes, südlich von Leningrad, eine erbitterte Schlacht geliefert, hatte aber kapitulieren müssen. Aus Enttäuschung darüber, wie er und seine Truppen von Stalin im Stich gelassen worden waren, schlossen er und viele seiner Soldaten sich den Deutschen an.

Wir beobachteten, wie die Russen unter uns nach Wlassow-Soldaten suchten. Fanden sie einen, wurde er halb totgeschlagen und aus dem Kreis der anderen Gefangenen weggeschleppt. Nacht für Nacht sah ich dieses Schlagen oder hörte es. Ich wurde bald ziemlich gefühllos dem gegenüber. Diese Wlassow-Leute waren schließlich Russen. Was hatte ihre Bestrafung mit mir zu tun? Das Ende des Prügelns war immer dasselbe: Krach! Ein Gewehrschuss. Einige Sekunden Pause. Krach! Schon wieder einer. Das war alles. Von den Russen konnten die Wlassow-Leute keine Gnade erwarten. Jeden Tag sahen wir, wie die beschuldigten Wlassow-Soldaten aus unserer Mitte gerissen wurden, dann hörten wir die Schüsse, die ihr Leben beendeten. Wir hatten unser Gemüt bereits mit einer dicken Schutzschicht umgeben. Die meisten Menschen können sich selbst den schlimmsten Umständen erstaunlich schnell anpassen.

Eines Tages, als die Wachen wieder kamen und nach Wlassow-Leuten suchten, schien alles wie immer zu verlaufen. Jedenfalls hatte ich das angenommen. Aber an diesem Tag blieben sie bei mir stehen. Zwei Karabiner waren auf mein Gesicht gerichtet. Ungläubig stand ich auf. Plötzlich war alle Gleichgültigkeit verschwunden. Todesangst packte mich. Jetzt würden sie anfangen, mich zu schlagen. Aber ich wurde nicht geschlagen. Ich musste in die Richtung gehen, welche die Mündungen der Gewehre mir anzeigten.

Vom Sammelplatz der Gefangenen führte man mich zu einem Bauernhaus. Drinnen erblickte ich eine Kommission von Offizieren der Roten Armee, die an einem langen Abendbrottisch saßen. Es waren drei Männer und zwei Frauen. Der Offizier in der Mitte sprach Deutsch und stellte für die Kommission die Fragen.

„Was ist das für eine Uniform, die du da trägst?"

„Herr Kommandant, es ist die Uniform des Reichsarbeitsdienstes, der Arbeits- und Dienstleistungsorganisation des Reiches."

„Rangabzeichen wie deine habe ich nie gesehen. Ich habe noch nie von Rangabzeichen in der Form eines Spatens gehört." Die anderen Offiziere lächelten und schlugen die Augen nieder.

„Herr Kommandant, meine Einheit des RAD wurde erst vor knapp zwei Monaten zur Wehrmacht eingezogen. Sie hatten keine Wehrmachtsuniformen mehr für uns, deshalb sagte man uns, wir sollten unsere Arbeitsdienstuniformen weiter tragen."

„Wache! Nehmen Sie diesen Jungen und sperren Sie ihn im Hühnerstall ein."

Die beiden Soldaten führten mich mit vorgehaltenem Gewehr zu einem kleinen Gebäude, das einstmals der Hühnerstall gewesen war. Es war mit leichtem Maschendraht vergittert, hatte aber ein festes Dach. Ich bückte mich und ging hinein. Hinter mir verschlossen die Wachen die Tür mit einem Riegel.

Die Soldaten hielten Wache, bis ein anderer Soldat zur Ablösung kam. Der Neue trug einen blanken Säbel bei sich. Die beiden wechselten ein paar Worte mit ihm, tauschten vermutlich

Informationen aus, und ließen mich mit dem Säbelbewaffneten allein zurück.

Er kam näher und fuchtelte mit dem Säbel vor dem Maschendraht herum. Er berührte den Draht nicht, bedrohte mich aber: „Wie willst du sterben?"

Ich schwieg, war aber zu Tode erschrocken. Ob ich wohl die Nacht überleben würde? Jederzeit konnte dieser Soldat den Stall öffnen und mich töten. Plötzlich befahl er mir, meine Kleider auszuziehen und sie einem anderen Soldaten zu übergeben, der gekommen war, sie zu holen.

Eine oder zwei Stunden musste ich nackt in dem Käfig verbringen. Mir kam das wie eine Ewigkeit vor, ich schämte mich in dieser unglücklichen Lage, und dabei kamen mir seltsame Gedanken. Ich hatte mich schon lange nicht mehr für einen religiösen Menschen gehalten, aber plötzlich fiel mir die Geschichte von Adam und Eva ein, und ich versuchte mir vorzustellen, wie Adam das wohl empfunden hatte, als er im Garten Eden seine eigene Nacktheit erkannte. Nur dass dies eben kein Garten Eden war. – Ich stellte mir meinen eigenen schmählichen Tod vor, ganz einsam in einem schäbigen Hühnerstall.

Der Russe mit dem Säbel hatte offenbar Freude daran, von Zeit zu Zeit die Waffe gegen mich zu schwingen. Nach mehreren Stunden öffnete er die Tür des Stalles und warf mir einen kurzen Holzklotz zu: „Setz dich."

Ich tat, was er befahl. In meinem Geiste sah ich lauter geköpfte Hühner und dachte schon, ich sollte enthauptet werden. Ich hielt das für eine grausame und schreckliche Weise, mein Leben zu beenden. Jede andere Form der Hinrichtung hätte ich vorgezogen. Aber nichts geschah. Nach einiger Zeit kam der Soldat, der meine Uniform abgeholt hatte, wieder mit ihr zurück. Er warf sie mir in den Stall herein und befahl, sie wieder anzuziehen. „Jetzt gehst du wieder hinein und stellst dich der Kommission vor."

Der Soldat bedrohte mich, als er mich zum Wohnhaus zurückführte, indem er mir die Mündung seines Gewehres mehrfach in die Rippen stieß. Den Säbel hatte er beim Hühnerstall zurückgelassen. Und schon stand ich wieder vor der Kommission. Der Vorsitzende wiederholte seine Fragen wie zuvor, und ich wiederholte meine Antworten.

„Ja, sicherlich war ich deutscher Soldat, als Sie mich gefangen nahmen. Aber zu der Zeit, als ich in die Wehrmacht eintrat, hatte man keine Heeresuniformen mehr. So trug ich die Reichsarbeitsdienstuniform weiter. Es ist dieselbe, die ich jetzt trage."

Ich erklärte ihm, dass alle in meiner Einheit noch diese RAD-Uniformen tragen mussten. Der Vorsitzende fragte mich weiter über den RAD aus. Was für eine Organisation war das? Wie arbeitete sie? Wie war die Ausbildung? Wie war ich in so jungem Alter Soldat geworden?

Endlich, nachdem er dieselben Fragen unendliche Male wiederholt hatte, entschloss sich der Offizier, das Verhör zu beenden. Wieder lachten sie untereinander. Sie versuchten sogar mit mir zu scherzen. Eine der weiblichen Offizierinnen gab mir ein Glas mit eingelegten Gurken, das sie im Keller des Bauernhauses gefunden hatten. Anscheinend waren sie zu dem Schluss gekommen, dass ich einfach nur ein Junge war und gar kein richtiger Soldat. Wahrscheinlich machten sie sich darüber lustig, dass die Bedrohung ihrer Heimat auf diese Lächerlichkeit zusammengeschrumpft war. Und in beiderlei Hinsicht hatten sie natürlich Recht.

Ich wurde entlassen, und ein anderer russischer Soldat führte mich zur Sammelstelle der Gefangenen zurück. Ich fühlte mich irgendwie herausgehoben, ja fast ein bisschen lächerlich, wie ich so mein Glas mit Gurken vor mir her trug. Wenigstens etwas zu essen. Meine Wache guckte das Glas an, sagte aber nichts. Während meines Ganges zurück zum Lager aß ich so viele Gurken wie ich konnte. Als ich endlich da war, fühlte ich mich unendlich erleichtert, so schrecklich das Ganze auch war. In der Anonymität des Lagers gab es für mich Sicherheit, aber der Preis dafür war der Mangel an Trinkwasser, an Nahrung, an Schutz. Als ich vor Stunden aus dem Lager geholt worden war, hatte ich nicht erwartet, das Ende des Tages noch zu erleben.

Als ich am nächsten Morgen auf dem Boden erwachte, fühlte ich mich hungrig und durstig. Wieder gingen russische Soldaten durch unsere Reihen. Einer berührte meinen Fuß mit seinem Stiefel. Was sollte das? Ich sah zu ihm auf. Er sprach mich absichtlich auf Russisch an. Ich verstand wenig davon, sprechen konnte ich noch weniger.

„Wie alt bist du?“

Das verstand ich. Ich zeigte es ihm mit Hilfe der Finger, da ich das russische Wort für „siebzehn“ nicht wusste.

Wieder schaute er mich an, er ging nicht weiter.

Dann sprach er wieder. Ich meinte zu verstehen: „Ich habe einen Sohn in deinem Alter, aber ich weiß nicht, wo er ist.“ Sicher war ich mir aber nicht.

Während er mich noch betrachtete, stieß ein anderer Russe zu ihm. Sie unterhielten sich ganz ungezwungen auf Rumänisch. Als sie so miteinander sprachen, klinkte ich mich in ihr Gespräch ein, ebenfalls auf Rumänisch. Das fiel mir sehr viel leichter als Russisch, da ich die Sprache daheim in Mintschuna in der Schule gelernt hatte. Der Russe, der mich nach meinem Alter gefragt hatte, zeigte ein breites Lächeln. Er packte mich an der Schulter und umarmte mich fast.

„Woher stammst du?“

„Aus dem Dorf Mintschuna bei Tarutino in Bessarabien.“

Er drückte mir fest die Hand und schlug mir mit der Hand auf die Brust.

„Ich bin aus Moldawien. Ich habe meine Familie dort, und mein Jüngster ist genauso alt wie du. Was gäbe ich darum, wenn ich ihn wiederfinden könnte und sicher sein könnte, dass er noch lebt.“

Ich erzählte ihm alles über meine Familie und auch einiges über unsere Umsiedlung von Bessarabien nach Westpreußen. Er und der andere Soldat mussten bald weiter. Aber von diesem

Tag an, und das über Wochen hindurch, kam er jeden Morgen und suchte mich auf. Er teilte seinen Laib Brot mit mir und gab mir einen Löffel von seiner Zuckerration. Die Rationen der russischen Soldaten waren sehr knapp, aber was er hatte, teilte er mit mir. Für mich war das eine segensreiche Beziehung, denn auf diese Weise brauchte ich nicht zu verhungern. In den ersten Wochen der Gefangenschaft verhungerten nämlich viele Gefangene. Die Russen schienen nicht geneigt, uns Essen zu geben, aber in Wahrheit schienen sie noch nicht einmal genug Lebensmittel zu haben, um ihre eigenen Soldaten zu ernähren.

Während der ganzen Zeit marschierten wir nach Osten Richtung Russland. Vielleicht nach Sibirien? Es wurde viel darüber geredet, dass wir nach Sibirien kommen würden. Meine Erinnerung an jene ersten Wochen der Gefangenschaft ist recht trübe. Das Land, auf dem wir dahinmarschierten, blühte zu neuem Leben auf. Der Himmel brachte Sonne und Regen und ließ alles wachsen. Aber wir Kriegsgefangenen gehörten nicht dazu. Wir schlurften dahin, eine dunkle Masse voller Verzweiflung, abgeschnitten von der Welt um uns herum, gefangen in unserer verdammten und verfluchten Lage.

Von Zeit zu Zeit fand einer von uns auf dem Acker eine rohe Mohrrübe oder eine Kartoffel. Er freute sich über sein Glück und alle versammelten sich um ihn, ganz erregt über den Fund. Vielleicht war an der Fundstelle ja noch Weiteres zu erhoffen. Aber der Glückliche musste sich sehr vor Diebstahl hüten. Das gute Stück wurde an der Brust geborgen, in kleinen Bissen verzehrt, während die Augen wachsam um sich schauten. Einige der Gefangenen waren in ihrem Verlangen nach Essen so verzweifelt, dass sie wegen einer rohen Kartoffel getötet hätten, wenn sie nur die Möglichkeit gehabt hätten. Andere litten so unter dem Durst, dass sie den eigenen Urin aus der hohlen Hand tranken. Glücklicherweise regnete es häufig in jenem Frühjahr. Wir konnten kleine Erdkuhlen graben, in denen wir das Regenwasser sammelten, dann beugten wir unsere schlammverkrusteten Gesichter darüber und tranken das schlammige Wasser.

Nach etwa zwei Wochen Marsch lagerten wir eines Abends auf einer Wiese, müde, hungrig, durstig, als sich plötzlich der Himmel in der Ferne in lauten Explosionen erhellte. Es schien, dass alle russischen Raketengeschütze auf einmal abgefeuert wurden. Die eindrucksvollsten waren die Katjuschas – Raketenwerfer mit sechzehn Rohren. Das Schießen sah wie ein riesiges Feuerwerk aus. Bald beteiligten sich unsere Wachen an dem Geballer. Sie schossen mit allen möglichen Waffen in die Luft und sangen wild „Krieg kaputt! Krieg kaputt! Hitler kaputt!" „Kaputt" schien das einzige deutsche Wort zu sein, das sie kannten. Die Feierei hielt mehrere Stunden an. Es war der 8. Mai 1945, das offizielle Ende des 2. Weltkriegs.

Während die Russen feierten, dachte ich darüber nach, dass es nun kein Deutsches Reich mehr gab. War die Regierung gestürzt, wem gegenüber sollten die Russen künftig Rechenschaft über die Behandlung der Gefangenen ablegen? Viele von uns erwarteten, dass sie in den nächsten Tagen exekutiert würden.

Tiefe Verzweiflung überkam uns in jener Nacht. Es war, als ob diese Verzweiflung der bittere Ersatz für mein Gefühl der „Bestimmung" war, das ich einst in Bezug auf meine Zukunft als Gutsinspektor in den Weiten Russlands gehegt hatte. Ich hatte mich dazu auserwählt gefühlt, die Methoden der deutschen Landwirtschaft einem unwissenden und rückständigen Volk beizubringen. Jetzt würde ich der Sklave desselben Volkes werden. War dies nun mein Schicksal? An Mutter oder an Gott dachte ich zu dem Zeitpunkt überhaupt nicht. Ich war von der Sorge um meine eigene Not überwältigt.

Am nächsten Morgen kam die Hoffnungslosigkeit unter den Gefangenen offen zum Ausbruch. Viele hatten bereits die Hoffnung aufgegeben, die nächsten Tage zu überleben. Und wenn wir überleben, so dachten wir, dann nur, um nach Russland transportiert zu werden, hinter den Ural nach Sibirien. Von dort war an Flucht nicht zu denken. Wenn nur die Möglichkeit dazu bestanden hätte, wäre es sicher zu Massenselbstmorden gekommen. Gerüchte und wilde Geschichten kursierten unter den Gefangenen. Ein Mann, der neben mir auf der Erde lag, erzählte mir eine.

„Die russischen Panzer haben bei ihrem Vorstoß zur Elbe ganze Kolonnen von Pferdefuhrwerken, auf denen Flüchtende saßen, niedergewalzt. Ganze Familien wurden von den Panzern zermalmt. Die überlebenden Frauen wurden vergewaltigt. Tausende von Frauen haben sich selbst in die Elbe gestürzt und sind ertrunken, damit sie nicht die Gräueltaten der Russen erdulden mussten."

Was war davon wahr? Mir war alles egal. Die Erzählungen über russische Gräuel schienen unsere Verzweiflung gleichermaßen zu fördern wie zu stärken. Man sprach selten über Selbstmord, wenn es geschah, gab es zustimmendes Kopfnicken. Aber wir hatten ja gar keine Möglichkeit, uns oder anderen Schaden zuzufügen. Außer unseren Uniformen besaßen wir nichts.

Am Tage nach den Feiern der Russen setzten wir unseren Marsch fort. Solange wir marschierten, konnten wir einigermaßen sicher sein, nicht exekutiert zu werden. Aber jegliche Hoffnung, Frau und Kind, Vater oder Mutter jemals wieder zu sehen, war geschwunden. Na und wenn schon, sagte mein Inneres. Ist mir doch egal. Es gab nichts mehr, wo wir Sicherheit und Geborgenheit hätten finden können. Alles war uns entrissen worden.

Je länger wir nach Osten marschierten, desto häufiger stießen weitere Gruppen zu unserer Kolonne. Schließlich wuchs unser Gefangenenheer auf über Hunderttausend an. Wir hatten keine Möglichkeit zu erfahren, wo wir uns eigentlich befanden. Ich wusste nur, dass wir die Neiße überquert, die Oder aber noch nicht erreicht hatten.

Hunger und Durst beherrschten mein ganzes Denken. Viele Gefangene wurden während des Marsches ohnmächtig. Wir taten unser Möglichstes, nicht über sie hinwegzutrampeln. Auch ich kämpfte andauernd dagegen an, das Bewusstsein zu verlieren. Ich nehme an, dass diejenigen, die liegen blieben, erschossen wurden.

Eines Abends endete unser Marsch nicht weit von der Stadt Sagan entfernt. Hier wurden zum ersten Mal Eisenbahnwaggons mit Brot herangefahren. Jeweils vier Mann erhielten einen Laib, und wir durften uns in der Nacht ausruhen. Ich hatte Glück und war körperlich nicht so heruntergekommen wie die meisten, weil der Moldawier seine Rationen mit mir teilte. Trotzdem schien mein Körper jedes Krümelchen Kraft aus dem Brot heraussaugen zu wollen, sobald ich es heruntergeschluckt hatte.

Bei Anbruch des Tages waren wir schon wieder unterwegs. Wir marschierten eine lange, enge Straße entlang, die durch einen dichten Birken- und Kiefernwald führte. Es war eine lang auseinander gezogene Kolonne von 100 000 Gefangenen, die sich durch diesen Wald schleppte. Überall waren Kriegsgefangene, rechts und links, vorne und hinten, so weit das Auge reichte. Dann verließen wir den Wald und traten auf eine freie Ebene. In der Ferne sahen wir hohe Bauten, als ob eine Stadt ganz isoliert für sich allein dort stand. Auf diese Bauten marschierten wir zu.

Bald erkannte ich ein riesiges Chemiewerk, eine Art Raffinerie – so groß, dass sie wie eine mittelgroße Stadt wirkte. Gebäude über Gebäude, Straßen über Straßen, überall Chemielabors und Raffinerieanlagen. Der Ort hieß Christianstadt. Keiner der Gefangenen hatte je von ihm gehört.

10

Der Großteil der Gefangenen setzte den Marsch nach Osten fort, aber ungefähr 10 000 von uns sollten in Christianstadt bleiben. Ein Major der Roten Armee stand auf einem Metallgerüst und erklärte den Zurückbleibenden ihre Aufgaben. Neben ihm standen Soldaten, die automatische Waffen trugen. Die Waffen waren auf uns gerichtet.

„Christianstadt ist jetzt euer Einsatzort. Ihr werdet nicht mehr auf dem freien Feld schlafen müssen. Wir haben hier Quartiere für euch. Ihr werdet diese Anlage demontieren. Dann wird sie in die Sowjetunion verschifft und dort wieder aufgebaut. Das ist eine wichtige Aufgabe, und die Anforderungen an euch sind hoch. Ihr bezieht jetzt eure Quartiere. Willkommen in Christianstadt."

So etwas wie die Ansprache des Majors hatten wir seit unserer Gefangennahme nicht erlebt. Ich war skeptisch gegenüber dem herzlichen Ton. Wir marschierten über den Versammlungsplatz zu zweistöckigen Gebäuden, die wie Kasernen aussahen. Sie waren ganz neu und schienen solide gebaut zu sein.

Die Wachen zählten Gruppen von 36 Männern ab und schickten jeweils vier Gruppen in ein Gebäude. Jetzt war ich an der Reihe. Ich betrat das Gebäude, das mein Quartier werden sollte. Mit mir zogen 35 erschöpfte Kriegsgefangene ein, in deren Nähe ich gestanden hatte, als wir gezählt wurden. Sie wirkten verwirrt. Das Gebäude ähnelte nicht so sehr einer Kaserne, sondern sah eher wie ein Wohnblock aus. Wahrscheinlich hatte hier die Belegschaft gewohnt, als die Anlage zur Zeit des Dritten Reiches in Betrieb war.

Die Wohnung, in die ich kam, bestand aus Wohnzimmer, zwei Schlafzimmern und Küche. Die Wasserleitung in der Küche funktionierte nicht, das Wasser war abgestellt worden. In der Wohnung gab es auch ein Badezimmer mit Toilette, aber die Toilette war mit Stacheldraht umwickelt worden, so dass man sie nicht benutzen konnte. Als Toiletten dienten uns Gemeinschaftslatrinen zwischen den Gebäuden. In keinem der Räume gab es irgendwelche Möbel. Wir standen herum und fragten, was wir nun tun sollten. Ein Murren setzte ein, das lauter wurde.

Ich meldete mich zu Wort. „Hört mal zu, Leute. Hier sind drei Haupträume und wir sind 36. Wir sollten uns in Gruppen zu jeweils zwölf aufteilen, jede Gruppe bezieht dann einen dieser Räume."

Niemand äußerte Zustimmung oder Ablehnung, aber nach und nach, immer noch murrend, teilten wir uns in drei Gruppen auf und bezogen ein Zimmer. Im Zimmer selbst legten wir uns erst einmal auf den Fußboden. Es war natürlich eng, aber das Dach über unserem Kopf war gegenüber unserem bisherigen Dasein ein solcher Fortschritt, dass uns die Enge wenig störte.

Von Zeit zu Zeit erschienen in der Tür Wachsoldaten und zählten uns. Den ganzen Nachmittag und Abend kontrollierten sie uns, dabei erfuhren wir jedes Mal weitere Neuigkeiten: wo die Latrine war ... wo es Trinkwasser gab ... den Arbeitsplan für den nächsten Tag. Essen bekamen wir nicht.

Vor Tagesanbruch wurden wir am folgenden Tag zum Appell herausgerufen und mussten uns in militärischer Formation aufstellen. Seit unserer Gefangennahme war es das erste Mal, dass wir wie Soldaten behandelt wurden und militärische Befehle erhielten. Nach vielem Hin und Her stellten wir uns endlich in drei Zwölferreihen auf. Dasselbe geschah bei den anderen Gebäuden. Als wir unsere Formation eingenommen hatten, sprach die Wache zu uns.

„Jeder Tag wird künftig so beginnen. Zunächst bekommt ihr den Befehl zum Heraustreten. Nach der Aufstellung in Reih und Glied bekommt ihr eure Brotration. Ihr habt dann einige Minuten Zeit, um das Brot zu essen, zur Latrine zu gehen und so weiter. Dann ist Abmarsch zu eurer Arbeitsstelle. Wir fangen gleich damit an. Ich gebe den Befehl, dann kommt jeder vorbei und empfängt seine Ration. Nach einigen Minuten bekommt ihr den Befehl, in das Glied zurückzutreten. Stellt euch darauf ein. Achtung, Gefangene! Rührt euch!“

Wir hatten kaum Ähnlichkeit mit einer militärischen Einheit, das schien aber niemanden zu stören. Wir gingen am Wachtposten vorbei, empfingen unsere Brotration, verschlangen sie hastig, fast wie Tiere, ehe man sie uns stehlen konnte. Kurz darauf kam der Befehl zum Abmarsch.

Meine Arbeitsgruppe hatte die Aufgabe, einen riesigen Behälter zu demontieren, der fast sieben Meter hoch und drei Meter breit war. Man gab uns Schraubenschlüssel, weil das Riesending aus einzelnen Abschnitten bestand, die den Rahmen stützten. Wir demontierten die einzelnen Teile und trugen sie zu einer hölzernen Palette in der Nähe. Sie bildete den Boden der Umschalung, die um jedes Bestandteil des Behälters herumgezimmert werden sollte. Jedes Einzelteil wurde mit einer Zahl versehen, die mit Farbe aufgetragen wurde.

Den ganzen Tag, bis in die Nacht hinein, arbeiteten wir. Endlich, es war schon halb zehn oder zehn, durften wir aufhören. Rückmarsch in unser Quartier, Ausgabe einer dünnen Brühe, während wir zwischen den Gebäuden standen, dann Entlassung für die Nacht. Den ganzen Tag über hatten wir kein Essen bekommen, wenn man von dem Brot absieht, das vor Tagesanbruch ausgegeben worden war.

Den ganzen nächsten Monat hindurch lief jeder Tag auf die gleiche Weise ab. In dem Maße, wie wir das Verhalten der Wachen kannten, wurden wir Gefangenen immer kühner. Einer unserer Tricks bestand darin, die einzelnen Teile der demontierten Anlage durcheinander zu bringen. Beispielsweise nahmen wir ein Rohr, das mit Nummer zehn markiert war, und packten es zusammen mit neun anderen nummerierten Teilen zusammen, aber nicht in die Kiste, die die Nummer neun trug. Wir hofften, dass diese Kisten getrennt nach Russland verschifft werden würden und die Russen nicht fähig sein würden, die demontierten Teile wieder richtig mit den neun übrigen zusammenzusetzen. Eine andere Sabotagemöglichkeit ergab sich, als wir einige Glasbehälter demontieren mussten, von denen jeder etwa sieben Meter lang war. Als wir sie auf einen Lastwagen verluden, ließen wir sie aus unseren Händen gleiten. Beim Aufprall auf den Boden zerschellten sie in winzige Teile.

Einmal im Monat wurden wir desinfiziert. Beim ersten Mal mussten wir in das Gebäude gehen, wo die Heizöfen stationiert waren. Dort sollten wir unsere Kleidung ablegen, dann splitternackt bis ans andere Ende gehen, duschen und auf unsere Kleider warten. Als ich meine RAD-Uniform abgab, fühlte ich mich, so schmutzig sie auch war, irgendwie beraubt. Die Unterbrechung der täglichen Arbeitsroutine und die Aussicht auf eine heiße Dusche hätten mich eigentlich fröhlich stimmen sollen, statt dessen wurde mir um so schrecklicher bewusst, unter welch miserablen Umständen ich lebte. Sicherlich, es hätte noch schlimmer kommen können, aber eine Wende zum Besseren konnte ich nicht erkennen.

Das Duschwasser wurde durch die Heizöfen erhitzt. Es war angenehm, das warme Wasser auf der Haut zu spüren, aber ich konnte es nicht würdigen. Nachdenklich verließ ich die Duschkabine und wartete, dass ich meine Kleider zurückbekam.

Da hörte ich plötzlich, wie jemand einen mir vertrauten Dialekt sprach. Schwäbisch. So sprach man auch in Bessarabien! Ich sah zu dem Jungen hin, der Schwäbisch gesprochen hatte. Er war ungefähr so alt wie ich, nur größer. Ich kannte ihn nicht, aber anderen schien er bekannt zu sein, denn ehe er unter die Dusche ging, sprach er mit einigen Gefangenen.

Ich folgte meiner Eingebung. Neben dem Heizgebäude erblickte ich eine große Kanne, die ich an einem Hahn in der Nähe mit kaltem Wasser füllte. Diese schleppte ich zu dem Jungen hin und schüttete ihm das kalte Wasser über den Rücken. Er heulte vor Schreck auf, drehte sich blitzschnell um und rannte auf mich zu. Ich lief so schnell ich konnte, spurtete und schlug Haken, so gut es mir möglich war. Sicherlich boten wir einen bemerkenswerten Anblick, zwei nackte Jungen, die wie wild herumrannten.

Schließlich holte mich der andere Junge ein und warf mich zu Boden. Er drückte sein Knie in meinen Magen. Ich wusste, dass ich jetzt eine ordentliche Tracht Prügel zu erwarten hatte, deshalb sagte ich schnell auf Schwäbisch zu ihm: „Bist du nicht Bessarabier?"

Das genügte. Statt mich tüchtig zu verprügeln, packte er mich bei den Schultern, als sei ich ein längst verlorener Freund.

„Wie heißt du? Woher kommst du?"

„Ich bin Oskar Groß aus Mintschuna."

„Mintschuna. Ich bin Fritz Stuhlmüller aus Sarata."

Sarata war eine der ersten deutschen Siedlungen in Bessarabien, südöstlich von Mintschuna gelegen, Richtung Schwarzes Meer. Sarata war viel größer als Mintschuna, fast so groß wie Tarutino. Die einzige Höhere Schule in Bessarabien, außer der in Tarutino befand sich dort.

„Wo ist dein Quartier hier in Christianstadt?"

„Ich bin in Wohnung 574. Ich arbeite täglich im Heizgebäude. Und du?"

„Wohnung 383. Ich arbeite bei der Demontageabteilung."

Wir sprachen über unsere Erlebnisse und unseren Weg nach Christianstadt. Dann bekam ich meine Uniform zurück und musste mit meiner Gruppe zurückgehen. Beim Abschied sagte Fritz: „Hör zu, Oskar. Wir müssen in Verbindung bleiben. Die Russen bringen mir säckeweise Kartoffeln, die ich für sie im Ofen backe. Eigentlich besteht meine Aufgabe darin, die Öfen ständig auf konstanter Temperatur zur Desinfizierung der Kleider zu halten, aber ich backe auch Kartoffeln. Ich werde ein paar besorgen und sie mit dir teilen."

„Wie bist du an diese Arbeit gekommen?"

„Weißt du, ich spreche Russisch, das ist sehr nützlich."

„Kann ich mir vorstellen. Ich kann zwar einiges verstehen, was sie sagen, aber sprechen kann ich nicht gut. Sag mir, wie kann ich von dir eine Kartoffel bekommen?"

„Komm abends nach deiner Arbeit vorbei. Ich halte dann eine Kartoffel für dich bereit."

Das tat ich dann auch. Wir verstanden uns sofort ausgezeichnet, und fortan ging ich jeden Abend bei Fritz vorbei und aß eine gebackene Kartoffel. Diese Zusatzverpflegung bewahrte mich vor der Entkräftung, an der so viele andere litten.

Nach einigen Wochen passierte etwas Seltsames: Während des Morgenappells wurde ich aus meiner Gruppe herausgerufen und bekam den Befehl, mich bei dem Major der Roten Armee zu melden, der das Oberkommando über die gesamte Belegschaft der Gefangenen hatte. Von meiner Gruppe getrennt zu werden, schien mir kein besonders gutes Zeichen zu sein. Was hatte ich getan, dass ich eine Disziplinarmaßnahme vom Kommandeur zu erwarten hatte? Allerdings sollte ich ohne Bewachung zum Büro des Kommandanten gehen, und das verwirrte mich noch mehr.

Auf dem Bürgersteig vor dem Hauptquartier hielt ich einen Augenblick inne. Es war ein langes, ehemals gepflegtes zweistöckiges Gebäude mit Rasen und Rosenbüschen davor. Der Feldwebel, der draußen Wache schob, beobachtete mich genau. Ich trat zu ihm und nahm Haltung an.

„Gefangener Oskar Groß, Wohnung 383, meldet sich beim Kommandeur befehlsgemäß zur Stelle."

Er sah mich gelangweilt an. Sein Karabiner hing am Lederriemen über der Schulter.

„Geh rein. Melde dich beim Gefreiten am Schreibtisch."

Ich trat ein. Im Hausflur stand ein langer Tisch, hinter dem ein Gefreiter mittleren Alters saß. Er hatte ein rotes Gesicht und wirkte sehr müde. Unter anderen Verhältnissen wäre er vielleicht korpulent gewesen, aber hier in Christianstadt sah er aus wie alle anderen, ob sie nun Russen oder Deutsche waren, nämlich unterernährt. Als ich näherkam, nahm er langsam eine kurze, braune Zigarette aus dem Mund und legte sie sorgfältig auf den Rand eines Glasaschenbechers. Auf dem Tisch gab es nichts als den Aschenbecher und das Wachbuch. Ich wiederholte meinen Spruch.

„Die Treppe rauf und dann rechts. Geh dem weißen Strich nach und melde dich dort beim Stabsfeldwebel am Tisch."

Ich tat wie befohlen. Der weiße Strich verlief in der Mitte des langen Flures, an dessen Ende ein Büro mit offener Tür lag. Dort saß ein weiterer Feldwebel der Roten Armee hinter einem Tisch, der mit einer Unmenge Papier bedeckt war. Als ich mich dem Büro näherte, merkte ich, dass in den Büros beiderseits des Flures gearbeitet wurde. Wie bereits zweimal zuvor, meldete ich mich bei dem Feldwebel. Umständlich, als seien seine Gelenke steif und lahm, erhob er sich hinter seinem Tisch.

„Komm mit."

Er verließ das Büro durch eine Innentür, und wir kamen in ein Vorzimmer. Dort saß ein Leutnant, der kaum zwanzig Jahre alt sein mochte. Der Feldwebel sprach auf Russisch mit ihm, erläuterte offenbar, wer ich war. Der Leutnant nickte, erhob sich, befahl mir, Haltung anzunehmen und ihm zu folgen. Wir gingen durch das Vorzimmer und betraten ein großes Büro mit vielen Fenstern. Der Major saß hinter einem Schreibtisch, der mit mindestens ebenso viel Papier bedeckt war wie der Tisch des Stabsfeldwebels.

Immer noch wusste ich nicht, warum ich eigentlich hier war. Ich fühlte mich unwohl und war mir bewusst, dass mein Äußeres ungepflegt war und man riechen konnte, dass ich lange nicht gebadet hatte.

Der Major blickte auf. Er war ein drahtiger, schlanker Mann mit kurz geschnittenem Haar, der immer in Eile zu sein schien. Er zog den Rauch seiner Zigarette tief ein und blies ihn in meine Richtung.

„Herr Major, dies ist der Gefangene Groß."

„Sehr gut. Groß, du bist von nun an mein neuer Hausbursche. Du wirst dich waschen müssen und deine Uniform reinigen lassen müssen."

Der Major selbst war wie aus dem Ei gepellt. In seinem Büro herrschte peinliche Ordnung, jeder Aktenstapel lag sauber ausgerichtet da.

„Mein Quartier ist auf diesem Stockwerk, am anderen Ende des Gebäudes. Der Stabsfeldwebel wird dafür sorgen, dass du dich saubermachen kannst. Spätestens um elf Uhr meldest du dich in meinem Quartier. Ich esse um zwölf Uhr zu Mittag. Mein Koch wird das Essen vorbereiten, und du wirst es servieren. Wir beginnen mit dem Mittagessen und werden dann sehen, was es weiterhin zu tun gibt. Noch Fragen?"

Ich konnte kaum fassen, was ich da gehört hatte. Statt einer Disziplinarmaßnahme hatte ich einen Traumjob erhalten.

„In Ordnung. Du kannst jetzt gehen."

Der Leutnant führte mich den Weg zurück zum Stabsfeldwebel, dessen Schreibtisch so mit Papier überladen war. Ich konnte nicht begreifen, was da gerade geschehen war. Warum ich? Welches Schicksal spielte hier mit? Wie war es möglich, dass gerade ich unter 10 000 Gefangenen ausgesucht worden war? Ich fand keine Antwort auf diese Fragen. Ich hielt es für einen ungeheuerlichen Glücksfall, der mir helfen würde, am Leben zu bleiben, und darin behielt ich Recht. Darüber hinaus, weshalb gerade mir ein solches Glück zuteil wurde, machte ich mir keine Gedanken. Wenn ich erst einmal anfing, mir darüber zu viele Gedanken zu machen, dann hätte ich mich auch fragen müssen, warum alles andere passiert war, beispielsweise, dass ich Kriegsgefangener geworden war. Solchen Gedanken gegenüber war ich schon zu abgestumpft.

Was nun meinen Glücksfall betrifft: Der Major war tagsüber der Inbegriff militärischer Haltung und Erscheinung. Seine Befehle waren knapp und präzise, erhaltene Befehle führte er wortgetreu aus. Seine Offiziere führte er mit sorgsamer Disziplin.

In der ersten Woche bestellte er fünfzehn oder zwanzig Offiziere zu einem Arbeitsessen. Diese Offiziere zeigten einen hohen Grad von Disziplin. Sie betraten das Zimmer des Kommandanten förmlich und in ausgezeichneter Haltung. Sie sprachen freundlich miteinander, solange sie darauf warten mussten, Platz zu nehmen, aber sie wahrten stets militärische Formen, ganz so wie die Offiziere der Wehrmacht. Besonders fielen mir ihre Stiefel auf. Viele trugen hohe, braune Schaftstiefel, die auf Hochglanz gewienert waren. Das Wohnzimmer schien voller glänzender Stiefel zu sein, und ihre Offiziersmützen hielten sie vorschriftsmäßig unter dem Arm.

Als der Major den Raum betrat, nahmen die Offiziere ohne ein Wort Haltung an. Der Major deutete eine leichte Verbeugung an und ließ mit einem Wort und einem Wink rühren. Er suchte Augenkontakt, lächelte freundlich und bat sie, ihre Plätze einzunehmen. Sie kannten ihre Plätze ohne weitere Anweisungen oder Tischkarten. Zweifellos kannten alle die Rangordnung. Der Koch und ich trugen schnell das Essen auf, das aus Wurst, Mohrrüben, etwas Kohl, Brot und Wodka bestand. Trotz des Wodkas ging es beim Essen sehr geschäftsmäßig zu. Der Major sprach die Gruppe von seinem Platz am Ende der Tafel an. Zwischendurch ließ er sich von einzelnen Offizieren über den Stand der Arbeiten berichten. Ich konnte nicht jedes Wort verstehen, das sie auf Russisch sprachen, aber ich konnte aus der ganzen Haltung entnehmen, worum es ging. Selten passierte es, dass einer der Offiziere auf die Fragen des Majors keine zufriedenstellende Antwort geben konnte.

Abends war alles ganz anders. Nach des Tages Arbeit entspannte sich der Major. Dann trank er Wodka, und zwar reichlich. Fast jeden Abend lud er einige Offiziere in sein Quartier zu Besuch. Dann brach die fröhliche, dem Feiern zugetane Natur der Russen unter dem Einfluss des Wodkas durch. Schließlich hatten sie jetzt nichts mehr zu befürchten. Nach so vielen Jahren der Entbehrung, des Leidens und der Todesgefahr war der Krieg endlich vorbei. Und sie waren die Sieger. Alles, worum sie sich in Christianstadt kümmern mussten, waren die Aufgaben, die sich aus ihrem Auftrag ergaben. Wenn sie das jeden Tag getan hatten, war das Grund genug zum Feiern.

Die abendlichen Feiern entwickelten sich fast immer zu Trinkgelagen mit Musik und Akkordeonspiel, „Harmoschka“, wie sie das nannten. Abends aß der Major keine volle Mahlzeit.

Oft habe ich ihn nichts anderes essen sehen als einen Salat aus Knoblauchzehen, Zwiebeln und geviertelten grünen Tomaten, dazu Unmengen von Wodka. Meistens dauerten diese Feiern bis Mitternacht. Dann pflegten der Major und die Gäste sich aufs Bett oder den Fußboden zu werfen und bis Tagesanbruch zu schlafen.

Ich arbeitete zwei Monate für den Major. Während dieser Zeit bekam ich gutes Essen, meistens die Reste, die an der Tafel des Majors übrig blieben. Das war erheblich besser als die Verpflegung der jüngeren russischen Offiziere, sehr viel besser als das, was die einfachen Soldaten bekamen – und überhaupt kein Vergleich zu der dünnen Suppe, die man den Gefangenen gab.

Von morgens bis abends arbeitete ich im Quartier des Majors. Er behandelte mich höflich, bisweilen freundlich. Er sprach etwas Deutsch, und ich eignete mir immer bessere Russischkenntnisse an, obgleich ich es nie so gut sprechen lernte, dass ich mich leicht in dieser Sprache hätte unterhalten können.

Eines Abends, nachdem er wieder viel zu viel getrunken hatte, fragte ich den Major, als seine Gäste gegangen waren, ob ich noch etwas für ihn tun könne. Er schaute mich an, sprang auf und begann im Zimmer auf und ab zu schreiten. Dabei murmelte er im Gehen etwas vor sich hin.

„Lubnikow!“

Er schaute mit Augen, die nichts erkannten oder sahen, durch mich hindurch.

„Lubnikow. Hörst du? Keiner weiß, wie das war. Keiner wird es jemals wissen. Den ganzen Oktober hielten wir diese verdammte Fabrik, die niemand hätte halten sollen. Den ganzen Oktober hindurch standen wir mit dem Rücken zur Wolga, aber den Brückenkopf haben sie nicht bekommen. Wir haben sie gehalten, verdammt noch mal! Erst kämpften wir um die Fabrik, dann um die Wolga. Für Mütterchen Russland. Wir haben niemals kapituliert.“

Der Major stolperte auf mich zu und sah mir ins Gesicht. Wir berührten uns fast. Er schnitt Grimassen. Seine Augen wirkten verschwommen. Sein Atem stank nach Wodka und Knoblauch.

„Wir haben uns niemals ergeben. Wir sind lieber an Ort und Stelle gestorben. Einer nach dem anderen starb dort. Im Oktober, wusstest du das? 1942. Vor drei Jahren."

Er schien in meine Augen und in meine Nase zu sprechen. An wen dachte er, als er mich so vor sich sah?

„Meine besten Leute sind dort gestorben. Meine besten Freunde. Oben in der Stadt waren meine Mutter und meine Schwestern bereits tot, aber ich wusste das nicht. In Stücke gerissen, unter den Trümmern ihres Wohnblocks begraben, das war irgendwann im September. Später, im Winter, habe ich das erfahren. Sie fehlen mir so sehr, kannst du das verstehen?"

Eigentlich fragte er nicht mich. Die Fragen des Majors verloren sich in der Unendlichkeit, in der gottlosen Leere, die uns umfing. Er begann zu weinen. Große, dicke Tränen liefen ihm über die Wangen. Er schien gar nicht zu wissen, wer ich war. Vielleicht hielt er mich für einen anderen. Vielleicht sah er mich gar nicht.

„Es waren die Allerbesten, die zu früh starben. Eigentlich hätte es mich erwischen sollen, mich und ein paar andere. Aber wir starben nicht. Das kann man nicht erklären. Aber Hauptsache, die arroganten Deutschen hat es erwischt. Die heißen russischen Herzen und der harte russische Winter haben sie erledigt. Die Hunde dachten, sie könnten uns im September erledigen. Ha! Es wurde Dezember, und die Hände und Ohren fielen ihnen ab. Minus vierzig Grad und kälter, vergeblich suchten sie sich zu wärmen, indem sie ihre Uniformen mit Stroh ausstopften. Bruspp! Die hatten ja keine Ahnung, worauf sie sich eingelassen hatten. Als sie Stalingrad aufgaben, waren sie schon geschlagen, aber sie wussten das noch nicht. Ja, vielleicht wussten ihre Generäle es. Brusspp! Schon damals kam kein Nachschub mehr durch. Keine Nachschublinien. Keine Ersatzteile. Ihre Soldaten kämpften immer noch tapfer, aber der Kern war verfault. Die ganze Geschichte brach zusammen. Und wir merkten das. Ja, wir fühlten es. Und dann überkam uns der Blutrausch."

Wieder schritt der Major das Zimmer ab. Er fuchtelte mit den Armen in der Luft herum.

„So etwas passiert einfach, verstehst du? Jemand hat deine Familie umgebracht. Jemand hat deine Frau geschändet, dein Land ausgeplündert. Jemand hat dein Leben bedroht und dich durch Alpträume gehetzt, die du dir niemals hättest vorstellen können. Und plötzlich zeigen sie ein Zeichen der Schwäche, der Verletzlichkeit. So sind wir einfach. Wir sehen eine blutende Wunde, und wir reißen sie auf. Wehrt sich keiner, dann reißen wir sie weiter auf, grapschen uns die Eingeweide und reißen auch sie heraus. Je größer die Todesangst, die wir erzeugen, desto besser. Als wir die Ukraine und Weißrussland eroberten, bohrten wir in ihren Wunden. Aber sie waren immer noch gefährlich. Deshalb wühlten wir weiter in ihren Wunden herum, wir rissen und rissen und die Wunde wurde immer schrecklicher. Weiter. Weiter. Tagelang haben wir kaum geschlafen. Wir hetzten sie. Ihre Nachhut zerfetzten wir. Wir konnten gar nicht genug bekommen. Wir hatten blutrünstige Träume. Rülps!"

Er sank in den Sessel zurück, beugte sich nach vorn und barg das Gesicht in den Händen, die Ellenbogen auf die Knie gestützt. Einige Minuten verharrte er und schluchzte leise. Dann blickte er hoch.

„Eines Tages wirst du wach. Dein Peiniger und deine Beute sind tot. Der Blutrausch ist auf einmal vorbei. Was hast du eigentlich getan? Es ist wie wenn du eine wüste Nacht mit einer stinkenden Hurensau verbracht hast, die du allein gejagt und erlegt hast. Du fragst dich, wie hast du das nur tun können? Rülps. Wie habe ich das nur tun können?"

Er schwankte in seinem Sessel, die Farbe war aus seinem Gesicht gewichen, seine Stirn war schweißbedeckt. Schließlich überkam es ihn: er würgte gewaltsam eine Sturzflut grüner Tomatenstücke und gelber Galle heraus. Mit einem Fußstoß versuchte ich, die Schüssel zu ihm hinzuschieben, was mir nur halbwegs gelang. Die Würgerei schien den Major wieder etwas nüchtern gemacht zu haben. Er spuckte in die Schale und wischte sich den Mund mit dem Handrücken ab.

Er schaute mich an, seine Augen schienen mich zu erkennen. Unsicher stand er auf, und ich ergriff seinen Ellenbogen. Ich stützte ihn und geleitete ihn zu seinem Bett. Er fiel hinein. Ich zog ihm die Stiefel aus, drehte ihn auf den Bauch und ging in das Wohnzimmer zurück, um aufzuräumen, ehe ich in mein Quartier zurückging, wozu ich verpflichtet war.

Nach dem Morgenappell ging ich am nächsten Tag wie immer zur Wohnung des Majors. Er war übel gelaunt und arg mitgenommen aufgewacht. Er wusch und rasierte sich und legte eine saubere Uniform an. Ich hielt mich von ihm fern. Auch den Koch warnte ich, er solle ihm lieber nicht zu nahe kommen. Aber als der Major zum Frühstück erschien, sah er gepflegt aus wie jeden Morgen. Unsere Augen begegneten sich, und mir war klar, dass er sich an seinen Auftritt vom letzten Abend zumindest teilweise erinnerte.

Wenige Tage später wurde der Major aus Christianstadt versetzt und ich wieder zu meiner Demontageabteilung kommandiert. Die Tage wurden schon kürzer, und mit dem Herannahen des Herbstes sanken die Temperaturen. Ich bekam Atemwegsprobleme, und eines meiner Ohren schmerzte heftig. Meine Kräfte schwanden wieder – trotz der abendlichen Besuche bei Fritz, der nach wie vor die gebackenen Kartoffeln liebenswürdigerweise mit mir teilte.

Eines Tages belud unser Demontagetrupp Lastwagen mit Ausrüstungsteilen. War der Wagen voll, dann fuhr er weg, und wir kamen in den Genuss einer kurzen Pause. Es waren gerade keine Wachposten da. Der einzige, der in der Nähe gewesen war, hatte den LKW weggefahren.

In einer abgelegenen Ecke des Geländes, wo wir gerade arbeiteten, entdeckte ich eine Einstiegsluke. Ich öffnete sie und kletterte eine Eisenleiter hinunter. Am Fuße der Leiter stand ich vor einer Röhre von etwa anderthalb Metern Durchmesser, durch die dicke Kabel geleitet wurden. Ich hielt das für eine Verbindungsröhre und tastete mich in der Dunkelheit vorwärts. In der Röhre schien es sauber zu sein, auch fand ich keine Spur von Feuchtigkeit, also streckte ich mich für die Zeit der Pause auf den Kabeln aus.

Ich schlief ein und wachte erst Stunden später auf. Als ich wieder ans Tageslicht kletterte, arbeitete meine Gruppe noch immer. Ich stieß wieder zu den Kameraden, keiner stellte Fragen. Niemand kümmerte sich um irgendetwas, solange der tägliche Ablauf der Arbeit eingehalten wurde.

Das galt auch für die Soldaten der Roten Armee. Jeden Morgen verließen sie etwa eine Stunde nach Arbeitsbeginn den Demontageplatz, gingen zur Küche, wo sie sich ordentliche Mahlzeiten zubereiteten und Wodka tranken. Als ich bemerkte, dass sich das regelmäßig wiederholte, gewöhnte ich mir an, jeden Tag in die Röhre hinunterzuklettern, sobald die Wachen gegangen waren. Die Mitglieder meiner Arbeitsbrigade nahmen keinen Anstoß daran. Es war mein Risiko und konnte mich teuer zu stehen kommen, wenn ich geschnappt würde. Sie hielten es für bequemer, ihren täglichen Arbeitstrott einzuhalten.

Die zusätzlichen Ruhezeiten in der Röhre bekamen meiner Gesundheit sehr gut. Meine Bronchitis verschlimmerte sich nicht, und die Ohrenschmerzen legten sich mit der Zeit. Normalerweise schlief ich dort unten ein. Manchmal lag ich auch nur auf den Kabeln und dachte nach.

Es war unvermeidlich, dass die relative Sicherheit unseres Lebens in Christianstadt irgendwann zu Ende gehen würde. Eines grauen Morgens beim Appell – es hatte gefroren und die Gefangenen zitterten – war es soweit. Als wir Aufstellung genommen hatten, teilte uns einer der Wachtposten mit, die Demontagearbeiten seien fast beendet; in Kürze würden wir per Bahn zu unserem nächsten Einsatzort transportiert.

Natürlich hatten wir noch nicht das ganze Werk abgebaut, aber offenbar das geliefert, worauf die Russen Wert legten.

Jetzt verschärfte sich das Tempo unserer Arbeit. Die Wachen ließen uns tagsüber nicht mehr allein. Dann erfuhren wir, dass wir einen ganzen Tag lang das Lager aufräumen sollten.

Am nächsten Morgen versammelten wir uns und marschierten durch die flache Landschaft um Christianstadt. Jetzt ging es auf der schmalen Straße, die wir im Frühjahr gekommen waren, wieder zurück nach Sagan. Die Hitze, der enorme Durst, die allgemein depressive Stimmung von damals waren jetzt einer grauen Wolkendecke und der Kälte des herannahenden Winters gewichen. Resignation machte sich breit, wir fühlten uns alle wie Verdammte. Heute geht es nach Sagan. Wo es morgen hingeht, wissen wir nicht, können wir nicht wissen, werden es vielleicht auch nie erfahren.

Wie beim Marsch im Frühjahr hielten wir keine Marschordnung ein. Wir liefen einfach wie eine Herde dahin. In dieser Horde liefen Fritz und ich mit; wir hatten es so eingerichtet, dass wir nebeneinander gehen konnten.

In Sagan wurden wir in Güterwagen verfrachtet, die dort auf den Gleisen bereit standen. So viele wie nur irgend möglich wurden in einen Waggon gepresst, dann wurde die Tür geschlossen und verriegelt. Ich war einer der Ersten, die einstiegen, Fritz hielt sich dicht hinter mir. Beim Einsteigen entdeckte ich ein Bündel aus zerknülltem Stoff in der Ecke des Waggons. Es war ein Fallschirm aus Kunstseide. Ich ergriff ihn und barg ihn an meiner Brust wie einen wertvollen Besitz.

Einer nach dem anderen stieg in den Waggon; schließlich war ich so eng an die Wand gedrückt, dass ich mich überhaupt nicht mehr bewegen konnte. Als die Tür dann geschlossen wurde, standen wir in diesem Viehwaggon im Dunkeln.

4. Teil

In tiefster Finsternis

11

Langsam gewöhnten sich meine Augen an die Dunkelheit. Lichtstrahlen drangen durch die Ritzen in den Wänden und in der Decke. Insgesamt war der Wagen solide gebaut. Nur wenige Lichtstrahlen fielen ein.

Wir mussten alle stehen, eng aneinander gepresst wie Sardinen in der Dose. Die Ausdünstungen unserer Körper stiegen mir fast stechend in die Nase. Ich presste meine Brotration fest an mich, steckte sie dann in mein Hemd und hielt gleichzeitig den Fallschirm, den ich gefunden hatte, krampfhaft fest. Er war aus glattem Stoff und sehr leicht. Ich wusste wohl, dass ich ihn nicht einfach als Bündel bei mir tragen konnte, ohne dass die Russen oder meine Mitgefangenen ihn mir abgenommen hätten. Langsam, so dass die anderen nichts merkten, wickelte ich mir den Schirm um Brust und Taille und verknotete die Enden. Welchen Wert er für mich haben könnte, wusste ich nicht – aber es war ein Gewebe, und der Winter kam mit großen Schritten. Falls ich ihn behalten konnte, würde er mir bestimmt nützlich sein.

Nicht einen Augenblick lang kam es mir in den Sinn, dass der Fallschirm vielleicht ein Gottesgeschenk sein könnte. Mein Denken war – wie bei fast allen Gefangenen – fest auf die materielle Welt fixiert. Wir hatten so viel verloren. Und so viele gefährliche Situationen standen uns wahrscheinlich noch bevor. Ich dachte nur daran, wie ich diese Gefahren überleben könnte.

Der Waggon stand immer noch an der Stelle, wo wir eingeladen worden waren. Zuerst redeten wir fast nicht miteinander, aber nach einer Stunde entwickelten sich Gespräche im Flüsterton. Fritz sprach mich an.

„Was meinst du, wohin bringen die uns?"

Diese Frage wurde im ganzen Waggon gestellt, laut oder in Gedanken.

„Ich fürchte, es geht nach Osten. Vielleicht bringt man uns irgendwohin östlich des Urals." So versuchte ich das Wort Sibirien zu umgehen, das für uns alle gleichbedeutend war mit dem sicheren Tod.

„Bloß nicht! Dann kommen wir niemals mehr zurück."

Wir schwiegen. Was gab es noch zu sagen? Nach Stunden des Wartens setzte sich der Zug endlich in Bewegung. Die meisten standen noch. Einige schafften es, sich hinzusetzen, umfassten ihre Knie und zogen sie ans Kinn. Als der Zug an Geschwindigkeit gewann und hin und her schaukelte, wurden wir gegeneinander gestoßen.

So ging es drei Tage lang. Der Zug hielt häufig, aber die Waggontüren wurden nicht geöffnet. Drei Tage lang erhielten wir nichts zu essen und, was schlimmer war, auch nichts zu trinken. Der Gestank im Waggon wurde erstickend. Urin und Exkremente überall auf dem Boden, dabei mussten wir alle uns von Zeit zu Zeit doch auch einmal hinsetzen. Sitzend konnten wir etwas schlafen, wenn wir uns an die Körper der anderen lehnten. Am dritten Tag war die Austrocknung so gewaltig geworden, dass einige in Ohnmacht fielen.

Endlich wurde die Waggontür doch einmal geöffnet: Wir erhielten eine Brotration und Wasser. Nach einer halben Stunde wurde jedoch die Tür wieder zugeschlagen, und der Zug setzte seine Fahrt zu unserem Bestimmungsort fort, wo immer der auch sein mochte. Häufig hielt der Zug für eine halbe oder eine ganze Stunde an. Dann fragte ich mich, ob wir unser Ziel erreicht hatten. Jedes Mal kam es mir so vor, als raste ein Schnellzug an unserem Transport vorbei. Daher nahm ich an, dass wir auf ein Nebengleis geleitet worden waren, um einen Schnellzug durchzulassen.

Alles zusammen: Die Erschöpfung, die Austrocknung, der Hunger und der schreckliche Gestank im Zug ließen uns fast resignieren und den Gedanken an den Tod in Sibirien akzeptieren. So ging es noch einige Tage weiter, dann hielten wir erneut. Ich hörte das Brummen von Lastwagen und die Geräuschkulisse einer Stadt. Wieder standen wir stundenlang, ohne dass die Tür des Waggons geöffnet wurde.

Spät am Nachmittag ging die Tür endlich auf, und wir erhielten den Befehl, auszusteigen. Jetzt sahen wir auch ein Bahnhofsschild, auf dem „Katowice" stand. Schnell verbreitete sich die Kunde, Katowice sei unser Ziel. Ganz sicher waren wir aber noch nicht.

Das Aussteigen aus dem Waggon verlief langsam und mühevoll. Unser Allgemeinzustand war ohnehin sehr schlecht, dazu kamen jetzt die Auswirkungen des tagelangen Hungerns und Durstens und der Bewegungsmangel. Ungefähr ein Drittel aller Männer konnte nicht mehr aufrecht stehen und brachen neben den Wagen zusammen. Wir waren zu Tode erschöpft, und als wir sahen, dass die Wachposten das duldeten, ließen wir uns alle auf der bloßen Erde nieder. Meine Muskeln und Gelenke sehnten sich nach Bewegung und schmerzten, wenn ich sie streckte. Ich besaß kaum die Kraft, mich umzusehen.

Flüchtig registrierte ich, dass wir auf einem freien Gelände lagen, etwa 100 Meter von einem Gebäude entfernt, das der Bahnhof zu sein schien. Das Bahnhofsgelände war durch einen hohen Zaun von der Stadt abgetrennt. Wachposten der Roten Armee gingen herum, verteilten Brot und schenkten Wasser aus. Das Letzte, woran ich mich erinnern kann, war das Wasser, das ich erhielt. Dann schlief ich auf der Erde ein.

Als ich am nächsten Morgen erwachte, bemerkte ich zunächst nicht, dass die Wachen der Roten Arme durch polnische Soldaten ersetzt worden waren. Was immer das auch bedeuten mochte, besser als Sibirien musste es auf jeden Fall sein. Wir sprachen nur wenig untereinander, aber andere dachten wohl dasselbe: Katowice ist nicht weit von der polnisch-tschechoslowakischen Grenze entfernt und liegt in einem Bergbaugebiet. Vielleicht sollten wir im Bergbau eingesetzt werden?

Es dauerte nicht lange, und wir wurden von den polnischen Soldaten zusammengetrieben. Ein polnischer Offizier, der auf einem Karren stand, wie man sie auf Bahnhöfen zum Gepäcktransport benutzt, sprach auf Deutsch zu uns. Er bestätigte, dass wir in ein Arbeitslager in der Nähe von Katowice gebracht würden. Wir würden in einem polnischen Bergwerk arbeiten, das die wichtige Aufgabe hätte, Kohle für die Schmelzöfen der Sowjetunion zu fördern. Unter seinem Oberkommando würden uns polnische Soldaten auf unserem Marsch zum Lager begleiten. Er erwartete, dass wir uns wie disziplinierte Soldaten verhielten.

Na, dachte ich, jetzt, wo wir nicht mehr im Entferntesten danach aussehen, kannst du es wohl wagen, uns Soldaten zu nennen. Für die meisten von uns bedeutete es schon eine stramme Leistung, wenn wir überhaupt irgendeine Entfernung schlurfend zurücklegen würden. Der Offizier sagte nicht, wie weit es bis zum Lager war.

Während des folgenden Marsches lernte ich noch eine andere Seite unserer Situation kennen, die ich nicht erwartet hatte. Die Einwohner von Katowice standen am Straßenrand und stießen Flüche gegen uns aus, als wir vorbeikamen. Einige bewarfen uns mit Abfall, schmähten und drohten uns. Als wir eine größere Allee im Zentrum der Stadt erreichten, wurde das Verhalten der Menge geradezu gefährlich. Ziegelsteine, Flaschen und alle nur erdenkbaren Gegenstände wurden auf uns geschleudert. Ich schaute nach oben und hielt mich bereit, mit Armen und Händen alles abzuwehren, was auf mich zukäme. So verhasst waren wir der Menge, dass ich mich fragte, ob die polnischen Soldaten in der Lage wären, einen Aufstand oder womöglich ein Massaker an uns zu verhindern.

Alberti, Harry und ich hatten davon geträumt, einstmals die Herren über das Land im Osten zu sein. Jetzt war ich selbst in der Rolle eines verachteten Aussätzigen, eines verfluchten Teufels. Nicht, dass ich die hasserfüllten Leuten in der Menge nicht hätte verstehen können; ich erinnerte mich nur zu gut an Franecks Familie und was ihnen angetan worden war. Immer wieder war ich darüber erstaunt gewesen, dass Franeck gegen unsere Familie keine bitteren Gefühle hegte. Hatte er seine wahren Gefühle verborgen?

Aber selbst in dieser aufgeheizten und hassgeladenen Atmosphäre in Katowice gab es noch Zeichen der Güte. Einige Gefangene fingen Brotlaibe und Wasserflaschen auf, die ihnen zugeworfen wurden. Vielleicht war es nur einer unter hundert, der Mitgefühl und Erbarmen bewies, indem er das Wenige, das er besaß, mit uns teilte, aber es war nicht gering zu schätzen.

Noch drei Stunden marschierten wir, bis wir unser Arbeitslager erreichten. Es war wie üblich mit Stacheldraht umgeben und bestand aus Holzbaracken, die ganz so aussahen, als seien sie während des Krieges ein RAD-Lager gewesen. Nebenan war ein weiteres Lager, in dem sich deutsche Frauen und Kinder aufhielten. Wir bekamen bald heraus, dass man sie beim Verladen der Kohle oberirdisch einsetzte.

Gleich nach unserer Ankunft mussten sich die Gefangenen, die Offiziere der Wehrmacht oder im RAD gewesen waren, ausweisen. Sie wurden von uns getrennt und mussten anschließend den polnischen Soldaten dabei helfen, uns aufzuteilen. Fritz und ich blieben die ganze Zeit nebeneinander stehen, um gemeinsam in eine Baracke zu kommen.

In den Baracken gab es Acht-Mann-Räume mit jeweils vier Doppelstockbetten. Zwischen den Zimmern bemerkte ich kleine Ziegelöfen. Gegenüber den Entbehrungen, die wir seit der Abreise aus Christianstadt erduldet hatten, war dies ein gewaltiger Fortschritt!

Auch die Verpflegung war besser. Am ersten Abend erhielten wir einen ganzen Liter Suppe! Zwar war es nur warmes Wasser mit einigen Haferflocken darin, aber es war deutlich mehr als das, was wir unterwegs von den Russen erhalten hatten. Es stellte sich heraus, dass die Verpflegung auch an den folgenden Tagen gleich blieb. Morgens erhielten wir einen Viertellaib Brot, abends einen Liter Suppe. Die Russen hatten den Polen einen ausgemergelten Haufen übergeben, aber ich hatte den Eindruck, dass uns die Polen besser behandeln würden – wenn auch nur aus praktischen Erwägungen.

Man ließ uns keine Zeit, wieder zu Kräften zu kommen. Noch vor Tagesanbruch begann am nächsten Morgen die Arbeit im Bergwerk. Zum Appell mussten wir aus unseren Baracken heraustreten und uns in Formation aufstellen, genau wie in Christianstadt. Jeder erhielt einen Viertellaib Brot. Dann marschierten wir zum Schacht, der etwa 30 Minuten Fußmarsch entfernt lag. Dort angekommen, standen wir ohne strenge Ordnung beim Umladeplatz, dicht neben dem Förderturm.

Ein polnischer Zivilist, der sich als Verwalter des Bergwerkes vorstellte, sprach zu uns auf Deutsch. Er erläuterte uns, worin unsere Arbeit bestehen würde. Ich hatte keine Ahnung, was mich erwarten würde. Wir erfuhren, dass unsere Hauptaufgabe darin bestand, aus einem Flöz losgesprengte Kohle auf Förderwagen zu schaufeln, so dass sie zum Förderkorb gefahren und nach oben gebracht werden konnte.

Alsbald erhielten wir Schutzhelme und bestiegen den Aufzug, der aus vier Plattformen bestand, die übereinander montiert waren. In jeden Korb passten zwölf Leute. Ein Geländer aus altem Holz schützte uns bei der Einfahrt und fasste bei der Förderung die Kohle. Ich hatte keine Ahnung, wie tief der Schacht war. Als wir 100 Meter tief eingefahren waren, sahen wir ein angestrahltes Schild, auf dem einfach „100 Meter" stand, dann wieder absolute Dunkelheit, bis wir ein weiteres Schild passierten, auf dem „200 Meter" stand. Ich spürte den Druck auf meinem Trommelfell. Schließlich erreichten wir eine Tiefe von 1000 Metern.

Der Förderkorb kam zum Stillstand, wir stiegen aus und befanden uns in einer großen Höhle. Wieder wurden wir gezählt, genau wie vor der Einfahrt, obgleich ich mir im Leben nicht vorstellen konnte, wie irgendein Gefangener während des Abstiegs hätte verloren gehen können. Wir wurden in Arbeitsbrigaden eingeteilt und erhielten Schaufeln. Als ich meine Schaufel in Empfang nahm, musste ich an den RAD denken.

In der Höhle gab es Licht, aber gleich mussten wir weiter in einen horizontalen Stollen gehen, wo ich mich beengt fühlte. Dieser Stollen war kaum 1,80 Meter hoch. Mit meiner Brigade ging ich etwa zwanzig Minuten durch den Stollen, dann waren wir vor Ort. Polnische Bergarbeiter waren gerade im Begriff, eine Sprengung auszulösen, um Kohle aus dem Flöz zu brechen. Wir wurden angewiesen, die Finger in die Ohren zu stecken. Meine Ohren schmerzten immer noch von der Einfahrt, mir brauchte man das also nicht ein zweites Mal zu sagen.

Die Explosion ließ den ganzen Stollen erbeben, und die Druckwelle traf mich wie ein mächtiger Faustschlag. Sobald das losgesprengte Geröll und die Kohle herabgefallen waren, bekamen wir den Befehl zum Schaufeln. An der Stätte der freigesprengten Kohle war es stockdunkel. Nur meine Helmlampe erhellte die Szene spärlich. Ich begann, an der stauberfüllten Stelle die Kohle in die Förderwagen zu schaufeln. Es war noch nicht einmal sieben Uhr morgens, vielleicht eher kurz nach sechs. Den ganzen Tag über verrichtete ich die gleiche Arbeit. Bei Schichtwechsel verließen die Polen den Stollen, während meine Brigade bis gegen halb neun abends weiterarbeiten musste. Es wurde ein Vierzehn-Stunden-Tag. Wir erhielten Wasser zum Trinken, aber kein Essen.

Im Lager wartete mein Liter Suppe auf mich. Aber ehe ich auf den hoffen konnte, hieß es zwanzig Minuten bis zum Förderkorb gehen, ausfahren, den Helm abgeben, antreten, das kostete nochmals zehn Minuten, dann ins Lager zurückmarschieren, das waren nochmals zwanzig Minuten. Ein Arbeitstag von sechzehn Stunden – Tag für Tag.

Für mich war die Arbeit im Bergwerk das Ende der Welt. Ehe ich eingezogen wurde, pflegte ich als Schüler der Landwirtschaftsschule zu Pferde über die weiten Felder zu streifen. Die weite Landschaft Westpreußens schien sich – wie die bessarabische Steppe – bis zum Horizont zu erstrecken. Ich hatte das Gefühl, die Saaten zu hegen, und ich selbst wurde auch umhegt.

In der Düsternis des Bergwerks war alles anders. Der tägliche Abstieg in fast tausend Meter Tiefe hieß für mich, dem Tageslicht entrissen und den dämonischen Quälgeistern der Unterwelt ausgeliefert zu werden. Tag für Tag wiederholte sich diese Qual. Sechzehn Stunden täglich. Sieben Tage in der Woche. Die Sonne sah ich nie. Wir fuhren vor Tagesanbruch ein und nach Einbruch der Dunkelheit wieder aus. Wie sehnte ich mich nach dem unendlichen Land meiner Kindheit, dem kristallenen Himmel Bessarabiens, nach der weihevollen Stille der Steppe, nach der Schlichtheit des Lebens dort, das mir als Kind besonders einfach erschienen war.

Nach mehreren Monaten im Bergwerk, mitten im Winter 1945/46, häuften sich die Fälle, dass Männer abends nicht mehr ins Lager zurückkehrten. Bisweilen wurden sie von dem herabfallenden Geröll zerschmettert, manchmal wurden sie von den Förderloren überfahren, einige starben einfach an Erschöpfung.

Jeden Morgen rief uns der Appell hinaus in die Kälte. Die alte Tretmühle fing wieder an. Polnische Offiziere ließen uns in militärischer Formation antreten, unsere deutschen Offiziere, die nicht im Bergwerk arbeiten mussten, führten den Zählappell durch und machten den polnischen Offizieren Meldung. War die Anwesenheit aller festgestellt, schrie der polnische Offizier den Befehl: „Die Augen ... geradeaus!“ Füße schlurften über den gefrorenen Boden. Dann gaben die deutschen Offiziere den Befehl: „Vorwärts ... marsch!“ Und ab schlurften wir, ein jeder einen Meter hinter seinem Vordermann.

Normalerweise sahen wir nichts, denn es gab ja auch nichts

zu sehen, bis wir zu dem beleuchteten Gelände des Förderturmes und dem Verladeplatz kamen. Jeden Tag dasselbe.

12

Wie gewöhnlich zitterte ich mich in der frühmorgendlichen Eiseskälte unseres Raumes wach. Ich war bis ins Mark durchgefroren. Nur Holz und Stroh als Unterlage. Ein paar Fetzen des Fallschirms fest an meinen Körper gepresst. Gleich würden wir wieder zum Bergwerk marschieren, um einen weiteren Arbeitstag in der schwarzen Tiefe zu verbringen. Vielleicht kehrte beim Marsch das Gefühl wieder in meine Füße zurück? Ich war so hungrig, dass ich es schon fast nicht mehr spürte. Könnte ich noch stärker frieren und dabei am Leben bleiben?

Als man uns weckte, wälzte ich mich wie alle anderen aus meiner Koje. Schon gingen wir durch die eisige Dunkelheit. Während des Marsches blickte ich zum pechschwarzen Himmel auf. Noch ehe es hell wurde, würden wir schon in der düsteren Tiefe sein. Weiter ging es. Die Erde unter unseren Füßen war zerfurcht, uneben und steinhart gefroren.

Ich starrte vor mich hin, ohne etwas zu sehen. Ich dachte an alles, was mir fehlte. Essen. Trinken. Warme Kleidung. Wärmendes Sonnenlicht. Überhaupt nur Sonnenlicht. Wie lange konnte ich das alles noch aushalten? Ich war nahe daran, mir zu wünschen, der Tod möge mich dahinraffen, aber unter der Asche glühte noch ein winziger Funke. So stolperte ich über die gefrorenen Furchen dahin, sah nur das Dunkel um mich her.

Und dort geschah es, dass die Schattenfigur auf mich zu trat. Eine konturenlose Gestalt, in einen schwarzen Umhang mit Kapuze gehüllt, schien sie mich aus der Menge der Männer ausgewählt zu haben. Beinahe musste ich vor mich hinlachen. Bildete ich mir die Dinge jetzt schon ein? War das schon der Todesengel? Ich fand nicht die Zeit, Erleichterung von Schrecken zu trennen. Die Gestalt war jetzt dicht bei mir. Eine kleine Person, kleiner als ich selbst. Das Gesicht war in der Tiefe der Kapuze verborgen. Plötzlich langte die Person nach mir aus und warf mir einen Laib Brot zu. Instinktiv ergriff ich das Brot. Es berührte mich mit einer Wärme, als sei es gerade aus dem Ofen gekommen.

Die Wärme strömte auf meine Brust aus. Sie stieg in mir hoch wie aufloderndes Feuer, drang bis zu meinen Augen vor und blendete mich für einen Augenblick. Ich marschierte weiter, war aber wie benommen und aus dem Gleichgewicht gebracht, so als hätte mich eine unglaubliche Energiequelle berührt. Als die Blitze in meinen Augen nachließen, drehte ich mich um und blickte zurück. Die Gestalt stand reglos am Straßenrand und beobachtete mich offenbar, wie ich mit den anderen weitermarschierte. Bald hatte sie die Dunkelheit verschluckt.

Ich schaute verstohlen zu den Männern um mich herum. Niemand machte den Eindruck, als habe er etwas bemerkt. Ich fragte mich, ob sie wirklich da gewesen war. Litt ich schon unter Halluzinationen? Ich presste den Brotlaib an mich, um mich des Geschehenen zu vergewissern.

Sie? Ich hatte ihre Figur und ihr Gesicht gar nicht gesehen, aber sie war so klein gewesen ... Irgendwie war ich mir sicher, dass es eine Frau gewesen war. Der Todesengel? Was für eine irre Vorstellung! Oder vielleicht auch nicht.

Als wir den Förderturm erreichten, fragte ich mich noch immer, wer oder was die schwarze Gestalt gewesen war. Sie war direkt auf mich zugekommen ... Das beunruhigte mich, und ich versuchte, nicht mehr an den Vorfall zu denken. Sie hatte mich ausgewählt, um mir ihre Gabe zu überreichen. Es blieb ein Geheimnis. Ich hatte das Empfinden, ich solle besser nicht versuchen, es zu lüften.

Im Stollen unter Tage versuchte ich, mich auf meine Arbeit zu konzentrieren. Es wurden Sprengarbeiten durchgeführt, da konnte Tagträumerei tödlich sein. Trotzdem: In dem Maße, wie der Tag sich hinzog, verfolgte mich der Gedanke: Wenn die

Frau von jemandem zu mir geschickt worden war, musste das seinen Grund haben. Ich versuchte, nicht weiter daran zu denken. Ich hütete das Brot in meinem Hemd, gab nur Fritz etwas davon ab und verriet ihm nur so viel, dass eine Frau es mir völlig ohne Grund gegeben habe, als wir im Dunkeln an ihr vorübergingen.

Ich mochte noch so dagegen ankämpfen – das Bild der Frau mit der Kapuze verfolgte mich. Abstrakte Überlegungen kamen und gingen, ihr Bild aber blieb. Noch wochenlang schaute ich jeden Morgen nach ihr aus, aber sie blieb verschwunden. Wenn wir die Stelle passierten, fuhr es mir wie ein Messer in Brust und Kehle. Es war ein eigentümliches körperliches Gefühl, der Schmerz über ihr Fehlen, aber in diesen Schmerz mischte sich Dankbarkeit. Dankbarkeit dafür, dass sie unter der Oberfläche meines Zynismus und meiner Verzweiflung ein undeutliches Gefühl der Hoffnung entfacht hatte.

An den folgenden Tagen schweiften meine Gedanken öfters nach Mintschuna ab; ich dachte an die Herden auf der strahlenden, ockerfarbenen Steppe. Zum ersten Mal nach unendlich langer Zeit hatte ich das Empfinden, dass es irgendwo einen Hirten gab, der mich behütete. Auch das wollte ich mir nicht eingestehen. Genau genommen gab es in jenen Visionen gar keinen Hirten. Ich sah nur eine Herde, die sich mit ruhiger Gelassenheit über die Steppe bewegte – was dem wahren, unruhigen Verhalten einer Herde gar nicht ähnlich war. Aber diese Vorstellungen kamen mir immer wieder.

Mir will scheinen, dass ich das Bild des Schäfers in mir trug, aber näher konnte ich ihm nicht kommen. Ich wollte ihm eigentlich auch nicht näher kommen. Eine Stimme in mir sagte mir, dass die Frau, die mir das Brot gegeben hatte, Beweis dafür war, dass es einen Schäfer gab. Dann kämpfte ich wieder gegen diesen Gedanken an, versuchte ihn zu unterdrücken.

Das Einzige, was ich mir gestattete, war ein Gefühl, das dem der Liebe zu einer Frau ähnelt. Wie sehnte ich mich danach, sie möge zurückkommen! Für mich war sie die Verkörperung der Liebe, weit über alle Worte hinaus. Darüber sprach ich mit niemandem, nicht einmal mit Fritz.

Viele Tage lang beschäftigte mich die Vision dieser Frau mit der Kapuze und der geheimnisvolle Energiestoß, den ich empfunden hatte, als sie mich berührte. Tag und Nacht sehnte ich mich nach ihr, diese Sehnsucht überdeckte alles andere. Sie verblasste nur sehr langsam und trug mich in jenem dunklen Winter über Wochen hinweg.

13

Stärker als ich mir eingestehen wollte, hatte mich die Begegnung mit der Kapuzengestalt bewegt. Zwar hatte sie mir keine Antworten gegeben, aber zumindest brachte sie mich dazu, über Fragen nachzudenken, die ich lange Zeit ignoriert hatte, ja die ich eigentlich niemals gestellt hatte.

In dem Maße, wie die Wärme und Kraft nachließen, die diese Begegnung in mir neu geweckt hatte, wurde der Winter wieder dunkler und kälter. Zusätzliche Kleidung oder Decken erhielten wir nicht. Überall war es unerträglich kalt, auf dem Marsch zum Bergwerk, im Förderkorb, im Stollen, in den Baracken. Bei geringer Verpflegung und unzureichender Kleidung hörte der Kampf, sich warmzuhalten, niemals auf.

Um die Mitte des Winters herum bekam ich immer wieder Fieberanfälle, die ich so gut ich konnte zu verdrängen suchte. Es gab einfach keinen Ausweg. Wenn ich zu krank zum Arbeiten würde, was würde dann aus mir werden? Andere, die wegen Krankheit arbeitsunfähig geworden waren, hatte man aus dem Lager abgeholt. Sie waren nie wieder gesehen worden. Deswegen wappnete ich mich mit aller Kraft gegen die Krankheit. Schließlich aber stach es wie mit Messern in meinem rechten Ohr, ich bekam so starkes Fieber, dass ich ihm nicht mehr widerstehen konnte.

Nach einer eisigkalten Nacht erwachte ich mit Fieber, zitterte vor Schüttelfrost, dass die Koje bebte. Mein Körper war steif, alles Leben schien aus mir zu weichen. Es war das alte Gebrechen als Folge des Scharlachfiebers, das mich daheim in Mintschuna befallen hatte und an dem mein Bruder Waldemar gestorben war.

Als die anderen sich in der Dunkelheit erhoben, um zum Bergwerk zu gehen, stand außer Frage, dass ich aufstehen könnte. Das Murmeln und Schlurfen der anderen vernahm ich von ferne, wie unter Wasser. Mein rechtes Ohr war prall bis zum Platzen und fühlte sich an, als habe man eine weißglühende Schraube hineingedreht. Auch wenn man mir auf die Beine geholfen hätte, wäre ich nicht in der Lage gewesen, aufrecht zu stehen. Die anderen Männer dachten sicherlich, ich würde sterben. Ich wünschte mir selbst schon den Tod.

Niemand traf Anstalten, mich aus meiner Koje herauszuheben. Ich hörte die Stimmen der polnischen Wachen in der Dunkelheit, im Hintergrund sprach mein RAD-Offizier mit ihnen. Ich war völlig hilflos. Dann war alles still. Die Männer waren auf dem Weg zum Bergwerk.

Erneut fiel ich, von Anfällen geschüttelt, in einen unruhigen Schlaf, wenn man es denn Schlaf nennen konnte. Dieses Mal erschien mir ein helles Licht, das wie ein Sonnenaufgang größer wurde. Im Zentrum der Sonne sah ich die Umrisse einer Gestalt, die sich auf mich zu bewegte. Sie trug einen Umhang mit Kapuze. Arme und Hände waren zu mir hin ausgestreckt, eine Handfläche zeigte nach oben, die andere nach unten. Das kam mir seltsam vor. Ich streckte die Hand nach ihr aus, konnte sie aber nicht erreichen. Aber auch so empfand ich eine Kraft, die in mich hineinströmte. Ich wollte mich bedanken, brachte aber nur ein Murmeln zustande, und die Gestalt trat in das Licht zurück.

Ich wachte auf. Draußen war es hell, ebenso in den Baracken. Mit fieberheißen Augen sah ich zum ersten Mal nach vielen Wochen, vielleicht nach Monaten, wieder Sonnenlicht. Das

Lager war völlig still. Diese Stille hatte etwas Unheimliches an sich.

Wieder muss ich das Bewusstsein verloren haben. Dann wachte ich auf, als ich auf eine Trage gehoben wurde. Ich hatte keine Vorstellung, wo man mich hinbringen würde, aber jedenfalls wurde etwas unternommen, und das ließ mich ruhig werden. Das Ende meines Kampfes schien nahe zu sein.

Man lud mich auf einen improvisierten Krankenwagen. Es war ein Armeelastwagen mit einer Plane. Etwas tief drinnen sagte mir, dass mein Tod kommen würde, und zwar durch die Hände der polnischen Wachen. Eine andere Stimme sagte mir: Es wird alles gut.

Man brachte mich nach Katowice in ein katholisches Krankenhaus. Dort kam es mir fast wie im Himmel vor. Ich schaute in die hellen Lichter und in die Gesichter der Schwestern in ihrer Nonnentracht. Dann verlor ich wieder das Bewusstsein.

Zwischendurch wurde ich einmal wach und fühlte, dass ich in sauberer Bettwäsche lag und mit Bettdecken zugedeckt war. Ich war ganz allein im Zimmer, sicherlich weil ich ein Kriegsgefangener war, doch stand die Tür offen, so dass ich auf den Flur hinaussehen konnte. Direkt vor meiner Tür stand ein Schreibtisch im rechten Winkel an der Wand, eine Nonne saß daran. Ich war benommen und schlief wieder ein. Als ich später wieder erwachte, bemerkte ich, dass mein Ohr perforiert und drainiert worden war. Es fühlte sich nicht mehr prall zum Platzen an. Ich empfand nur ein leichtes Stechen.

Die Nonnen kamen und brachten mir ein Glas Wasser nach dem anderen zum Trinken. Bisweilen kam es mir so vor, als kämen sie extra an meinem Bett vorbei, um diese Sehenswürdigkeit in ihrem Krankenhaus zu betrachten. Mein Fieber sank und war schon nach einem Tag völlig verschwunden. Als ich wieder einigermaßen zu Kräften gekommen war, begannen einige Nonnen, mit mir auf Deutsch zu sprechen. Meistens fragten sie nach meiner Religion. Das fand ich merkwürdig, aber ich dachte mir, dies sei eben ein katholisches Krankenhaus, und sie würden schon ihre Gründe dafür haben. Nach und nach merkte ich, dass sie in mir eine Art Wundertier sahen, aber niemand klärte mich auf.

Eine Schwester, die mir sehr jung vorkam, packte das Thema mit etwas weniger Zurückhaltung an als die andern.

„Wir sprechen alle immer noch über Ihr Wunder. Das ist vielleicht aufregend. Dass Sie, einer von Hitlers Leuten, so zu uns sprechen sollten ... Sobald Sie können, müssen Sie uns mehr über sich berichten."

Ich war hellwach, hatte aber keine Ahnung, wovon sie sprach. „Ich weiß nicht ... Also, mir ist gar nicht bewusst, dass ich etwas Besonderes getan haben sollte."

„Ja, natürlich, wie sollte es auch anders sein? Das ist ja gerade das Wunder ... Sehen Sie ... Nein, sagen Sie jetzt nichts. Sie brauchen noch Ruhe."

Daraufhin steckte sie mir ein Thermometer in den Mund, packte mein Armgelenk, um mir den Puls zu messen. Sie strahlte, ihr Kopf bewegte sich hin und her, als ob sie im Takt meines Herzschlages Musik vernähme. Ich sah sie etwas ungeduldig an. Dann fiel mir ein, dass meine jetzige Lage gegenüber dem Gefangenenlager eine solche Verbesserung war, dass ich nicht den geringsten Anlass hatte, ungeduldig zu sein. Hier war es warm und sauber und hell. Die Wintersonne glitzerte in den beschlagenen Fensterscheiben. Das elektrische Licht und die weißen Wände verstärkten den Glanz noch.

Immer noch lächelte die Schwester, als sie das Thermometer ablas. Sie nickte kurz: „Ja, das Fieber ist weg. Jetzt werden wir Sie aufpäppeln."

„Damit können Sie sich Zeit lassen."

Das Lächeln verschwand, dann beugte sie sich dicht über mich.

„Nein, wir werden nichts überstürzen. Sie sind etwas ganz Besonderes, und wir werden Sie so lange hier behalten, wie es uns möglich ist."

„Das ist gut so, aber erklären Sie mir doch bitte, was in aller Welt ich getan habe, um als etwas Besonderes angesehen zu werden."

„Ich werde Schwester Gloria bitten, Ihnen das zu erklären. Sie war dabei. Sie hat es selbst gehört. Fühlen Sie sich kräftig genug? Ja, ich denke, es sollte gehen. Wenn es dem Herrn gefallen hat, durch Sie zu uns zu sprechen, dann wird er Ihnen auch Kraft geben, das alles zu verstehen. Ich sage Schwester Gloria Bescheid."

Die Schwester, deren Namen ich nicht einmal kannte, sammelte ihre Instrumente ein und eilte aus dem Zimmer. Ich war verwirrter als zuvor. Der Herr hatte mich erwählt? Wozu? Es schien Jahre her, dass ich jemanden über Gott so hatte reden hören als sei er eine Realität. Es war sicher schon zwei Jahre her, dass ich Ähnliches gehört hatte, damals, als ich den Hof verlassen hatte, um mich zum Arbeitsdienst zu melden. Sorge fuhr mir ins Herz. Wie ging es wohl meiner Mutter und meinen Schwestern? Im Lager oder im Bergwerk hatte ich mir nicht erlaubt, darüber nachzudenken. Stattdessen hatte ich mir immer vorgestellt, dass sie irgendwo gesund und sicher waren, weit weg vom Krieg und seinen Folgen, weit weg von den Russen und ihrer Grausamkeit, weit weg von den Polen und ihren Rachegelüsten. Solche Vorstellungen von meiner Mutter und meinen Schwestern hatten mir über die Monate hinweg geholfen, ehe mir die geheimnisvolle Frau mit der Kapuze erschienen war.

Eine hochgewachsene, drahtige Schwester kam um den Tisch im Flur herum und schwebte in mein Zimmer. Sie stand da, schlank wie eine Tanne, aber ihr Gesicht wirkte verschlossen.

„Junger Mann, Schwester Eva sagte mir, dass Sie nach den Ereignissen gefragt haben, die bei Ihrer Operation vorgefallen sind."

„Ich habe gefragt, was ich getan oder verursacht habe, dass ich hier so eine Sonderbehandlung genieße, denn das ist es ja wohl."

„Sind Sie nicht deutscher Kriegsgefangener, der im Kohlenbergwerk arbeitet?“

„Ja, das stimmt.“

„Und vor Ihrer Gefangennahme waren Sie doch Soldat in Diensten Hitlers und des Deutschen Reiches, nicht wahr?“

„Ja, das kann ich nicht leugnen.“

„Einige meinen, dass Sie aufgrund ihres Alters auch Hitlerjunge gewesen sein könnten. Stimmt das?“

„Ja, das war ich.“

„Und als Hitlerjunge und Soldat waren Sie doch all diesen gotteslästerlichen Lehren des Reiches ausgesetzt, nicht wahr?“

„Ja, ich bin in der Weltanschauung des Reiches aufgewachsen.“ Beinahe hätte ich hinzugefügt, dass nichts, was ich gesehen und gehört hatte, auch nicht die Vertreibung von Franecks Verwandten von ihren Höfen, mir grausamer vorkam, als Hunderte von Männern unter einem Todesurteil im Bergwerk arbeiten zu lassen, ohne Hoffnung auf die Zukunft. Aber ich durfte nicht vergessen, dass ich immer noch Kriegsgefangener war. Als solcher hatte ich gelernt, den Mund zu halten.

„Haben Sie jemals Religionsunterricht erhalten, und sind Sie in der Heiligen Schrift unterwiesen worden?“

„Ja. Ich bin in Bessarabien aufgewachsen und bin in der lutherischen Lehre unterwiesen worden, bis ich dreizehn war. Damals wurde meine Familie umgesiedelt, zunächst in die Nähe von Krems im Donautal, westlich von Wien, später dann nach Westpreußen.“

Als Schwester Gloria dies hörte, schaute sie kurz zu Schwester Eva, die ihr ins Zimmer gefolgt war. Schwester Gloria schloss die Augen und blieb so stehen. Es sah aus, als ob sie betete. Als sie die Augen wieder öffnete, lächelte sie mich an. Die Strenge war aus ihrem Gesicht gewichen.

„Wir haben ein Zeugnis von der Frucht Ihrer Unterweisung in der Jugend erhalten. Was Sie einst gelehrt wurden, ist durch die Gnade Gottes ein Teil von Ihnen geblieben – trotz aller Gotteslästerungen, denen Sie in der letzten Zeit ausgesetzt waren.

Diese Unterweisung kann zur Grundlage Ihrer Rettung werden. Hätten wir einen Priester hier, würde ich ihn bitten, noch heute mit Ihnen darüber zu sprechen. Aber wir haben keinen. Deswegen will ich Ihnen kurz berichten, was während der Operation vorgefallen ist, dann können Sie darüber nachdenken."

Es ist schon eigentümlich, wie wir Dinge behalten, die wir in der Jugend gelernt haben. So dachte ich beispielsweise sofort an Gottes Gnade als einzige Quelle der Erlösung, als Schwester Gloria von der Grundlage meiner Rettung sprach. Ich konnte gar nichts tun, sie zu erhalten. Wie seltsam war doch dieser Gedanke – und das bei jemandem, der an die Existenz Gottes schon so lange nicht mehr gedacht hatte. Damals war ich wohl nahe daran, ihm mein Herz zu öffnen, aber ich war noch nicht so weit. Unterdessen fuhr Schwester Gloria mit der Beschreibung meiner Operation fort.

„Es war keine komplizierte Operation, deshalb hat der Arzt Ihnen nur sehr wenig Äther gegeben. In Ihren Fieberträumen haben Sie mit uns gerungen, und wir mussten Sie während des kleinen Eingriffs mit Gewalt auf Ihrem Bett fest halten. Sie schienen in großer Angst zu sein, und Sie sprachen immer wieder zwischen Stöhnen und leisen Schreien. Das ist normal, nicht aber, was danach kam. Plötzlich begannen Sie, Teile aus der Heiligen Schrift aufzusagen, in so deutlicher Aussprache, dass jeder von uns, der Deutsch versteht, es ganz klar hörte. Anfangs vermochten wir nicht zu glauben, was wir hörten. Folgendes sagten Sie:

„Zu der Zeit kam Johannes der Täufer und predigte in der Wüste des jüdischen Landes und sprach: Tut Buße, denn das Himmelreich ist nahe herbeigekommen! Und er ist der, von dem der Prophet Jesaja gesagt hat und gesprochen: ‚Es ist eine Stimme eines Predigers in der Wüste: Bereitet dem Herrn den Weg und macht richtig seine Steige!'"

„Kennen Sie diese Schriftstelle? Was folgt als Nächstes?"

„Ich ... ich kann mich nicht erinnern."

„Nein, sicherlich nicht, aber im Operationssaal konnten Sie

es. Der Arzt war über das Gehörte so erstaunt, dass er jemanden schickte, ihm ein Neues Testament zu holen. Wir schlugen das Evangelium des Matthäus auf, und da hatten wir es: Sie rezitierten wortwörtlich aus dem dritten Kapitel: ‚Es ist schon die Axt den Bäumen an die Wurzel gelegt. Darum, welcher Baum nicht gute Früchte bringt, wird abgehauen und ins Feuer geworfen. Ich taufe euch mit Wasser ...'

Sehen Sie, jedes Wort, das Sie sagten, stimmte. Im Operationssaal blickten wir uns gegenseitig an. Wurden wir Zeugen eines Wunders?

‚Er wird seine Tenne fegen und den Weizen in seine Scheune sammeln; aber die Spreu wird er verbrennen mit unauslöschlichem Feuer.' – ‚Zu der Zeit kam Jesus aus Galiläa an den Jordan zu Johannes, dass er sich von ihm taufen ließe. Aber Johannes wehrte ihm und sprach: Ich bedarf wohl, dass ich von dir getauft werde, und du kommst zu mir? Jesus aber antwortete und sprach zu ihm: Lass es jetzt also geschehen, denn so gebührt es uns, alle Gerechtigkeit zu erfüllen. Da ließ er's ihm zu. Und da Jesus getauft war, stieg er alsbald herauf aus dem Wasser. Und siehe, da tat sich der Himmel auf, und er sah den Geist Gottes wie eine Taube herabfahren und über sich kommen.'"

Da erinnerte ich mich. Nicht an jedes einzelne Wort, aber mir fiel wieder ein, dass ich diese Schriftstelle daheim in Mintschuna auswendig gelernt hatte. Und es fiel mir auch ein, warum. Wir Kinder sollten nämlich alle ein ganzes Kapitel aus den Evangelien auswendig lernen – und das dritte Kapitel des Matthäus war nicht lang. Der andere Grund lag in dem, was am Ende dieses Kapitels kam.

Schwester Gloria fuhr fort zu lesen. Ich wartete, bis sie ans Ende kam: „Und siehe, eine Stimme vom Himmel herab sprach: Dies ist mein lieber Sohn, an welchem ich Wohlgefallen habe."

Wie hatte ich mich als Kind danach gesehnt, diese Worte von einem irdischen Vater zu hören!

„Erinnern Sie sich jetzt?"

Ich war den Tränen nahe. Nach einer Weile antwortete ich.

„Ja, als Kind habe ich den Text auswendig gelernt."

„Und er ist in Ihnen geblieben und hat darauf gewartet, wieder entdeckt zu werden. Vielleicht ist Ihre Rezitation kein Wunder, dennoch bleibt sie für uns ein Zeichen. Ich jedenfalls glaube, dass es so ist. Die Zeit des Heilens ist angebrochen. Das Böse, eines der Übel sollte ich wohl eher sagen, das uns überfallen und sich auf unser Leben gelegt hatte, ist zu Boden geschlagen und ins Feuer geworfen worden. Jetzt ist die Zeit gekommen, den Boden sauberzufegen." Darauf wusste ich keine Antwort. Beide Nonnen lächelten mich an.

Während der nächsten beiden Tage behandelten mich alle Nonnen mit ausgesuchter Freundlichkeit und Güte. Ich nahm das nur zu gern an. Die Sauberkeit, die Wärme und die herzliche Atmosphäre im Krankenhaus erweckten in mir den Wunsch, dort nie mehr wegzugehen. Aber ich wusste, dass ich dort nicht bleiben konnte.

Einige Tage später kam Schwester Eva in mein Zimmer. Sie blickte zu Boden und schaute auch nicht auf, als sie neben meinem Bett stand.

„Ist etwas passiert?", fragte ich sie.

„Wir haben beim Lagerkommandanten gebeten, Ihnen etwas mehr Zeit zur Genesung und Erholung zu geben, aber er hat nur drei weitere Tage zugestanden."

„Vielen Dank. Eigentlich möchte ich nie mehr dorthin zurückkehren, aber wenn es denn so sein muss, freue ich mich auch über diese drei Tage von Herzen, in denen ich weiter Kräfte sammeln kann."

Die beiden nächsten Tage vergingen so geruhsam und angenehm wie die Tage davor. Ich wusste, dass ich sowohl körperlich wie auch geistlich betreut wurde. Jeden Morgen las Schwester Gloria mir einen Abschnitt aus der Heiligen Schrift vor. Obwohl ich ihren Glauben nicht mehr teilte, wusste ich, dass sie sich um mich Sorgen machte. Das verfehlte seinen Eindruck auf mich nicht. Wie lange war es eigentlich her, dass sich jemand um mich gesorgt hatte?

An einem der letzten Tage im Krankenhaus las mir Schwester Gloria aus dem 40. Kapitel des Buches Hiob vor.

„Gürte wie ein Mann deine Lenden! Ich will dich fragen; lehre mich! Willst du mein Urteil zunichte machen und mich schuldig sprechen, dass du Recht behältst? Hast du einen Arm wie Gott, und kannst du mit gleicher Stimme donnern wie er? Schmücke dich mit Pracht und Hoheit; zieh Majestät und Herrlichkeit an! Streu aus den Zorn deines Grimmes; schau an alle Hochmütigen und demütige sie! Ja, schau alle Hochmütigen an und beuge sie und zertritt die Gottlosen in Grund und Boden. Verscharre sie miteinander in der Erde, und versenke sie ins Verborgene, so will auch ich dich preisen, dass dir deine rechte Hand helfen kann."

Schwester Gloria hielt im Lesen inne und schaute mich an. Sie hielt mir keine Predigt, sondern fragte einfach: „Glauben Sie, dass Sie gerettet werden können? Und wenn ja, wer kann Sie retten?"

Ich hatte mir das schon vor ein paar Tagen aus dem Gedächtnis beantwortet. Nur Gottes Gnade kann mich retten. Ich kann nichts tun, um sie zu verdienen, andererseits kann nichts, was ich bisher getan habe, sie mir entreißen. Aber das war nur eine Antwort aus dem Gedächtnis. Ich antwortete nicht, sondern wendete meine Augen ab.

Meine Dankbarkeit ihr gegenüber hätte nicht größer sein können, aber ich war nicht bereit, so zu tun, als bedeuteten die Worte der Schrift für mich dasselbe wie für sie. Obwohl sie sicher enttäuscht war, blieb sie mir gegenüber unverändert freundlich.

Der Morgen meiner Rückkehr ins Lager kam nur allzu schnell. Zwei Wachen holten mich ab. Die Nonnen übergaben mich, zusammen mit einem Schreiben an den Lagerkommandanten und zwei Laiben Brot, die ich dicht an mich presste. Die Wachen nahmen das Schreiben an sich, ließen mir aber das Brot. Das Schreiben, so viel hatten die Nonnen mir gesagt, war vom

Arzt verfasst worden, der die Operation durchgeführt hatte. Er verschrieb Diät und leichte Arbeit für mich, um völlige Genesung zu erreichen. Er bat auch darum, dass mir das Brot nicht weggenommen würde.

Auf dem Weg zurück ins Lager drückte ich die Brotlaibe immer noch an meine Brust. Ich dachte an die geheimnisvolle Frau am Straßenrand, die mir das Brot zugeworfen hatte. Schwester Eva und Schwester Gloria hatten fast dasselbe getan, als ich den Haupteingang des Krankenhauses verließ. Welch eine Übereinstimmung ...

Als der Lastwagen am Stacheldrahttor des Lagers hielt, wurde mein RAD-Offizier herbeigerufen. Ich wartete am Tor auf ihn, und wir gingen zusammen zur Baracke. Er sagte mir, ich könne in meiner Koje ausruhen, während er das Schreiben des Arztes zum Lagerkommandanten brachte. Den ganzen Nachmittag und Abend, während ich in meiner kalten Koje lag und zu ruhen versuchte, presste ich die Brotlaibe an mich.

Als nach Einbruch der Dunkelheit Fritz mit den anderen vom Bergwerk zurückkam, begrüßte ich ihn, immer noch die Brote unter meinem Hemd verbergend. Wir gingen nach draußen, und während eines kleinen Spazierganges gab ich ihm einen Laib, den anderen behielt ich für mich. Wir brachen die Brote auseinander. Zu unserer Überraschung fanden wir, dass in jeden Laib eine große Wurst eingebacken worden war.

„Fritz, eines Tages berichte ich dir von den Schwestern des Krankenhauses. Aber heute Abend nicht." Weiter sagten wir nichts. Fritz verschlang bereits Brot und Wurst. Ich folgte seinem Beispiel. Fleisch in irgendeiner Form hatten wir seit unserer Gefangennahme nicht mehr gesehen. Bald machte Fritz den Eindruck, dass er nun gut schlafen und am nächsten Morgen für die schwere Arbeit gekräftigt sein würde. Über meine leichte Arbeit hatte ich vom Kommandanten immer noch nichts gehört. Ich schloss daraus, dass sie abgelehnt worden war; das stellte sich als richtig heraus.

Am nächsten Morgen wurde ich wie alle anderen geweckt.

Ich marschierte mit ihnen durch die Kälte, kehrte zu meiner Arbeit im Bergwerk zurück, als sei ich niemals weggewesen. Mehrere Tage lang befürchtete ich einen Rückfall. Vielleicht habe ich ihn mir auch heimlich gewünscht, aber er trat nicht ein. Ich verlor wieder an Gewicht, wurde auch wieder deutlich schwächer, aber nicht so krank, dass ich nicht hätte arbeiten können.

14

Im Verlauf jenes Winters bekam ich mit dem Mann in der Koje unter mir etwas näheren Kontakt. Anfangs sagte er gar nichts, dann tauschten wir gelegentlich kurze Bemerkungen aus. Er hieß Josef Knoedel. Dass er Österreicher war, wusste ich, sonst nichts. Eines Abends bemerkte ich, dass er ein Neues Testament besaß, das er irgendwie hatte retten können. Meine eigene Bibel war mir zusammen mit anderen persönlichen Gegenständen gleich nach der Gefangennahme in den Vororten von Berlin abgenommen worden. Gelegentlich sah ich, wie er darin las.

Josef musste mit angehört haben, was Fritz und ich über mein Erlebnis im Krankenhaus gesprochen hatten, denn eines Abends sprach er mich darauf an, gerade als ich in mein Bett klettern wollte.

„Oskar, ich habe von dem Wunder während deiner Operation gehört."

„Ein Wunder war das wohl kaum. Das habe ich alles als Kind gelernt."

„Immerhin, es war bedeutsam."

„Das bezweifle ich, Josef. Was hat hier schon Bedeutung? Wir legen uns hin, wir stehen auf, wir arbeiten uns zu Tode, mehr gibt es hier doch überhaupt nicht."

„Gottes Reich kann uns an den unwahrscheinlichsten Orten begegnen, Oskar."

„Du sprichst wie ein Pastor, Josef. Wer hat dich eigentlich zum Pastor der Baracke ernannt?"

„Ich bin ... das heißt, ich *war* in Österreich Priester, ehe das Reich mich zwang, den Priesterstand zu verlassen und Soldat in der Wehrmacht zu werden."

„Du warst Priester?" Es dauerte einen Augenblick, bis ich das verdaut hatte. „Dann warst du ... Pater Josef Knoedel. Das nenne ich eine Überraschung! Wo hast du in Österreich als Priester gelebt?"

„Ich wurde in einem Kloster an der Donau ausgebildet und dann einer Gemeinde im Kärntner Seengebiet zugewiesen. Dann zwang mich das Reich, wieder Laie zu werden."

Ich kletterte in meine Koje und streckte mich aus. Es gab doch noch interessante Neuigkeiten ... Leider war ich zu erschöpft, um noch weiter zuzuhören. Der Schlaf übermannte mich.

Als wir am nächsten Morgen geweckt wurden, flüsterte ich: „Guten Morgen, Pater Josef."

Er erwiderte einfach: „Guten Morgen, Oskar."

Josef fand ich ungemein faszinierend. Dabei war er ein ganz gewöhnlicher Mann. Sollten die Männer im Priestergewand nicht richtungweisende Führer sein, wie die Pastoren Bessarabiens es meiner Erinnerung nach waren? Pater Josef hatte nichts von alledem. Monatelang hatte ich ihn kaum bemerkt und kaum etwas zu ihm gesagt. Er sah nicht ungewöhnlich aus, weder besonders schön noch hässlich noch sehr groß. Auf der Straße hätte man wohl hundert Mal an ihm vorübergehen können, ohne ihn zu bemerken.

Jeden Morgen, wenn ich mein Bett verließ, jeden Abend, wenn ich wieder hinaufkletterte, sprach ich mit ihm. Eigentlich waren es bloß ein paar höfliche Worte der Anerkennung, aber das war mehr, als wir während der ersten Monate in der Baracke miteinander gesprochen hatten. Nach und nach wurde Pater Josef gesprächiger; ich ließ meiner Neugier freien Lauf und stellte ihm viele Fragen.

„Wie bist du eigentlich in die Wehrmacht geraten?"

„Ich wurde eingezogen, nachdem ich in den Laienstand zurückversetzt worden war."

„Hattest du überhaupt die Möglichkeit, Priester zu bleiben?"

„Sehr schwierige Frage, Oskar. Ja, das hatte ich, aber nur, wenn ich den Mut gehabt hätte, den Verfolgungen des Dritten Reiches standzuhalten. Ich habe nachgegeben. Einige wenige haben sich anders verhalten ... und was aus ihnen geworden ist, wer weiß das schon? Vielleicht erzähle ich dir eines Tages mehr darüber."

„Welche Funktion hattest du in der Wehrmacht?"

„Ich war Sanitäter. Als unsere Stellungen in Berlin überrollt wurden, geriet ich in Gefangenschaft. Dass ich Sanitäter und davor Priester gewesen war, spielte keine Rolle. Die Russen sahen, dass ich eine Wehrmachtsuniform trug, und das war's dann. Wehrmacht ist für die Russen Wehrmacht. Und so bin ich jetzt hier."

Das war so ungefähr alles, wofür wir an einem normalen Abend Zeit fanden. Nach und nach erfuhren wir mehr übereinander. An einem der ersten Abende im Frühling klopfte Pater Josef an den Holzrahmen meiner Koje.

„Oskar, darf ich dir einige Verse aus der Bibel vorlesen?"

Ich willigte ein, und von da an las er mir jeden Abend einen kurzen Abschnitt vor.

Die dunklen Tage des Winters waren vorbei. Wenn wir jetzt morgens zum Bergwerk marschierten, bemerkte ich, wie es am östlichen Himmel heller wurde. Wochen vergingen, der Himmel im Osten färbte sich orange. Ich ertrug die langen Arbeitstage nach dem Anblick des Lichtes besser. Abends, wenn wir zurückkehrten, war es zwar immer noch dunkel, aber es begann zu tauen. Man konnte den Frühling riechen: Den Geruch der Blüten, man hörte die Geräusche von Insekten. Ich freute mich auf Pater Josefs Bibellesungen. Der Sonnenaufgang am

Morgen, die Lesung aus der Schrift am Abend, das waren zwei Kraftquellen, die ich im Winter so sehr vermisst hatte.

Eines Frühlingsabends, als die Temperatur in der Baracke angenehm mild war, kletterte ich wieder in meine Koje und freute mich schon auf die Lesung aus der Schrift und die willkommene Ruhe danach.

„Oskar, bist du für die Lesung bereit?"

„Ja, das bin ich, Pater Josef."

„Gut. Ich schlage meine kleine Bibel heute Abend aufs Geratewohl auf und lese den Text, den mein Finger trifft … hier!"

„Die aber Jesus gegriffen hatten, führten ihn in des Hohenpriesters Haus. Petrus aber folgte von ferne. Da zündeten sie ein Feuer mitten im Hof an und setzten sich zusammen; und Petrus setzte sich unter sie. Da sah ihn eine Magd beim Feuer sitzen und sah genau auf ihn und sprach: Dieser war auch mit ihm. Er aber leugnete und sprach: Weib, ich kenne ihn nicht. Und über eine kleine Weile sah ihn ein anderer und sprach: Du bist auch deren einer. Petrus aber sprach: Mensch, ich bin's nicht. Und über eine Weile, wohl nach einer Stunde, bekräftigte es ein anderer und sprach: Wahrlich, dieser war auch mit ihm; denn er ist ein Galiläer. Petrus aber sprach: Mensch, ich weiß nicht, was du sagst. Und alsbald, da er noch redete, krähte der Hahn. Und der Herr wandte sich um und sah Petrus an. Und Petrus gedachte an des Herrn Wort, wie er zu ihm gesagt hatte: Ehe der Hahn heute kräht, wirst du mich dreimal verleugnen. Und Petrus ging hinaus und weinte bitterlich."

Nachdem er dies gelesen hatte, schwieg Pater Josef eine lange Zeit. Ich dachte schon, er sei eingeschlafen, aber dann fragte ich doch: „Pater Josef, bist du noch wach?"

„Ja, ich bin wach." Seine Stimme klang, als habe er geweint. Dann sprach er weiter.

„Verzeih, Oskar, aber die Lesung über Petrus heute Abend ist fast identisch mit meinen eigenen Erlebnissen. Eines Tages im November 1943, es war der 14. November, wurden alle unsere Priester zusammengeholt und mit Lastwagen nach Wien gebracht. Dort wurden wir von den Parteileuten festgehalten, während sie sich mit unserem Monsignore trafen. Es ging das Gerücht um, der Bischof habe bereits seinen Ornat abgelegt. Unser Monsignore schien durch die Drohungen und den Spott der Parteiführer ganz verstört.

An jenem Tag wurden wir, sobald wir Wien erreicht hatten, in ein Gebäude der Partei gebracht. Wir mussten auf dem Flur warten, während der Monsignore mit der Parteiführung verhandelte. Wir warteten stundenlang. Jedes Mal, wenn der Monsignore aus der Konferenz herauskam, schien er noch verstörter zu sein. Wir anderen warteten auf den Ausgang der Geschichte, so wie Petrus am Feuer gewartet hatte. Und in unserer Seele machten Gerüchte und Befürchtungen sich breit – und da war der mächtige Wunsch, davonzulaufen. Am Ende sehnten wir uns nur noch danach, alles möge bald vorbei sein."

Bilder jener Szene, die ich in Krems beobachtet hatte, schossen mir durch den Kopf. Insbesondere die Konfrontation zwischen dem Priester und den Parteileuten, die ich meiner Mutter verschwiegen hatte.

„Jeder von uns dachte wahrscheinlich, nur er selbst hege solche Gedanken. Jedenfalls weiß ich, dass es mir so ging. Wie kann man so schnell verleugnen, worauf man lebenslange Treue geschworen hat? Die Angst um die eigene Sicherheit, die Niedergeschlagenheit, alle diese Dinge vereinen sich in dir zu einem gewaltigen Chor und sagen dir: Lauf weg! Später in der Einsamkeit fragst du dich selbst, wie so kleine Nöte zu einer so schwerwiegenden Entscheidung haben führen können.

Aber ich weiche der aktuellen Fragestellung aus. Ja, auch ich habe später meine Kragenbinde abgelegt, wie alle Priester, die an jenem Tag dort waren. Welchen Unterschied hätte es auch gemacht, wenn ein Einzelner gegen die allgemeine Stimmung der ganzen Gruppe aufgetreten wäre? Das werden wir nie erfahren ...

Nach vielen, langen Stunden kam unser Monsignore aus dem Raum. Er trug keine seiner Amtsinsignien mehr, hatte auch seine Kragenbinde abgelegt. Er ging an uns vorbei und wich unseren fragenden Blicken aus. Die Parteiführer riefen uns dann einzeln in den Raum. Jeder Priester, der wieder herauskam, trug seine Kragenbinde nicht mehr. Mit niedergeschlagenen Augen gingen sie schnell an uns vorbei. Dann war ich an der Reihe.

Drinnen saß ein Parteiführer im Braunhemd hinter einem schweren Schreibtisch. Er stellte mir viele Fragen. Sein Tonfall und sein Benehmen waren anfangs ruhig und sanft. Heute weiß ich, dass das zu seiner Methode gehörte, mich wehrlos zu machen. Es war, als ob er mir zu verstehen geben wollte, was für ein vernünftiger Mann er doch war, obgleich er das natürlich nicht direkt sagte. Schritt für Schritt rang er mir meine Zustimmung ab, dass die Zukunft unseres Volkes und selbst der ganzen Welt dem Dritten Reich gehörte und nicht der Kirche.

Dann begann er seine Kritik an der Kirche, die auch zutraf, wenigstens stimmte sie mit meiner Kritik und meinen Enttäuschungen über die Kirche überein. Irgendwie gelang es ihm herauszufinden, wo meine Enttäuschungen lagen – all die kleinen hierarchischen Ärgernisse, die fast alle großen Organisationen aufweisen. Über meinen Glauben machte er sich nicht lustig, auch drohte er mir weder Vergeltung, Einkerkerung oder den Tod an. Stattdessen verglich er das Versagen der Kirche mit den Errungenschaften und der glänzenden Zukunft des Dritten Reiches. Seine Darstellung des Dritten Reiches war rein utopisch, aber zu jener Zeit fand ich keine Gegenargumente. Ich hatte damals mit dem Dritten Reich noch nicht so viele persönliche Erfahrungen gemacht, dass ich mir eine gegenteilige Meinung hätte bilden können.

Es dauerte nicht lange, und der Mann verspottete die Kirche als rückständig und als Teil der alten Römischen Geschichte im Gegensatz zur modernen, zukunftsorientierten Deutschen Geschichte. Nach etwa fünfundvierzig Minuten hatte er mich so weit, dass ich meinen Amtskragen ablegte und mich anschickte, in eine glänzende Zukunft zu schreiten, was ich für eine kurze

Zeit sogar glaubte. Heute kann ich mein Verhalten überhaupt nicht mehr verstehen."

Ich unterbrach ihn: „Ich habe auch an diese glänzende Zukunft geglaubt, jetzt schaue ich in die schwarze Nacht, der sie uns ausgeliefert hat. Ich muss dir gestehen, dass es so manchen Tag gegeben hat, da ich das Ende herbeigewünscht habe. Auch ich schäme mich sehr über meine eigene und unsere gemeinsame Torheit. Mir kommt es so vor, als sei die ganze Welt wahnsinnig geworden. Das ist nicht mehr die Welt, in die ich hineingeboren wurde ... Aber erzähl mir doch, wie es mit dir weiterging und wie du in diesen Albtraum hier geraten bist."

„Ach weißt du, Oskar, das ist gar keine besondere Geschichte. Wenige Wochen, nachdem ich meinen Kragen abgelegt hatte, wurde ich zur Wehrmacht eingezogen. Aufgrund meines früheren Priesterberufes gelang es mir, Sanitäter zu werden. Ich erhielt also meine Ausbildung und wurde dann einer Einheit in der Nähe von Uman in der Ukraine zugewiesen. Weißt du etwas über die Kämpfe in der Ukraine? Na, dann weißt du, dass für mich der Albtraum nicht erst anfing, als ich hierher kam. Was meinst du, in wie vielen Nächten ich wach gelegen und mir vorgeworfen habe, dass ich niemals meinen Glauben hätte verleugnen dürfen wie Petrus ... dass ich im Gegenteil standhaft in der Gnade Gottes hätte bleiben müssen ... und dass ich durch mein Davonlaufen in eine viel schlimmere Lage geraten bin."

„Aber, Pater Josef, was wird aus uns werden? Ich muss so oft denken, dass es für uns keinen anderen Ausweg gibt als unser Grab."

„Auch darüber habe ich oft nachgedacht, Oskar. Ich bin zu dem Schluss gekommen, dass wir nie wissen können, wohin unsere Wege führen. Uns bleibt nur dieser Augenblick, dieser Ort, wir haben die Chance, das zu tun, was wir können, mehr nicht. Wie schwer ich auch gesündigt habe, so bin ich doch gewiss, dass mir vergeben worden ist. Trotz der Beschämung, die ich für mein Versagen empfinde, bleibt mir dennoch diese Nacht, in der ich mit Gottes Hilfe Besseres vollbringen kann."

Diese Einsicht schien mir so viel tiefer als mein eigener Glaube zu sein, dass ich in jenem Augenblick nicht zu antworten wusste. Eine Zeitlang schwieg ich. Auch Pater Josef sagte nichts. Dann ganz leise, fast flüsternd: „Oskar, ich möchte uns eines meiner Lieblingsworte lesen, und dann wollen wir schlafen. Dies ist es. ‚Und habt nicht Gemeinsamkeit mit den unfruchtbaren Werken der Finsternis, straft sie vielmehr. Denn was heimlich von ihnen geschieht, das ist schändlich auch nur zu sagen. Das alles aber wird offenbar, wenn's vom Licht gestraft wird; denn alles, was offenbar wird, das ist Licht. Darum heißt es: wache auf, der du schläfst, und stehe auf von den Toten, so wird Christus dich erleuchten.'"

Ich schlief unruhig in jener Nacht. Am nächsten Morgen erwachte ich in einer Welt, die sich gegenüber dem Vortag nicht verändert hatte. Mein Geist widersetzte sich der Saat des Glaubens, die Pater Josef in mir auszustreuen versuchte. Zwar teilte ich seine Reue über unsere gemeinsame Lage, aber ich konnte mir nicht eingestehen, dass Gott der Herr auch über das Schreckliche war, das ich gesehen und von dem ich gehört hatte.

15

Als es auf den Sommer zuging, nahmen die Stunden des Tageslichtes zu. Die auslaugende Tretmühlenarbeit im Bergwerk ging unvermindert weiter. Meine Freuden waren der Sonnenaufgang, der kurze Abendsonnenschein und die Lesungen aus der Schrift durch Pater Josef. Und da war die Kameradschaft mit Fritz und einigen anderen, die uns stärkte, soweit die harten Anforderungen, der Hunger und die ständige Übermüdung das zuließen.

Ich versuchte Pater Josefs Rat zu befolgen und die Dinge geschehen zu lassen. Auf diese Weise gelang es mir, in den wärmeren Sommermonaten zu überleben. Als die Sommertage aber wieder kürzer wurden, ließ sich der Gedanke an den bevorstehenden dunklen Winter nicht verdrängen. Ich sah mich außerstande, noch einen solchen Winter zu überleben. Fantastische Gedanken an eine Flucht kamen mir, beherrschten schließlich mein ganzes Denken. Oft stellte ich mir vor, ich fliehe über ein weites, freies Feld unter einem strahlenden, wolkenlosen Himmel. Um so stärker wurde mein Wunsch, endlich von hier wegzukommen.

Eines Spätsommertages fuhr ich mit dem Förderkorb 1000 Meter tief in den Schacht ein. Dann ging es weiter den Stollen entlang, ungefähr einen Kilometer bis zu der Stelle vor Ort, wo die Sprengungen durchgeführt wurden. Die Luft war geschwängert von Kohlenstaub, und überall war es dunkel, mit Ausnahme der trüben Lampen auf unseren Helmen. Hier würden wir die nächsten fünfzehn Stunden verbringen.

Die polnischen Bergarbeiter waren schon dabei, Bohrlöcher im Flöz voranzutreiben. Ich schleppte eine Kiste mit Sprengstoff und Zündschnüren durch den Kohlenstaub zum Flöz. Da wir schon mehr als sechs Monate im Bergwerk gearbeitet hatten, waren wir dazu eingeteilt worden, die Bohrlöcher zu beschicken und die herausgesprengte Kohle wegzuschaufeln. Einige von uns füllten den Sprengstoff in die Löcher, während die polnischen Bergarbeiter die Zündschnüre auslegten, indem sie mit der Rolle den Stollen entlang gingen. Das alles geschah in ziemlicher Eile. Die Polen standen unter immensem Druck, riesige Mengen Kohle für die sowjetischen Hochöfen zu fördern.

Als die Sprenglöcher beschickt waren, meldeten wir das den Polen, die den Auslöser bedienten. Gerade als wir in sicherer Entfernung waren, uns duckten und unsere Ohren so gut wie möglich zu schützen versuchten, lösten die Polen die Explosion aus. Die Detonation ließ den Stollen erbeben. Jedes Mal, wenn gesprengt wurde, schien das ganze Bergwerk zusammenzukrachen. Das schreckte mich nicht mehr. Oft genug hatte ich gewünscht, der Schacht möge über uns zusammenbrechen. Aber jedes Mal packten wir unsere Schaufeln und Schubkarren, sobald der Lärm nachließ, suchten blind unseren Weg durch den allgegenwärtigen Kohlenstaub und begannen zu schaufeln.

Nachdem wir an jenem Tag bereits mehrere Sprengungen durchgeführt hatten, kam ich mit einer Sprengladungen nicht zurecht. Ich war immer noch mit den Sprengsätzen zugange, als die anderen bereits rannten. Mir kam es so vor, dass ich nur eine oder zwei Sekunden länger brauchte, bis auch ich endlich rannte. Vielleicht waren es doch mehrere Sekunden.

Die Polen, die den Auslöser bedienten, hatten wohl die anderen Leute gesehen, dachten wahrscheinlich, alle seien da. Ich weiß es nicht. Alles, an was ich mich erinnerte, war die Druckwelle, die mich im Rücken erfasste, auf das Gesicht schleuderte und über mich hinwegging. Sofort spürte ich an Händen und Knien den Schmerz, als sie auf die Kohlebrocken knallten. Als ich aufstehen wollte, merkte ich, dass Rücken, Gesäß und Beine noch viel stärker schmerzten als meine Hände. Von oben bis unten hatten Kohlesplitter mich getroffen. Wie schlimm war es? Mein Rücken brannte, und ich glaubte, sterben zu müssen.

Die anderen Männer eilten mir zu Hilfe und halfen mir aufzustehen. Halb getragen, halb selbst vor mich hin stolpernd, erreichte ich die nächste Lore. Ich stand unter Schock und wollte nur vom Ort der Sprengung wegkommen. Mit der Lorenbahn brachte man mich zum Förderschacht, und die lange Ausfahrt begann. Ich lag mit dem Gesicht nach unten im Förderkorb, einige polnische Arbeiter begleiteten mich. Oben stützten sie mich auf dem Gang zum Bergwerksbüro.

Der Vorarbeiter befahl mir, mich bäuchlings auf den Schreibtisch zu legen, während er die Erste Hilfe anforderte. Rücken, Gesäß und Beine brannten immer stärker vor Schmerz, während ich dort ruhig im Büro lag. Immerhin war ich kräftig genug, um zu erkennen, dass die Blutungen nicht allzu schlimm waren. Trotzdem: der Schmerz war kaum auszuhalten.

Es dauerte mindestens eine Stunde, bis die Erste Hilfe ankam. Ich weiß nicht, ob ein Arzt dabei war. Er half mir beim Ausziehen und legte meine Kleider auf einen Stuhl. Dann fing er an, die Kohlesplitter aus meinem Rücken zu entfernen. Irgendeine Narkose oder auch nur eine Schmerztablette gab es nicht. Alle anderen im Büro nahmen unterdes wieder ihre Arbeit auf. Der Arzt, wenn er denn einer war, redete nicht mit mir. Andererseits konnte ich froh sein, dass man mich nicht einfach sofort erschoss.

Während ich auf diesem Tisch lag, wurde mir bewusst, dass ich früher oder später in diesem Bergwerk sterben würde. Es war nur eine Frage der Zeit. Wenn es der Winter nicht schaffte, dann würde es etwas anderes sein. Damals fasste ich den Entschluss zu fliehen.

Der Mediziner rieb mich mit irgendeinem Getreideschnaps ein. Einige Minuten lang brannte mein Rücken wie Feuer. Dann befahl er mir, ich solle mich wieder anziehen und für den Rest des Tages an meine Arbeit gehen. Ich traute meinen Ohren nicht, aber ich wusste, dass ich mich nicht verhört hatte.

Als ich mit dem Förderkorb wieder einfuhr, sagte ich immer wieder zu mir, dass es so nicht weitergehen könne. Es wäre besser, tot zu sein, als unter diesen Bedingungen zu leben. Und ich würde sowieso bald sterben, wenn ich nichts unternähme.

Später am Abend bat ich Fritz und Pater Josef, meine Wunden zu untersuchen. Das taten sie und stellten fest, dass vermutlich noch Kohlestückchen unter meiner Haut steckten. Obgleich ich innerlich fest davon überzeugt war, dass ich eine Flucht versuchen müsste – und wenn es mein Leben kosten sollte –, konnte ich weder mit Fritz noch mit Pater Josef offen darüber sprechen. Das hätte uns alle grundlos gefährdet. Also untersuchten sie meine Wunden, dann sprachen wir übers Essen, auch über Kochrezepte. Bei dem ständigen Hungergefühl war das Essen für uns ein Lieblingsthema. Fritz fing damit an. Ihn schien unsere Situation nicht so zu belasten wie mich.

„Ich habe den Geschmack von warmem Brot mit schmelzender Butter auf der Zunge. Ah ..."

„Hmm, und was für Fleisch gibt es heute? Wie wäre es mit Sauerbraten?"

„Genau, ich kann den Geschmack von Muskatnuss in der Soße schmecken."

„Muskatnuss? Nein, Pater Josef, Sauerbraten wird doch nicht mit Muskatnuss gewürzt."

„Du irrst. Versuch ein bisschen davon, und dann wirst du sehen, was ich meine. Fang an."

Fritz leckte die Lippen. „Ja, jetzt schmecke ich es auch. Das ist sehr lecker und macht gut satt, nicht wahr?"

„Von dem Brot kann ich gar nicht genug kriegen", sagte ich.

„Pass auf, Oskar, deine Essensfantasien werden dich noch hungrig machen."

Alle drei lachten wir, als Pater Josef diesen Scherz machte. Darin lag nun wirklich etwas zu viel Wahrheit. Wir waren alle so ausgehungert, dass wir unmöglich noch hungriger werden konnten. Aber ich wollte die Fantasien über die Ebene des Scherzhaften heben.

„Ich glaube, ich kann es nicht ertragen, wenn wieder ein Wachtposten sagt: ‚Morgen geht's heim.' ‚Morgen seid ihr zu Hause' – und dann ist wieder alles vergessen. Ich glaube es einfach nicht, glaubt ihr es etwa?"

Sowohl Fritz wie Pater Josef schlugen die Augen nieder. Dann sprach Pater Josef.

„Nein. Ich glaube es auch nicht. Wir müssen einen Weg finden, um der Welt Nachricht von unserem Leiden zu geben."

„Und wen würde es stören, selbst wenn er davon erführe?" Auch Fritz meinte es ganz ernst.

„Ich vertraue darauf, dass gute Menschen in der ganzen Welt sich darum kümmern, wenn sie es nur erfahren, was hier geschieht."

„Ich denke eher, dass alle Menschen genügend Leiden erfahren haben. Vielleicht hören ihre Ohren nicht, vielleicht sehen ihre Augen gar nicht."

„Vielleicht hast du Recht, Fritz, aber irgendwie müssen wir einen Weg finden, um auf uns aufmerksam zu machen. Dann wird vielleicht etwas unternommen."

Ich konnte mit meiner Meinung nicht mehr länger hinterm Berge halten. „Pater Josef, es ist dein Glaube, der dich zu so einem Optimisten macht. Ich fürchte, die Welt hat genug von all diesem Leid und von den Deutschen, die etwas mit dem Dritten Reich zu tun hatten. Die Nonnen in Katowice, ja, die sagten, die Zeit der Vergebung und des Heilens sei gekommen. Aber die übrige Welt ist noch nicht so weit, fürchte ich."

„Das will ich gar nicht bestreiten, Oskar. Ich will nur sagen, dass ich der Welt mitteilen muss, in welcher Not wir hier leben, wenn sich die Gelegenheit dazu gibt. Weißt du, einmal hatte ich die Chance zu handeln. Ich hatte die Chance, aus Glauben zu handeln, ohne das Ende zu kennen. Da habe ich den vermeintlich sicheren Weg gewählt. Ich habe gar nichts getan. Wie es auch immer ausgehen mag, den Weg der Sicherheit kann ich nicht noch einmal gehen."

Ich verstand ihn sehr wohl, sagte aber nichts. Ich wusste, dass die Zeit nahe war, wo ich eine ähnliche Entscheidung treffen musste. Entweder mich erneut einem unbekannten Schicksal anvertrauen – oder bleiben und elend zugrunde gehen.

Nicht lange danach handelte Pater Josef. Er schrieb einen Brief und hoffte, dass durch Vermittlung eines seiner Freunde dieser Brief zum Roten Kreuz nach Genf gelangen würde. Der Brief musste abgefangen worden sein, denn Pater Josef wurde aus unserem Lager verlegt. Eines Morgens während unseres Appells vor dem Marsch zum Bergwerk wurde er aus unserer Formation herausgerufen. Ich hörte noch, wie unser RAD-Offizier mit ihm über den Brief sprach. Als ich abends vom Bergwerk zurückkehrte, gab es von Pater Josef kein Zeichen mehr – weder in der Baracke noch in seiner Koje.

Mir war eine Lebensleine gekappt worden. Jetzt wusste ich, dass mir wenig Zeit blieb, meinen eigenen Sprung, meine eigene Flucht vorzubereiten. Schließlich sprach ich mit Fritz darüber.

Eines Abends, vermutlich im September, standen wir ein paar Minuten lang draußen vor der Baracke. Es war ein klarer Himmel, der Mond ging über den fernen Bergen auf und erschien riesig. Ich dachte an meine Freundschaft mit Fritz, die seit unserer Begegnung beim Duschen in Christianstadt schon länger als ein Jahr währte.

„Weißt du, Fritz, ich gäbe alles für eine der großen Kartoffeln aus Christianstadt."

„Erinnere mich bloß nicht daran. Gerade, wenn ich dabei bin, meinen Hunger zu vergessen, erinnerst du mich daran!"

„Du hast mir mit deinen Kartoffeln damals das Leben gerettet."

„Eigentlich nicht. Ich war ebenso froh, einen Bessarabier zu treffen, mit dem ich sprechen konnte."

„Weißt du, Fritz, ich habe das Gefühl, ich muss hier abhauen. Wenn du willst, können wir es gemeinsam wagen."

„Nein, Oskar, nein. Kommt nicht in Frage. Das ist unmöglich. Ich fliehe nicht, weil ich weiß, dass wir es unmöglich schaffen können. Man würde uns ergreifen, foltern und töten. Hier haben wir die besten Chancen. Genau hier. Eines Tages werden wir entlassen werden."

„Hier komme ich niemals lebend raus, Fritz. Ich habe nicht die Kraft, noch einen Winter zu überstehen. Ich muss weg."

Er schüttelte den Kopf und sagte nichts.

In den Tagen und Wochen nach meiner Entscheidung sprachen Fritz und ich nicht mehr darüber. Ich begann, so viele Informationen wie möglich über Wetter und Landeskunde zu sammeln. Immer wieder versuchte ich, bei unverfänglichen Alltagsgesprächen Fragen einzuflechten, ganz vorsichtig, um nicht Aufsehen und Neugierde zu wecken.

Während dieser Zeit ereigneten sich drei Vorfälle im Gefangenenlager, die mich in meinem Entschluss bekräftigten. Drei Gefangene aus unseren Baracken kehrten eines Abends von ihrer Schicht nicht zurück. Keiner von uns wusste etwas darüber, was mit ihnen geschehen war. Einige Tage vergingen. Alle Spuren, die auf die Anwesenheit dieser Leute hinwiesen, wurden während unserer Abwesenheit im Lager getilgt. Die Männer blieben einfach verschwunden.

Vielleicht hatte es im Bergwerk einen Unfall gegeben? Wenn, dann wusste niemand davon. Vielleicht ... Dieser Gedanke ließ weder Fritz noch mich los. Vielleicht hatten sie einen Fluchtversuch gewagt. Und dann? Entweder war er erfolgreich gewesen, oder sie waren gefangen und wahrscheinlich getötet worden.

Ich dachte viel über die drei verschwundenen Männer nach. Und wenn sie nun Erfolg gehabt hatten? Dann stand zu erwarten, dass die Zahl der Wachen für längere Zeit erhöht würde. Genau das geschah. Die Wachen ergriffen alle nur denkbaren Vorsichtsmaßnahmen: Wir mussten uns morgens früh zum Appell aufstellen, dann wurden wir wieder in unsere Baracken zurückgeschickt. Mitten in der Nacht gab es Appell, dann wurden wir wieder zu Bett geschickt. Wir mussten so lange in Reih und Glied verharren, bis einige der Gefangenen umfielen. Den Wachen standen Mittel zur Verfügung, weitere Ausbruchsversuche zu verhindern – das sollte den Gefangenen klar gemacht werden.

Und dann kehrten zwei der Geflohenen zurück. Einem war das Bein oberhalb des Knies amputiert worden. Der andere wurde blau und grün geschlagen. Er lag ohnmächtig da. Wir mussten alle an der Zelle vorbeigehen, wo er auf dem Bett lag. Wir mussten ihn alle anschauen, damit wir ein Bild davon bekämen, was uns erwartete, wenn wir einen Fluchtversuch wagten. Die Wachen sagten uns, dass bei der Gefangennahme der beiden Flüchtlinge der dritte auf der Straße erschossen worden sei.

Dieser Vorfall erstickte alles Verlangen in Fritz, mich bei meinem Ausbruchsversuch zu begleiten. Ich aber wurde in meinem Entschluss nur noch bestärkt.

Fritz sah, dass ich meine Meinung nicht änderte; bei jeder Gelegenheit besprachen wir meinen Plan. Immer noch besorgte ihn vor allem das Risiko des Wiedereingefangenwerdens; auch fürchtete er, dass ich ohne Landkarte meinen Weg nicht finden würde. Als Orientierungspunkte kannte ich schließlich nur Katowice, Frankfurt/Oder, Berlin und Stuttgart. Das waren aber nur sehr allgemeine Orientierungshilfen. Wie ich von einem Ort zum andern gelangen sollte, ohne entdeckt zu werden, darin lag die größte Ungewissheit. Trotzdem arbeitete ich weiter an meinem Plan.

Ich versuchte insbesondere, alles über Wegzeichen und Landschaftsmerkmale in Gesprächen mit andern Gefangenen herauszubekommen, ohne meine Absicht deutlich werden zu lassen. Beispielsweise fragte ich Gefangene aus Leipzig über Ereignisse in ihrer Heimatstadt und stellte Fragen nach der Topographie zum besseren Verständnis der Geschichten, die sie mir erzählten. Es gab sogar Gefangene aus der näheren Umgebung des Bergwerks, die mir die Gegend bereitwillig beschrieben und mir auch Angaben über die Verkehrsmöglichkeiten zwischen den einzelnen Orten machen konnten.

Zweifel und Angst begleiteten mich ständig. Das Bekannte ist selten furchteinflößender als das Unbekannte. Die Sicherheit des Alltagstrotts ist verführerisch, aber dann kommt einmal der Augenblick, wo er das Gewicht seines Mantels ablegt, ja abwirft und in das Unbekannte hinausspringt. Dieser Zeitpunkt war jetzt für mich gekommen. Ich wusste, dass ich trotz aller meiner Zweifel und Ängste springen würde.

Wochen vor meinem Fluchtversuch hatte ich angefangen, jeweils eine Scheibe des Viertellaibes Brot täglich zu trocknen und unter meinem Strohsack zu verstecken. Dasselbe tat ich mit einigen Kartoffeln, die ich besorgt hatte. Ich schnitt sie in Scheiben und trocknete sie. Ich beabsichtigte, das Brot und die Kartoffeln unter meinen Kleidern festzubinden – mit Fäden, die ich aus Textilgewebe gezogen hatte. Einiges konnte ich auch in meine Taschen stecken, aber das durfte nicht zu viel sein. Zu viel hätte meine Taschen ausgebeult und wäre bemerkt worden.

Am Abend der geplanten Flucht, einem Samstagabend, hatte Fritz Nachtschicht, weil er dazu eingeteilt worden war, die Stempel zu tragen, mit denen der neue Teil des Schachtes abgestützt werden sollte. Ungefähr zu der Zeit, da ich von der

Tagschicht zurückkehrte, machte sich die Nachtschicht bei den Baracken fertig für den Marsch zum Bergwerk.

Ich traf Fritz und gesellte mich zu seiner Gruppe. Samstagnacht hatte ich deshalb gewählt, weil weniger Posten auf Wache sein würden. Ehe ich mich der Gruppe anschloss, ging ich in den Waschraum, um meine Kleidung mit den Vorräten zu präparieren. Während ich noch dort war, trat Fritz ein.

„Oskar, ich weiß nicht, was ohne dich aus mir werden soll. Wir stehen uns so nahe. Und ich denke, das Risiko ist für mich größer, wenn ich bleibe, als wenn ich mit dir gehe. Die Wachen wissen, dass wir beide befreundet sind. Sie werden niemals glauben, dass ich von deinen Plänen nichts gewusst habe ... Also, versuchen wir's gemeinsam!"

Einen Augenblick lang schauten wir uns an, dann drückten wir uns die Hand. Die Wachtposten riefen schon Fritz' Gruppe aus der Baracke.

„Fritz, bleib ganz dicht bei mir und tu alles, was ich tue. Pass auf, was ich dir ins Ohr flüstere!"

Also gingen wir mit den anderen hinaus. Wir wurden gezählt. Auf mich achtete niemand, ich wurde kontrolliert, als ob ich zu der Gruppe gehörte. Hauptsorge der Wachen war, dass die Zahl der Gefangenen, die zum Bergwerk marschierten, mit der übereinstimmte, die wieder zurückkamen. Und schon ging es los.

Unterwegs erklärte ich Fritz im Flüsterton, dass weniger Wachen da seien, weil es Samstagabend war. Er ging dicht neben mir.

„Gut möglich, dass der Förderkorbeingang auf der anderen Seite nicht bewacht ist. Wir müssen darauf achten, dass wir als Erste in den untersten Korb einsteigen. Davon hängt die ganze Flucht ab. Dann gehen wir bis zur anderen Seite des Förderkorbes. Steht dort keine Wache, öffnen wir die Riegelstange an der Tür des Förderkorbes und bereiten uns auf den Sprung vor. Wenn wir gesprungen sind, müssen wir uns an einer Querstange festhalten. Ich sag dir, wann. Ich habe die Oberbaukonstruktion des Förderturms ausgekundschaftet. Du musst eine Querstange packen, so wie ich auch. Von der Höhe dieser Querstangen bis zum Boden sind es nur etwa sieben Meter. Wenn der zweite Förderkorb beladen wird, schrillt die Klingel, beim dritten Korb wieder. Wenn der vierte Korb beladen ist, erfolgt ein neues Klingeln, und dann müssen wir bereit sein zu springen. Dann darf es kein Zögern mehr geben."

Es passierte alles in wenigen Minuten. Ich achtete darauf, als Erster in den untersten Förderkorb zu steigen, Fritz war dicht an meiner Seite. Der Förderkorb wurde voll. Die Glocke. Der zweite und der dritte Korb wurden beladen. Die Glocke. Als der vierte Korb beladen wurde, drehte ich mich zu dem Mann hinter mir um und sagte zu ihm: „Sag unten beim Zählen nichts."

Ich wusste, dass man uns vermissen würde, wenn am Grunde des Schachtes die Arbeitsschicht gezählt wurde. Der Zeitraum, in dem wir unsere Flucht bewerkstelligen mussten, war nicht länger als die Einfahrt der Förderkörbe. Wir benötigten jede Minute, die wir nur bekommen konnten.

Der vierte Förderkorb war beladen. Die Glocke ertönte und dann rasselte die elektrische Abfahrtsklingel langsam, das war das Vorspiel zum lauten und schrillen Klingeln.

„Los, Fritz!"

Wir rissen die Tür auf und sprangen hinaus, in Richtung Querstangen.

5. Teil

Die Flucht

16

Die Eisenstange fühlte sich kalt an. Unter dem Gewicht meines Körpers, der noch hin und her schwang, verdrehten sich meine Finger. Ich klammerte mich mit ganzer Kraft an die Stange. Der Förderkorb ratterte und verschwand unter mir. Durch die schnelle Einfahrt peitschte ein Windstoß an mir vorbei; dann folgte ein eigentümliches Geräusch, hervorgerufen durch den Luftsog, den der Förderkorb erzeugte, als er sich wie ein Kolben in einen Zylinder presste.

Auf einmal war alles ganz still. Ich schaute nach rechts. Da war Fritz. Er hing mit den Armen über der Stange, umarmte sie gewissermaßen. Ich schaute nach unten. Etwa sieben Meter unter mir lag nackte Erde, aber nur einen Meter weiter hinten war die Kante des Förderschachtes, ein tausend Meter tiefer Abgrund. Um festen Boden unter die Füße zu bekommen, mussten wir einen weiteren Sprung wagen, der fast so gefährlich war wie der erste, weil wir so dicht am Rande des Abgrunds landen würden. Auch wenn wir nicht in den Schacht fielen: ein Beinbruch – und unsere Flucht wäre hier zu Ende.

Ich nickte Fritz zu. Dann brachte ich meinen Körper zum Hin- und Herschwingen, über den Schacht, dann weg davon. Nach mehreren Schwingbewegungen ließ ich die Stange los, als ich von der Kante des Schachtes weg schwang. Der Aufprall auf dem Boden war hart, und sofort rollte ich mich vom Rande des Schachtes weg. Nichts gebrochen!

Jetzt schaukelte Fritz. Ich kroch von meiner Landestelle weg, und er fiel und landete genau wie ich. Auf allen Vieren kroch er auf mich zu. Keine Verletzungen. Auf Händen und Füßen starrten wir einander im Schatten des Gerüstes wie zwei verängstigte Tiere an. Was nun?

Wir befanden uns noch im umzäunten Gebiet des Bergwerks. Bis zum Augenblick war unsere Abwesenheit vermutlich nicht bemerkt worden, aber in wenigen Minuten würde unser Fehlen im Förderkorb auffallen. Dann waren wir die Jagdbeute der polnischen Wachen.

Knapp hundert Meter entfernt schaufelten Gefangene Kohle auf ein Förderband, das die Kohle zu Eisenbahnwaggons an einer Rampe in der Nähe transportierte. Wir erhoben uns langsam und gingen auf die Gruppe dieser Gefangenen zu, wobei wir nach Möglichkeit im Schatten des Förderturmes blieben. Als wir die Gruppe erreicht hatten, mischten wir uns unter die Gefangenen und benutzten sie als Deckung, während wir dem Drahtzaun am Rande des Bergwerksgeländes zustrebten.

Niemand achtete auf uns. Kopf und Augen waren auf den Boden gerichtet. Hör nichts Böses, sieh nichts Böses. Schaufle Kohle, damit hat's sich. Wieder ein Tag ohne besondere Vorkommnisse. Diesen Trott kannte ich.

Von der Gruppe aus waren es noch fünfzig Meter bis zu der Stacheldrahtgrenze. Da mussten wir durch. Ich wusste, dass unsere zerlumpte Kleidung an Armen und Beinen sowie auf dem Rücken durch Phosphorisierende Streifen gekennzeichnet worden war. Sobald wir in einen Lichtstrahl gerieten, würden diese Phosphorstreifen aufleuchten und uns verraten. Wir hatten aber keine Wahl. Wir hielten kurz an, schmierten Dreck auf die Phosphorstreifen um sie abzudecken. Ehe die Förderkörbe am Boden des Schachtes angekommen waren, mussten wir den Zaun überquert haben.

Der Zaun war fast vier Meter hoch, oben mit Stacheldraht bespannt. Fritz packte mich und hob mich hoch. Ich erreichte die Oberkante des Zauns, gerade unter dem Stacheldraht, und hielt mich fest, während sich Fritz an meinen Beinen und meinen Schultern hochangelte, bis auch er die Oberkante packen konnte. Er zog den Stacheldraht auseinander, so dass ich durchkriechen konnte. Dann hielt ich den Draht hoch, um auch Fritz das Durchkriechen zu ermöglichen. Wir sprangen auf einen gepflasterten Bürgersteig, der außen um das Gelände führte.

Ein paar hundert Meter entfernt lag ein Wald, davor ein abgeholztes Gelände, auf dem allerlei Baumstümpfe, Äste und Abfallholz lagen. Schnell waren wir so tief zwischen Ästen untergetaucht, so dass man uns vom Betriebsgelände hoffentlich nicht sehen konnte. Einmal blickte ich kurz zurück. Alles, was ich sehen konnte, war der Widerschein der Scheinwerfer an der niedrigen Wolkendecke.

Wir rannten los und erreichten ohne Zwischenfall den Wald. Es war ein Tannenwald mit wenig Unterholz, das unseren Lauf hätte behindern können. Wir liefen weiter, bis wir den erleuchteten Himmel hinter uns nicht mehr sehen konnten, und dann immer noch weiter. Zwischendurch hielten wir kurz an, um zu Atem zu kommen und unsere Marschrichtung zu kontrollieren. Als wir noch auf dem Betriebsgelände waren, hatte der Wind aus Westen geweht. Also marschierten wir gegen den Wind.

Nach etwa zwei Stunden sahen wir die Wolken wieder hell erleuchtet, und wir hörten Hundegebell. Dazwischen Rufe auf Polnisch. Fritz blieb wie angewurzelt stehen.

„Wachtposten", flüsterte er.

Ich lauschte. Es hörte sich an, als ob die Wachtposten fluchten. Wir schauten uns an und blickten dann auf den erhellten Himmel vor uns. Das Bergwerksgelände. Wir waren im Kreis gelaufen. Der Wind musste sich gedreht haben.

Wir kehrten um und liefen erneut. Diesmal benutzten wir den Moosbesatz auf den Baumstämmen als Kompass. In der Dunkelheit des Waldes immer wieder anzuhalten und das Moos auf den Stämmen zu ertasten – das hielt uns sehr auf, aber wir konnten es uns nicht erlauben, noch einmal im Kreis zu laufen.

So gut wir konnten, liefen wir die ganze Nacht hindurch. Die Furcht trieb uns weiter. Die Erschöpfung bremste uns.

Nach mehr als einem Jahr Schwerstarbeit und Mangelernährung wirkten wir wie zwei dürre, verscheuchte Krähen, die zwischen den Bäumen herumstolperten. Als die Dämmerung anbrach, folgten wir dem Gelände bergab zu einem Dickicht, krochen ins Unterholz und bedeckten uns mit Laub.

Der Wald erwachte mit all seinen morgendlichen Geräuschen – Vogelgesang in den Bäumen, huschende Kleintiere im Laub. Kein Hundegebell. Keine Rufe von Männern. Alles war friedlich. Der Boden, auf dem ich lag, war kalt und etwas feucht. Das Laub roch nach Pfeffer. Ich schlief ein.

Als ich erwachte, fegte ich die Blätter aus meinen Augen und sah, dass der Himmel dunkelgrau war. Ich wusste nicht, welche Uhrzeit es war, aber ich fühlte die dumpfe Schwäche der Entbehrungen und war hungrig und durstig. Ich hatte vom Essen geträumt. Von einem großen, gesalzenen Stück Schinken und neuen Salzkartoffeln. Dieses Traumbild stand fast ebenso lebendig vor mir wie der graue Himmel über mir.

Ich sah mich um. Das Dickicht um mich herum war braun und verwelkt. Viele Blätter waren bereits von den verschlungenen Zweigen der Büsche gefallen. Etwas weiter entfernt erhoben sich Pappeln und Eichen mit ihrem gelb-roten Laub. Irgendwo in der Nähe waren Vögel auf Futtersuche; ihr Hüpfen klang mir so laut wie die Fußtritte näher kommender Männer ... Ich lauschte aufmerksam. Die Geräusche wurden nicht lauter. Ich versuchte mich zu bewegen. Fritz und ich waren übereingekommen, tagsüber unsere Deckung nicht zu verlassen und auch nicht zu sprechen. Ich fragte mich, ob er wach war. Aber wie sollte ich das feststellen, ohne meine Deckung zu verlassen? Ich konnte nur durch die Blätter hindurch in den Himmel schauen.

Zum ersten Mal seit meiner Gefangennahme hatte ich bei Tage freie Zeit. Ich beobachtete, wie die grauen Wolken sich ineinander schoben und voneinander weg bewegten. Ich sog die Eindrücke in mich auf und nahm die Zeit gar nicht mehr wahr.

„Wenn ich den Himmel ansehe, das Werk deiner Hände, den

Mond und die Sterne, die du gemacht hast; was ist der Mensch, dass du seiner gedenkst?“ Dieser Satz, ein Zitat aus den Psalmen, kam mir plötzlich in den Sinn. Ich fühlte mich ganz klein. Die Erde kam mir wie eine kleine Kugel vor, die in den unendlichen Weiten des Weltraumes kreiste, und ich war nur ein winziger Punkt auf dem kleinen Erdball. Dann stellte ich mir vor, wie diese kleine Kugel aus einem Schatten im großen Weltall heraustrat und zum ersten Mal seit unendlichen Zeiten der Strahl des Lichtes auf sie fiel. Irgendwoher tauchte aus der Tiefe meines Gedächtnisses ein weiterer Bibelvers auf. „Die Nacht ist vorgerückt, der Tag aber nahe herbeigekommen. So lasset uns ablegen die Werke der Finsternis und anlegen die Waffen des Lichts.“

Auf das alles wusste ich keine Antwort. Alles, was mir blieb, waren Bruchstücke von früher auswendig gelernten Versen und das Bild der eigenen Bedeutungslosigkeit vor der Unendlichkeit des Kosmos.

So muss ich stundenlang nachgedacht haben, bis die Dämmerung anbrach. Der Himmel verdunkelte sich, und der Nebelregen wich einem anhaltenden Landregen. Ein- oder zweimal hob ich den Kopf. Als die Dunkelheit uns ganz umhüllt hatte, richtete ich mich auf. Fritz war ebenfalls wach, auch er setzte sich auf.

„Es ist Zeit zu gehen“, flüsterte ich.

Wir standen auf und reckten uns. Der Regen wurde stärker. Fritz reckte den Daumen zum Himmel.

„Guter Regen! Löscht alle Geruchsspuren!“

Wir teilten uns einige Scheiben meines getrockneten Brotes und machten uns Richtung Westen auf, wieder die bemooste Seite der Bäume als Wegweiser benutzend. Wir marschierten die ganze Nacht hindurch. Wir aßen nichts mehr, fanden aber viele kleine Bächlein, aus denen wir unseren Durst stillen konnten.

Der Regen hielt vier Tage und Nächte an. Er kühlte uns bis aufs Mark aus – wie waren ohnehin nur wandelnde Skelette –, aber wir waren dankbar. Wir spürten, dass wir uns mittlerweile weit von jeder Suchmannschaft entfernt hatten. Nachdem wir mein getrocknetes Brot und die getrockneten Kartoffeln aufgegessen hatten, aßen wir Beeren und Pilze, die wir im Wald fanden.

Am fünften Abend klarte es auf. Jetzt konnten wir die Sterne sehen, vor allem den Polarstern zu unserer Rechten und den Aldebaran zur Linken, so wussten wir, dass wir nach Westen marschierten. Es war am sechsten oder siebten Abend, als wir vor uns einen erhellten Himmel sahen. Wir beschlossen, darauf zuzugehen, weil wir glaubten, dort könne eine Stadt oder ein größeres Dorf liegen. Vielleicht gab es auch Bauernhöfe in der Nähe, wo wir etwas zu essen bekommen könnten?

Schließlich sahen wir, was es war. Von einem Aussichtspunkt auf einer kleinen Anhöhe erkannten wir eine riesige Truppenansammlung der Russen. Eine Straße führte zu ihrem Barackenlager, die von Panzern und Autos befahren wurde. Wir sahen auch russische Soldaten im Lager umhergehen. Es war unmöglich abzuschätzen, wie viele Soldaten dort stationiert waren, aber es mussten Tausende sein. Wir krochen von unserem Aussichtpunkt wieder zurück in tiefer gelegenes Gelände, wo wir aufrecht gehen und unsere Flucht fortsetzen konnten. Das Herz schlug mir bis zum Halse und ich brauchte die Bewegung, um meine Nervosität abzuarbeiten. Natürlich trugen Fritz und ich noch unsere zerschlissenen Uniformen. Immer noch waren die Phosphormarkierungen sichtbar. Trafen wir auf Russen, würde man uns sofort als deutsche Gefangene erkennen – und das wäre das Ende aller unserer Hoffnungen gewesen. Vielleicht wären wir an Ort und Stelle erschossen worden. Wir kamen uns vor wie zwei Rehe im Wald während der Jagdsaison. Und es gab Tausende von Jägern.

Für den Rest der Nacht und während der folgenden beiden Nächte versuchten wir, uns von den russischen Truppen zu entfernen. Aber bei jeder Wegbiegung stießen wir auf weitere Einheiten. Dieser Teil des Waldes war von Straßen durchschnitten, und überall standen russische Fahrzeuge. Schließlich beschlossen wir verzweifelt, parallel zu einer Straße weiterzugehen, die etwa in westlicher Richtung verlief. Mehrere Male näherten wir uns den russischen Soldaten auf der Straße bis auf 20 oder 30 Meter. Dann pressten wir uns jedesmal so flach wie möglich auf die Erde, bis sie vorbeigegangen waren.

In der siebten oder achten Nacht erreichten wir gegen Tagesanbruch das Ende des Waldes. Vor Hunger und Auskühlung waren wir dem Zusammenbruch nahe. Der Wald hatte uns ein Versteck geboten, jetzt mussten wir andere Plätze finden, wo wir uns tagsüber verbergen und ausruhen konnten. Glücklicherweise entdeckten wir in der Nähe eine Scheune, in der ein großer Heuhaufen aufgetürmt lag und ein wunderbares Versteck bot. Wenig später fiel ich inmitten des duftenden Heus in einen tiefen Schlaf.

Lautes Lachen und Jauchzen spielender Kinder weckten mich. Wie lange hatte ich geschlafen? Mir schien, dass ich mich eben erst hingelegt hatte. Das Heu um mich herum geriet in Bewegung, wahrscheinlich versuchten die Kinder, auf den Heuhaufen zu klettern und dann herunter zu rutschen. Ich erstarrte vor Entsetzen. Ganz klar: Die Kinder kletterten auf den Heuhaufen. Sie würden das Heu auseinander streuen, und dann würde es nicht lange dauern, bis sie Fritz und mich entdeckten.

Ehe ich noch Zeit hatte, darüber nachzudenken, passierte es auch schon: Das Lachen und Jauchzen der Kinder wich einem Schreckensschrei. Ich hörte, wie sie aus der Scheune rannten.

„Mutter, Mutter, ein Teufel!“

Ich drehte mich um und sah, dass sie Fritz’ Brust und Kopf freigelegt hatten. Er war schmutzig und unrasiert. Heuhalme hingen ihm in den Haaren.

„Wir müssen schleunigst verschwinden, Fritz!“

Wir hasteten aus dem Heu und liefen, so schnell wir konnten, in Richtung eines kleinen Bergrückens. Auf den abgeernteten Feldern standen die spitzen Stoppeln etwa wadenhoch. In unserer Angst rannten wir ohne zu zögern quer über das Feld;

die scharfen Stoppeln stachen beim Laufen gegen meine Beine. Unsere Angst war größer als unsere Erschöpfung.

Einige Minuten, nachdem wir vom Bauernhof losgehetzt waren, wagte ich es, mich umzuschauen. Was ich sah, erstaunte mich zutiefst. Ein paar hundert Meter hinter uns hatte sich eine dichte Nebelwand gebildet. Sie hatte den Bauernhof bereits eingehüllt und schien sich in unsere Richtung zu bewegen. Wir liefen weiter, aber der Nebel holte uns bald ein, bis wir schließlich keine drei Meter weit mehr sehen konnten. Für irgendwelche Verfolger waren wir unsichtbar geworden.

Wir liefen weiter und orientierten uns an den Stoppeln, deren Reihen wir in einem bestimmten Winkel kreuzten. Wir waren natürlich ebenso blind wie mögliche Verfolger. Plötzlich stolperte ich und fiel auf die Knie. Dabei drang eine pfeilscharfe Stoppelspitze durch Kleidung und Haut und bohrte sich tief in meinen Schenkel. Es war eine hässliche Sache. Ich saß auf dem Feld und konnte einfach nicht glauben, was passiert war. Ich blutete, aber nicht sehr stark. Erstaunlicherweise hatte es keine Ader getroffen.

Fritz hielt gleich inne, war aber schon außer Sichtweite. Einen Augenblick lang saß ich mitten im dichten Nebel auf der Erde, das Blut sickerte aus meinem Schenkel. Ich war schockiert. Hatte mich ein dünner Stoppelhalm zur Strecke gebracht? Mir war schwindlig, und beinahe wäre ich ohnmächtig geworden.

Aus irgendeinem Grunde dachte ich an Jona, den Mann, den Gott zur Verkündigung seiner Botschaft in Ninive berufen hatte. Er war vor diesem Auftrag weggelaufen, daraufhin hatte Gott sein Schiff in Gefahr gebracht und ihn durch die Matrosen ins Meer werfen lassen. Schließlich geriet er in den Bauch eines Fisches und flehte um eine zweite Chance. Das Bild verfolgte mich in dem trüben Nebel und ich rief laut: „Fritz! Hier ... Ich bin verletzt! Ich blute!"

„Wo bist du? Ich kann dich nicht sehen. Rede weiter, aber schrei nicht. Ich bin nicht weit weg."

„Fritz, ich sitze hier auf der Erde."

Fritz war keine fünfzehn Meter entfernt und fand mich gleich. Er beugte sich runter und zog vorsichtig den Gerstenhalm aus meinem Schenkel.

„Hast du alles rausgekriegt, Fritz?"

„Ich denke schon. Versuch aufzustehen."

„Ein bisschen schwindlig ist mir schon, aber es tut nicht besonders weh. Danke, es geht schon."

Bald hatten wir eine Steigung erreicht, die der Anfang des Hügels sein musste. Wir gingen weiter bergauf und erreichten eine Ruine. Sie bestand aus einem gemauerten Turm, an dessen Fuß ein kleines Gebäude stand, ebenfalls aus Stein. Wir kletterten über eine steinerne Wendeltreppe bis zur offenen, flachen Krone hinauf, die von einer niedrigen Brüstung umgeben war. In alle Richtungen hielten wir Ausschau und suchten nach Anzeichen für eine Verfolgung durch die russische Armee. Wir sahen aber nur die sanfte Hügel- und Berglandschaft, die durch weite, bebaute Täler unterbrochen wurde.

Dieser alte Turm und die umliegende Landschaft hatten etwas beinahe Zauberhaftes für mich. Wir sahen, wie der Nebel, der unsere Flucht gedeckte hatte, sich hob. Mir kam es fast so vor, als habe das Land selbst den Nebel herbeigezaubert, um uns zu helfen. Wie lange dieser Turm wohl schon hier stand? Ich verlor mich in träumerischen Gedanken, auch Fritz schien das Panorama zu genießen. Wir hatten nicht darüber gesprochen, wie lange wir hier bleiben wollten, aber ich denke, es hätte uns beiden gut gefallen, bis zum Einbruch der Dunkelheit im Turm zu bleiben.

Ich setzte mich auf den Steinboden und lehnte mich an die Brüstung. Ich war am Einnicken, als ich von unten her lauten Lärm hörte. Ich sprang auf die Beine. Gemeinsam schauten wir über die Brüstung. Unten hackte ein Mann mittleren Alters, in gewöhnliche Arbeitssachen gekleidet, Holz. Wir hatten ihn nicht kommen hören, und er ahnte von unserer Anwesenheit nichts. Wir sahen uns an.

„Was sollen wir bloß tun?"

„Mein Gott, keiner von uns hat je einen Menschen getötet. Müssen wir das jetzt tun?“

Einen Augenblick lang schwiegen wir. Dann redete ich.

„Wir sprechen beide Rumänisch. Wir sagen ihm einfach, wir seien Rumänen, die Arbeit suchen.“

Als der Mann unten einen langen Holzklotz aufnahm, um ihn zu spalten, rief ich ihn auf Rumänisch an: „Hallo, da unten. Können wir mit Ihnen sprechen?“

Der Mann winkte uns mit seiner kleinen Mütze zu und bedeutete uns mit einer einladenden Handbewegung, herunter zu kommen. Wir stiegen die Wendeltreppe hinab und traten aus dem Eingang des Turms.

Der Mann stand breitbeinig da, den Stiel der Axt hielt er in der Hand, die Klinge ruhte auf seiner Schulter. Die linke Hand hielt er in die Hüfte gestützt. Fritz und ich überfielen ihn mit einem erregten Redeschwall. Er zog seine buschigen Augenbrauen zusammen, trat einen Schritt zurück und blieb dann stehen.

„Wissen Sie, wir sind Rumänen und suchen hier Arbeit.“

„Ja, wir sind gute Landarbeiter aus Rumänien.“

Der Mann sah uns von oben bis unten an und schüttelte den Kopf. Auf Polnisch meinte er: „Ihr seid geflohene Deutsche, nicht wahr?“

Wir gaben keine Antwort. Vermutlich blickten wir automatisch zu Boden, ehe wir ihm wieder in die Augen schauten.

„Ich sag euch mal was. Ich bin mit Erlaubnis des Kommandanten der Roten Armee in dieser Gegend. Niemand darf ohne eine solche Erlaubnis hierher kommen. Und die Russen schauen regelmäßig vorbei. In diesem Hügel sind große Mengen Munition gelagert. Die Russen erwarten von mir, dass ich darauf achte, dass hier keine Kinder spielen und auch sonst niemand hierher kommt und sich an der Munition zu schaffen macht.“

Ich dachte, unser Fluchtversuch sei hier zu Ende, wenn ... ja wenn wir den Mann nicht überwältigten, seine Axt nahmen und ihn töteten.

„Hört zu, wenn ihr auf der anderen Seite des Hügels hinunter geht, ungefähr sieben oder acht Kilometer, kommt ihr in ein anderes Dorf. Vielleicht trefft ihr dort Leute, die euch helfen."

Der Mann drehte seine Axt, auf der Klinge spiegelte sich die Nachmittagssonne und blendete mich. Konnten wir ihm vertrauen?

Wir nickten ihm als Zeichen unseres Einverständnisses zu, dankten ihm kurz und gingen dann nach Westen über den Hügelrücken, wie er es vorgeschlagen hatte. Nach einem Marsch von zwei Stunden sahen wir dann auch prompt einige Frauen, die auf dem Feld arbeiteten. Als wir näher kamen, sahen wir, dass sie Mohrrüben und Kartoffeln herausmachten und auf Schubkarren luden.

Fritz sprach sie auf Polnisch an, aber auch die Frauen erkannten uns sofort als geflohene Deutsche und antworteten auf Deutsch. Eine von ihnen – sie war mit kurzärmeliger Bluse und Arbeitsschürze bekleidet und hatte ein Kopftuch unter ihrem Kinn verknotete – willigte ein, uns in ihrer Scheune schlafen zu lassen.

Als wir an ihrem Hof ankamen, wies sie uns in die Scheune. Wir gingen hinein und legten uns flach auf den Boden. Nach einigen Minuten brachte uns die Frau ein Tablett mit Essen in die Scheune: dicke Brotscheiben, mit Ziegenbutter bestrichen, und warme Ziegenmilch. Es war die erste richtige Nahrung, die wir seit unserer Flucht erhielten. Nie in meinem Leben hatte ich Ziegenmilch getrunken, aber an diesem Nachmittag war sie das Beste, was ich jemals probiert hatte. Während wir aßen, ging die Frau fort und kam mit zwei Wolldecken zurück. Sie befahl uns, wir sollten jetzt schlafen, aber vor Sonnenaufgang verschwunden sein.

Obwohl wir lieber nachts marschierten, gaben wir unserer Müdigkeit nach und schliefen bis nach Mitternacht. Dann erhoben wir uns, falteten die Wolldecken zusammen und setzten unsere Flucht fort. Mehrere Tage lang marschierten wir über abgeerntete Felder, immer in westlicher Richtung.

17

Einige Tage, nachdem ich in die Gerstenstoppeln gefallen war, wurden meine Beine schwächer und schwollen an. Hatte ich die Stichwunde in meinem Schenkel durch Verunreinigungen entzündet? Würde ich Wundbrand bekommen oder eine Blutvergiftung? Überall tat es mir weh. Ohne mich bei Fritz abzustützen, konnte ich schon gar nicht mehr gehen. Natürlich brachte ich uns beide in Gefahr. Aber was sollte ich tun?

Wir mühten uns beide ab, um überhaupt voranzukommen. Eines Tages führte mich Fritz zu einem kleinen Bach außerhalb eines Dorfes. Wir tranken uns an dem frischen Wasser satt, dann badete ich meine Beine in dem Bächlein.

„Schau mal, Fritz, hier müssen wir uns trennen. Ich kann nicht mehr weiter. Ich muss hier warten, bis du Hilfe besorgen kannst, wenn das überhaupt möglich ist. Geh einfach immer weiter westwärts. Dann erreichst du die Oder. Das kann nicht mehr weit sein. Dann musst du eine Brücke suchen, die du bei Nacht überqueren kannst. Wenn du auf der anderen Seite bist, dann bist du zu Hause."

Das war zugegebenermaßen ein Schwachpunkt in meinem Fluchtplan. Alle meine Kenntnisse über die Ländergrenzen stammten von anderen Gefangenen und waren auf dem Stand vom Mai 1945, als wir gefangen genommen worden waren. Über die Größe des sowjetischen Besatzungsgebietes in Polen und Ostdeutschland wussten wir nicht viel.

Fritz wollte mir nicht antworten. Stundenlang müssen wir dort bei dem Bach gesessen haben. Ich hatte Fieber, schlief zwischendurch ein und träumte von meiner Mutter, wie sie die 60 Kilometer mit ihrem Pferdewagen fuhr, als man versuchte, ihr die Kinder wegzunehmen. Kein Licht des Himmels drang aus der Dunkelheit und aus den wütenden Wolken zu ihr durch. Aber Mutter fuhr weiter, ihr Treck wiederholte sich mir im Traum.

Ich erwachte, schlug die Augen auf und lag mit dem Gesicht

im Gras am Bach. Fritz stand neben mir, und es war dunkel. Welche Nacht war es? Hatte ich den ganzen Tag durch geschlafen bis zur nächsten Nacht? Wieder schloss ich die Augen. Diesmal träumte ich von Christus auf seinem Leidensweg, das Kreuz auf der Schulter, den Hohn und Spott der Menge in der engen Straße erduldend. Und auch er ging weiter. Sein Auftrag bestand darin, weiterzugehen bis zum Ende.

Wieder wachte ich auf. Die Erinnerung an die beiden Träume war noch lebendig: Mutter war weitergegangen, und Christus ebenfalls. Jetzt war es meine Aufgabe, weiterzugehen. Aber wie? Ich war geschwächt, schwindlig, konnte mich kaum auf die Seite rollen. So lag ich halb bewusstlos auf dem Rücken, starrte in den dunklen Himmel.

Auf ganz eigentümliche Weise erhielt ich eine Antwort – wenn auch nicht in Worten. Auf einmal spürte ich wieder die Liebe meiner Mutter, über viele Kilometer hinweg. Wer weiß, wo sie sein mochte. Ich spürte auch die Liebe Gottes – und, ganz deutlich, die Liebe meines Freundes Fritz, der mich eigentlich hätte verlassen sollen, es aber nicht getan hatte. Umfangen von dieser Liebe muss ich wieder eingeschlafen sein. Jedenfalls erinnere ich mich daran, dass ich wieder aufwachte und an die Blindheit des Apostels Paulus auf dem Weg nach Damaskus dachte. Muss ein Mensch erst in den Staub geworfen werden, ehe er seinen Stolz loslässt und akzeptiert, was da kommt?

Ich fühlte mich etwas besser. Ich wälzte mich herum und spritzte mir Wasser aus dem Bach über das Gesicht. Irgendwie hatte ich das Gefühl, dass es gar nicht auf mich ankam. Worauf es ankam, das war die geheimnisvolle Verknüpfung zwischen allen Dingen, die Liebe, die alles durchdringt. Ich hatte das Gefühl, dass der Sinn meines Lebens gerade darin bestand, dies alles geschehen zu lassen. Ich durfte mich dem Geschehen nicht in den Weg stellen, sondern musste es an mich herankommen lassen. Eines Tages würde ich es an andere weitergeben. Ohne dass ich ganz verstand, was eigentlich vorging, erkannte ich den Sinn meines Weiterlebens.

Was hatte Pater Josef mir einmal vorgelesen? „Wache auf, der du schläfst, stehe auf von den Toten, und Christus wird dich erleuchten." Ich nahm alle meine Kräfte zusammen und öffnete mich einer Kraft, die ich nicht in mir vermutet hatte.

„Fritz, es wird Zeit, dass wir uns auf den Weg machen."

Er half mir auf die Beine, und wir gingen eine kurze Strecke, vielleicht einen Kilometer weit, bis wir an eine Straße kamen. Dort, unter einer Baumgruppe, ruhte ich mich wieder aus. Ich saß an einen Baumstamm gelehnt und schaute über die Felder hin.

Für mich wird dieses Feld immer als „Gnadenfeld" in Erinnerung bleiben – so hieß das Heimatdorf meines Vaters in Bessarabien. Längst vergessen geglaubte Erinnerungen stürmten auf mich ein. Mir fiel Jakobs Traum bei Bethel ein. Dieser Ort, dieses Gnadenfeld, war mein Bethel. Und ich erinnerte mich daran, was Jakob gesagt hatte, als er aus seinem Traum erwachte: „Fürwahr, der Herr ist an dieser Stätte, und ich wusste es nicht!"

Ja, dachte ich bei mir, er war die ganze Zeit hier, und ich wusste es nicht.

Fritz und ich wollten eigentlich den ganzen Tag in diesem kleinen Wäldchen verbringen und nach Einbruch der Dunkelheit weitergehen. Aber ehe wir recht wussten, wie uns geschah, erschienen zwei Mädchen auf der Straße. Sie zogen einen leeren Handwagen hinter sich her. Wahrscheinlich hatten sie zwischen den Bäumen auf dasselbe große Feld geschaut und uns dabei erblickt.

Da sie uns ohnehin gesehen hatten, rief Fritz die Mädchen an. Sie hielten inne und kamen uns entgegen. Ich hörte, wie die eine auf Polnisch sagte. „Ihr seid deutsche Kriegsgefangene, nicht wahr?"

Fritz antwortete ihnen und gab es zu. Dann erklärte er ihnen, dass ich verletzt sei und nicht mehr laufen könne, sondern Hilfe benötige. Ohne zu zögern, hoben die Mädchen mich auf und legten mich hinten auf den Handwagen. Als sie den Wagen weiterzogen, ging Fritz nebenher und stellte ihnen alle möglichen Fragen. Unter anderem fragte er: „Wohin bringt ihr ihn?"

„Habt keine Angst. Wir kennen einen sehr schönen Ort, wo wir ihn hinbringen können. Wir werden Hilfe holen und möchten, dass ihr es warm und trocken habt."

Als wir so dahingingen, fuhr eine Kolonne russischer Armeelastwagen mit hoher Geschwindigkeit an uns vorbei. Weder Fritz noch ich waren irgendwie getarnt, als sie vorbeirasten, aber die Soldaten beachteten uns gar nicht. Sie schienen in großer Eile zu sein. Zwei ausgemergelte Fliehende, immer noch in ihren zerfransten Uniformen, konnten ihnen kein Interesse entlocken.

Nach drei oder vier Kilometern bogen die Mädchen von der Straße in einen kleinen Waldweg ab. Dann ging es nochmals mehrere Kilometer weiter, bis wir vor einem großen Haus ankamen. Die Mädchen gingen zur Haustür und klopften an. Ein hochgewachsener, schlanker Mann in polnischer Offiziersuniform und mit Orden auf der Brust trat heraus. In der linken Hand hielt er ein Gewehr mit Zielfernrohr. Er war etwa 35 Jahre alt.

Die Mädchen sprachen auf Polnisch mit ihm. Ich war der festen Überzeugung, sie hätten uns verraten. Dann kam der Mann auf uns zu und sprach mit uns in einwandfreiem Deutsch. Tatsächlich trug er die Uniform eines polnischen Forstbeamten, die wir für eine polnische Offiziersuniform gehalten hatten.

„Jungs, wo kommt ihr denn her?"

Wir erzählten ihm, dass wir aus dem Bergwerk geflohen waren.

„Hat irgendjemand euch gesehen?"

Die Mädchen antworteten hastig. „Nein, nein, niemand."

Der Offizier und Fritz halfen mir aus dem Wagen heraus. Eilig zogen die Mädchen den Wagen hinter das Haus. Kurze Zeit später brachten sie uns Pfannkuchen, Butter, Milch und Kaffee. Der Offizier unterhielt sich noch eine Weile mit uns. Als wir mit dem Essen fertig waren, gab er uns polnisches Geld, etwa 50 Zloty.

„Hört mal, Jungs, ich muss euch jetzt verstecken. Da hinten habe ich einen großen Vorratsraum. Dort versteckt ihr euch unter dem Stroh. Irgendwann nach Mitternacht komme ich, um euch zu wecken, und dann führe ich euch tiefer in den Wald hinein."

Das tat er dann auch. Gegen drei Uhr morgens, nachdem wir fast zwölf Stunden fest geschlafen hatten, weckte er uns. Meinen Beinen ging es nach der Ruhepause etwas besser.

In der Stille der Nacht und in der Verborgenheit unseres Verstecks saß der Forstbeamte mit uns auf dem Boden und erzählte uns seine Geschichte.

„Ich bin in Wirklichkeit deutscher Offizier. Jahrelang war ich auf Geheimkommando hinter den russischen Linien. Ich war bei den Sowjets in Moskau und Stalingrad, als die Deutsche Wehrmacht diese Städte angriff. Schaut euch meine Hände an ... Ich kann keinen einzigen Finger mehr gerade machen."

Seine Hände waren krumm und narbenbedeckt. Was an Muskeln und Sehnen noch übrig war, war von Kugeln und Bajonettstichen verunstaltet. Er sprach über Städte, die ich kannte, und auch über Städte, die mir unbekannt waren. Er kannte Warschau. Er kannte Litzmannstadt. Er kannte Danzig. Er kannte Leningrad. Er kannte Odessa. Er kannte Smolensk. Er kannte alle diese Orte; er kannte sie einfach. Wenn ich seine gebräunte Haut und sein brünettes Haar betrachtete, verwunderten mich seine Geschichten nicht. Er war ein Mann, der sich fast überall unter das Volk mischen konnte. Und ganz offensichtlich hatte er das auch getan.

„Ich habe einen polnischen Forstbeamten getötet und seine Uniform angezogen. Seit einem halben Jahr bin ich nun der höchste Forstbeamte in dieser Gegend, aber ich weiß, dass man mich im Verdacht hat. Keiner weiß Genaues über mich. Die Mädchen, die euch gebracht haben, wissen von nichts. Sie kochen für mich und helfen mir bei der Hausarbeit. Passt mal auf:

In dem Wald, in den ich euch führe, gibt es weitere Forstbeamte. Falls wir einem begegnen sollten, müsst ihr versuchen, ihnen eine Geschichte aufzutischen und euch dann trennen und in verschiedene Richtungen davonlaufen. Ich werde dann hinter euch her schießen, so tun, als gebe ich gezielte Schüsse ab ... Aber natürlich werde ich euch nicht treffen. Dann müsst ihr verschwinden. Ich halte dann die anderen auf, damit sie euch nicht verfolgen."

Der Mann führte uns etwa vier Kilometer in den düsteren Wald hinein. Dann wies er uns die Richtung zur Oder, die von dort noch 20 Kilometer entfernt war.

„Jungs, wenn ihr euch zwischen den Tannen und Kiefern haltet, werdet ihr die Oder an einer Stelle erreichen, wo es eine Brücke gibt. Über die müsst ihr gehen."

Wir folgten seinem Rat. Bei Tagesanbruch hielten wir jeweils an, versteckten uns und ruhten uns den Tag über aus. Meine Beine waren immer noch geschwollen und taten mir weh. Deshalb tat mir die Ruhe nach einigen Stunden immer sehr gut. Ich konnte den Rest des Weges bis zur Oder, etwa zwölf Kilometer, in der nächsten Nacht schaffen.

Als wir am Ufer ankamen, mussten wir feststellen, dass die Brücke inzwischen zerstört worden war. Davon hatte der Förster offenbar nichts gewusst. Vielleicht war es auch erst kürzlich geschehen und hing mit den aktuellen Spannungen zwischen der Sowjetunion und der Tschechoslowakei zusammen. So beschlossen wir, flussabwärts zu gehen, bis wir auf eine Furt oder eine Brücke stoßen würden.

Der Zustand meiner Beine hatte sich nicht sehr gebessert, aber ich quälte mich, so gut es ging, weiter. In der zweiten Nacht kamen wir nur wenig voran, weil ich mich immer wieder ausruhen musste. Deshalb marschierten wir auch nach Tagesanbruch weiter. Frühmorgens gelangten wir an das Ende des Waldes und erblickten ein kleines Haus. Eine ältere Dame stand davor und erntete die letzten Tomaten des Jahres, die sie zwischen Weinranken unter dem Dachvorsprung angepflanzt hatte.

18

Die Frau trug dunkle Kleidung, die auch schon bessere Tage gesehen haben musste. Ein knöchellanger, schwarzer Rock war offenbar schon häufig ausgebessert worden; dazu eine dunkelgraue langärmelige Bluse. Sie konzentrierte sich auf ihre Tomaten und hatte uns noch nicht entdeckt.

Fritz rief ihr etwas auf Polnisch zu. Erschrocken drehte sie sich um. Als wir näher kamen, merkten wir, dass sie längst nicht so alt war, wie wir gedacht hatten.

„Jungs, ihr seid bestimmt auf dem Weg nach Hause, nicht wahr? Kommt gleich ins Haus. Kommt schnell herein!" Sie sprach Deutsch mit polnischem Akzent.

Das war Frau Czogalla. Praktisch vom ersten Augenblick, da sie uns gesehen hatte, wurde sie unser Schutz- und Rettungsengel. Sie merkte sofort, dass wir erschöpft, von den kalten Nächten ausgekühlt und halb verhungert waren. Sie erkannte auch den Zustand meiner Beine. Obwohl kein Wundbrand entstanden war, hatte sich das Gewebe durch eine Infektion entzündet. Ihr Mann sei Eisenbahner, erzählte sie uns, und häufig unterwegs. In dem kleinen Haus wohnte sie zusammen mit ihrem Mann und ihrer Tochter, einer jungen Frau unseres Alters, die tagsüber im Nachbardorf arbeitete. Im Haus gab es zwei Schlafzimmer: eines für Karla und eines für sie und ihren Ehemann. Gleich am Tage unserer Ankunft gab sie uns ihr Schlafzimmer und schlief selbst im Zimmer ihrer Tochter.

Karla, Frau Czogallas Tochter, war fasziniert von unserer Fluchtgeschichte. Sie wusste, in welche Gefahr ihre Mutter die Familie brachte, aber sie stand voll hinter ihr.

Frau Czogalla badete meine Beine in einem Kräutersud aus Pflanzen ihres Gartens. Sie kannte alle möglichen Volksheilmittel. In früheren Zeiten hätte man sie eine heilkundige Frau genannt, und das war sie auch.

Warum hatte sie uns aufgenommen? Nun, sie wohnte nahe der früheren Grenze zwischen Deutschland, Polen und der

Tschechoslowakei. Vielleicht hatte sie also eine gewisse Bindung an Deutschland. Sicherlich spielte auch ihr tiefer römisch-katholischer Glaube eine Rolle. Wie dem auch sei – ihre Nächstenliebe ging weit über das Maß hinaus, zu dem andere bereit gewesen wären. Indem sie uns half, setzte sie ihr Haus, ihr Wohlergehen und das ihrer Familie aufs Spiel. Sie begegnete Fritz und mir mit der Liebe Christi, und diese Liebe war stärker als die Furcht vor der polnischen oder der sowjetischen Regierung. Wenn jemand vorbeikam, sperrte sie uns in die Speisekammer, wo sie viele Dinge aufbewahrte; unter anderem Männerkleidung, Mehl, Hühnereier und Obst. Die übrige Zeit, wenn keine Gefahr bestand, lebten wir in ihrem Haus wie Könige. Jedenfalls kam uns das so vor.

Nach knapp einer Woche hatte Frau Czogalla meine Beine fast völlig auskuriert. Sie tat aber noch mehr. Sie ging in andere Häuser des Ortes und sammelte Kleider für uns, damit wir nicht länger unsere phosphormarkierten Uniformen tragen mussten. Sie schleppte Hemden und Hosen heran, ja selbst Schuhe. In diesen Sachen sahen wir wie ganz normale polnische Zivilisten aus und konnten sogar kleine Spaziergänge in der Abenddämmerung unternehmen.

In gleicher Weise beschaffte Frau Szogalla auch Lebensmittel für uns. Von einer Familie bekam sie ein Huhn, von einer anderen Butter und Mehl. Wir lebten in einem Zustand der Glückseligkeit.

Eine Woche lang beherbergte Frau Szogalla uns in ihrem Haus. Eines Abends fragte sie uns: „Na, Jungs, wie kommt ihr denn jetzt nach Hause?"

„Wir müssen die Oder überqueren. Ich weiß nicht, wie wir das schaffen sollen. Die Brücke weiter südlich ist kaputt."

„Oskar, die Stadt Kosel ist ungefähr anderthalb Stunden Bahnfahrt von hier entfernt. Dort wohnt eine meiner Nichten. Vielleicht kann sie euch helfen ... Ja, ich glaube, das wäre die beste Möglichkeit, über die Oder zu kommen."

Es fügte sich so, dass Frau Czogallas Ehemann eben zu dieser

Zeit von der Eisenbahn nach Hause kam. Er half uns, indem er ein Telegramm an ihre Nichte schickte und sie um ihre Hilfe bat. Welche Hilfe er meinte, erwähnte er nicht.

19

Nach einigen Tagen erschien eine schöne junge Frau von etwa neunzehn Jahren in Frau Czogallas Haus. Sie hatte goldblonde Haare, trug farbenfrohe Kleidung und sah insgesamt sehr modern aus. Sie hieß Toni. Fritz mochte Karla, aber ich fand Toni auf Anhieb sehr attraktiv. Sie war Frau Czogallas Nichte und aufgrund des Telegramms gekommen.

Toni tüftelte mit uns zusammen einen Plan aus: Gemeinsam würden wir mit der Bahn nach Kosel fahren. Dann wollte sie eine Fahrt auf dem Fluss für mich arrangieren. So würde ich nach Frankfurt/Oder kommen, das 100 Kilometer von Berlin entfernt war. Fritz sollte bei Frau Czogalla bleiben, bis Toni auch ihn abholte. Also mussten Fritz und ich unsere Fahrt in die Freiheit getrennt antreten, aber die Hilfe und den Plan, den Toni ausgetüftelt hatte, konnte ich unmöglich ablehnen.

„Fast nach jedem Kilometer geht die Polizei durch die Waggons und verlangt die Ausweispapiere zu sehen."

Toni kaufte zwei Fahrkarten, eine für sich und eine für mich. Ich trug polnische Kleidung, das einzige Merkmal meines Gefangenendaseins waren die Haarstoppeln, die vom Scheren meiner Haare im Lager herrührten. Wir entschieden, dass ich während der Fahrt meine Mütze aufbehalten sollte.

„Wenn du angesprochen wirst, brauchst du die Mütze nicht abzunehmen, und als Ausweise haben wir die beiden Fahrkarten." Toni meinte, der normale Pole trage in seinem Land auch keine weiteren Ausweispapiere bei sich.

Genau so machten wir es dann auch. Sobald wir im Zug saßen, kam die Polizei und verlangte, die Fahrkarten zu sehen.

Als sie zu mir und Toni kamen, nahm ich sie in den Arm, und sie zog die Fahrkarten heraus. Die Polizisten sahen nur ein Paar in enger Umarmung – und gingen weiter. Diese Geste des Umarmens löste bei mir alle Nervosität, die mich angesichts der Polizisten überkommen hatte.

In Kosel nahm Toni mich mit zum Hause ihrer Eltern, wo ich vier Tage lang blieb. Während ich dort wohnte, lernte ich durch Tonis Vermittlung Leute aus dem Flusshafen kennen. So konnte ich den nächsten Schritt meiner Reise vorbereiten.

Von Kosel bis zur Ostsee gab es Boot- und Kahnverkehr. Der Großteil der Kohle aus den Bergwerken rund um Katowice wurde hier in Boote umgeladen. Zielort war Leningrad. Toni und ich gingen gemeinsam zum Haupteingang des Hafens. Dort traf sie einen alten Freund und überredete ihn, ihr seinen Arbeits- und Fahrtausweis für den Fluss zu überlassen. Er hieß Peter Reutinger und war Matrose auf den Frachtkähnen. Auf Tonis Drängen stimmte er zu, mich in den Hafen zu bringen, und wir hofften, dass sein Ausweis uns helfen würde, Arbeit für mich auf einem der Schleppzüge zu finden. Ich würde vorgeben, Peter Reutinger zu sein.

Peter war ungefähr neunzehn, schlank und athletisch gebaut. Er bewegte sich elegant und schnell und sprang mit Leichtigkeit über Mäuerchen und andere Hindernisse, während wir durch den Hafen zum Fluss gingen. Ich konnte mich gerade mal langsam und mit Mühe über diese Hindernisse bewegen. Als wir am Fluss ankamen, entdeckte ich ein Schleppboot mit einem deutschen Namen: „Schwalbe".

Ich pfiff laut und rief dem Skipper, der auf dem Vorderdeck arbeitete, zu: „Ich suche Arbeit."

„Woher wusstest du, dass ich einen Maat brauche?"

„Na, ein so schönes Schiff braucht doch sicherlich eine tüchtige Mannschaft."

Der Skipper verließ den Schlepper und ruderte zum Kai, kletterte hoch und musterte mich genau. Er war ein strammer, muskulöser Mann, mit einem Seemannspullover und einer

Schiffermütze bekleidet. Wahrscheinlich verbrachte er sein ganzes Leben damit, Kohle die Oder hinunter bis zur Ostsee zu schippern – vielleicht sogar bis nach Leningrad. Er war körperlich topfit, aber seine rotgeränderten Augen zeugten davon, dass er nicht genug Schlaf bekam, was bei Seeleuten normal ist. Diesem Mann erzählte ich alles über mich und meine Situation.

„Ich bin als deutscher Kriegsgefangener auf der Flucht, und ich möchte diese Gelegenheit nutzen, um in den Westen zu kommen."

„Ich will dir mal was sagen. Sicherlich brauche ich dringend einen Mann und mit deinen Papieren kannst du gut anheuern. Andererseits wäre es gut, wenn du von den Leuten, die dir bisher geholfen haben, Verpflegung bekommen könntest: Kartoffeln, Fleisch, Dosen. Ich habe gerade mal genug Essen für mich selbst."

Also ging ich zu Toni und ihrer Familie zurück. Tatsächlich gelang es ihnen, Verpflegung für drei der vier Tage zu sammeln. Damit ging ich zur „Schwalbe" zurück und fand sie auslaufbereit vor. Als der Skipper versuchte, die Maschine anzuwerfen, sprang sie aber nicht an. Das Boot musste zur Reparaturwerft geschleppt werden. Währenddessen kamen dem Skipper wieder Zweifel, ob es ihm gelingen würde, alle Kontrollen der Zollbeamten auf dem Fluss zu passieren. Wir einigten uns auf einen Plan: Wir würden zum Büro des russischen Hafenmeisters gehen.

„Heißt das, dass Sie von mir verlangen, in das Büro des Hafenmeisters zu gehen? Dann werden die mit mir machen, was ich bis jetzt habe verhindern können."

„Nein, hör zu. Ich bin hier gut bekannt. Ich bin alle zwei Monate hier. Ich habe sogar Freunde, die dort arbeiten."

Schließlich gab ich nach und willigte ein, mit ihm zu gehen. Ich hatte ja keine Ahnung, dass ich vor dem Büro des Hafenmeisters einem Sowjetsoldaten mit Maschinenpistole gegenüber stehen würde, wie ich ihn hundertfach nach meiner Gefangennahme auf den freien Feldern zu Gesicht bekommen hatte. Und über dem Eingang verkündete ein Schild in riesigen russischen und polnischen Buchstaben: Hafenkommandant.

Der Offizier und der Skipper der „Schwalbe“ unterhielten sich schnell auf Polnisch. So viel konnte ich verstehen, dass der Skipper auf die Wichtigkeit seiner Ladung hinwies und sagte, er benötige einen Maat auf seinem mit Kohle beladenen Schiff, um die schwierigen Manöver beim Durchfahren der Schleusen weiter flussabwärts zu meistern. Er fügte hinzu, er habe einen solchen Mann, womit er mich meinte, und zeigte dem russischen Offizier meine Ausweispapiere. Der Russe erhob sich hinter seinem Schreibtisch.

„Nun, in diesem Falle helfe ich Ihnen natürlich.“ Mehr sagte er nicht. Er verließ seinen Schreibtisch und ging in einen Büroraum nebenan.

Der Skipper und ich blieben alleine zurück. Na, dachte ich, das war es dann wohl. Das war eine Falle. Meine Verhaftung würde nicht lange auf sich warten lassen. Der Russe blieb ungewöhnlich lange in dem Zimmer.

Endlich kam er zurück, diesmal in Begleitung eines anderen Offiziers, eines Majors. Es war der Major, für den ich als Diener in Christianstadt gearbeitet hatte! Einen Augenblick lang starrten wir uns gegenseitig an. Der Major hatte mich mit Gewissheit erkannt. Die beiden Russen verließen den Raum. Ganz instinktiv wollte ich davonlaufen, wusste aber, dass ich nicht weit kommen würde. Nach einigen Minuten kam ein diensttuender Soldat und brachte Peter Reutingers Papiere, die jetzt den Stempel trugen „Peter Reutinger, Matrose der Roten Flotte, ist berechtigt, mit der ‚Schwalbe‘ auf ihrer Reise zur Ostsee zu fahren.“ Der Assistent gab dem Skipper die Papiere, und wir verließen das Büro. Ich taumelte innerlich, dieses Glück kam doch zu überraschend!

Draußen sahen wir zwei große Stücke Rindfleisch an der Wand hängen. Als ich meine Papiere vorwies, wurde dem Skipper gestattet, eines der beiden Stücke klein zu schneiden. Die

Teile warf er mir in den Arm, das andere Fleisch behielt er für sich. Da wir für die Sowjetunion Kohle transportierten, mussten wir gut verpflegt werden. Dann gingen wir zu weiteren Stellen, wo Proviant ausgegeben wurde. Wir erhielten einen Sack Kartoffeln, einen Viertelsack Zucker, dazu Reis und anderes, bis wir nichts mehr tragen konnten.

Am nächsten Morgen sollte die Reparatur abgeschlossen sein, und dann waren wir auslaufbereit. Die „Schwalbe" war ein kurzes, breites und flaches Fahrzeug, nur die Brücke ragte heraus. Sie war nur mit einem Dieselmotor ausgestattet, aber dafür war er sehr stark.

Von seiner Brücke aus steuerte der Skipper das Boot. Hinter dem Boot kam der Ladekahn mit der Kohleladung. An seinem Heck befand sich ebenfalls eine kleine Brücke, dort würde meine Arbeitsstation sein. Ich musste den Schleppkahn steuern und ihn auf dem Kurs des Bootes halten. Die einzige Ausbildung, die ich für diese Tätigkeit besaß, war das Training, das ich bei der Marine-Hitlerjugend genossen hatte.

Vor der Abfahrt am nächsten Morgen erläuterte der Skipper mir noch, was wir unterwegs zu erwarten hatten: „Auf dieser Flussfahrt müssen wir viele Schleusen passieren, die alle sorgfältig von der Polizei bewacht werden. Deinen Ausweis hätten sie vielleicht nicht anerkannt, aber den Stempel der Roten Armee werden sie nicht in Frage stellen ..."

Diese Vorhersage erwies sich als richtig. Wir begannen die Reise flussabwärts und kamen von Schleuse zu Schleuse. Die Polizei hatte nichts weiter zu tun, als das Logbuch zu überprüfen. In diesem Logbuch bewahrte der Skipper die Papiere mit dem Stempelvermerk der Roten Armee auf. Jedes Mal konnte die „Schwalbe" passieren, ohne dass weitere Fragen gestellt worden wären.

Während der Fahrt erlebte ich auch, dass immer wieder polnische Menschen in kleinen Booten heranruderten und uns Enten, Gänse und Eier anboten – im Tausch gegen Kohle. Fast die gesamte polnische Kohleförderung ging in die Sowjetunion.

Für das eigene Land blieb nur sehr wenig, für die arme Landbevölkerung, mit der ich Mitleid hatte, blieb gar nichts übrig. Nur zu gern war ich bereit, ihnen einen Teil der Kohle ihres eigenen Landes zurückzuerstatten. Die Oder führte uns durch Breslau und Grünberg nach Fürstenberg und dann zu unserem ersten Ziel Frankfurt/Oder. Später erfuhr ich, dass Fritz dieselbe Route wie ich gefahren ist, nur vier Tage später.

Als die „Schwalbe" in Frankfurt/Oder ankam, eröffnete der Skipper mir eine letzte Bitte. „Oskar, ich habe dir einen Gefallen erwiesen, wie wäre es, wenn du das auch für mich tust? Die Oder ist noch eine ganze Strecke lang sehr eng, ehe wir ins Mündungsgebiet an der Ostsee kommen. Bitte bleib noch zwei Tage mit mir auf dem Boot, bis wir Hohensaaten erreichen."

„Gut. Zwar werde ich von Hohensaaten aus nicht so gute Bahnverbindungen nach Berlin haben wie von Frankfurt/Oder, aber ich tu es", antwortete ich ihm. Und durch diese Entscheidung, die meine Reise insgesamt zwei Tage länger werden ließ, trafen Fritz und ich uns später in Berlin wieder. Ich verließ die „Schwalbe" in Hohensaaten am selben Tag wie Fritz sein Boot in Frankfurt/Oder. Unabhängig voneinander machten wir uns am gleichen Tage auf den Weg nach Berlin.

20

Als mein Name im Flüchtlingssammellager aufgerufen wurde, damit ich Verpflegung und eine Wolldecke in Empfang nehmen konnte, rief Fritz spontan: „Oskar!" Auf diese Weise fanden wir in Berlin wieder zusammen. Wir weinten und lachten vor lauter Freude und fielen uns um den Hals. Dann erzählten wir uns, was wir seit der Abreise von Frau Czogallas Heim erlebt hatten.

Dieses Glück sollte jedoch nicht lange dauern. Mit der abendlichen Verpflegung erhielten wir zugleich die Anordnung, uns für eine vierzehntägige Quarantäne in einen abgeschlossenen Teil des Lagers zu begeben. Dort würden wir desinfiziert, ärztlich untersucht und offiziell registriert. Danach, so hieß es, stünde es uns frei, in jeden Teil der Ostzone zu reisen und uns Arbeit zu suchen.

Was war diese Ostzone eigentlich? Erstaunlicherweise wussten wir fast gar nichts über die politische Situation im Nachkriegsdeutschland. Dass ein Land achtzehn Monate nach Kriegsende noch besetzt sein könnte – auf den Gedanken waren wir nicht gekommen. Aber wir merkten schnell, dass wir uns noch in der sowjetischen Besatzungszone befanden – und wir wussten, dass unsere Flucht aus Katowice noch nicht zu Ende war.

Es blieb uns nur die Möglichkeit, vor Beginn der Quarantäne zu fliehen. Wir gingen zur Toilette, kletterten durch das Fenster, kletterten über einen Außenzaun hinweg und rannten zur nahe gelegenen U-Bahn. Keiner von uns beiden kannte Berlin wirklich gut. Wir hatten Gerüchte gehört, dass Hitler während der Eroberung Berlins die U-Bahn-Schächte hatte fluten lassen, während sowjetische Soldaten darin waren. Wir liefen die leeren U-Bahn-Schächte entlang, bis wir auf Schilder in englischer Sprache stießen. Die Abgrenzung der Sektoren war damals noch nicht so vollständig wie in späteren Jahren. Als wir die U-Bahn-Station verließen, befanden wir uns im englischen Sektor von Berlin. Hier fanden wir ein ganz ähnliches Flüchtlings-Auffanglager, wie wir es im russischen Sektor kennen gelernt hatten.

Während unseres Aufenthaltes im britischen Lager erfuhren wir mehr über die neuen Grenzen und die Verhältnisse im besetzten Deutschland. Daraufhin baten wir, in den amerikanischen Sektor gebracht zu werden.

„Ja sicher, wenn ihr das wollt. Wenn ihr nicht bei uns Engländern bleiben wollt, könnt ihr zu den Amerikanern gehen", sagte ein englischer Offizier.

Ganz aus unserer Gefangenschaft befreit waren wir noch

nicht. Unseren Status als Kriegsgefangene behielten wir so lange, bis eine der Besatzungsmächte uns aus der Deutschen Wehrmacht entließ. Mit dem Zug fuhren wir nach Stuttgart, das in der amerikanischen Zone lag, und wurden gleich wieder in ein Kriegsgefangenenlager in Heilbronn gebracht. Dort wurden wir verhört und befragt, ob wir in irgendwelche Kriegsverbrechen verwickelt waren, ehe wir endlich aus der Deutschen Wehrmacht entlassen und wieder Zivilisten werden konnten.

Bald nach meiner Entlassung erfuhr ich den Aufenthaltsort meiner Mutter und meiner Schwestern. Sie lebten in Gummersbach, etwa 50 Kilometer östlich von Köln. Sobald ich das wusste, kaufte ich mir eine Bahnfahrkarte – und eine Woche vor Weihnachten war ich wieder mit meiner Familie vereint.

Die Entwurzelung unseres Daseins hatte im September 1940 mit der Umsiedlung aus Bessarabien begonnen. Jetzt, im Dezember 1946, war sie endlich beendet. Meine lange Flucht aus Katowice endete in einer Stadt, die einige Hundert Kilometer von dem Ort entfernt war, den meine Mutter und meine Schwestern nach wochenlanger Flucht aus Westpreußen erreicht hatten.

Wir hatten großes Glück gehabt. Glück? Nein, ich glaubte nun nicht mehr, dass die Kraft, die dies alles zustande gebracht hatte, nur Zufall gewesen sein könnte.

6. Teil

Die Flamme des Lebens

21

Nachdem ich zu meiner Familie zurückgekehrt war, erzählte meine Mutter mir über ihre eigenen Erlebnisse während der Flucht. Franeck hatte sie und meine Schwestern zusammen mit einem weiteren Landarbeiter mit dem Pferdewagen bis zur Oder gebracht. Von da aus fuhren sie mit dem Zug weiter, bis sie in die Nähe von Köln kamen.

Wie dankbar war ich, dass ich meine Gefangenschaft und Flucht überlebt hatte und zudem wieder mit meiner Familie vereint war. Aber die Lebensumstände erwiesen sich als sehr schwierig. Wir lebten zu viert in einem einzigen ungeheizten Zimmer, einer Mansarde unter dem Dach. Der Raum war nicht größer als drei mal vier Meter. Ich fand die Kälte, in der wir leben mussten, unerträglich. Einmal versuchte ich uns Heizmaterial zu verschaffen, indem ich in den Wald ging und einen Eichenbaum fällte. Kurz darauf erhielt ich eine Vorladung zur Polizei in Gummersbach. Ich musste zur Wache, wo ich verhört wurde. Dort schilderte ich die verzweifelte Lage meiner Mutter und meiner Schwestern und beteuerte, dass ich die Gesetze des Landes nicht kannte. Auf das Versprechen hin, keine weiteren Bäume zu fällen, wurde ich ohne Bestrafung entlassen.

Auch die Versorgung mit Lebensmitteln war ausgesprochen schwierig. Viele Grundnahrungsmittel gab es nur streng rationiert auf Lebensmittelkarten. So hatte jeder Anspruch auf drei oder vier Teelöffel Zucker pro Tag und einen Viertellaib Brot. Oft musste Mutter sich einen ganzen Tag lang anstellen, um unseren Laib Brot zu ergattern. Die Lage besserte sich während meines ersten Jahres in Gummersbach noch nicht. Trotz aller dieser Entbehrungen war unsere Familie froh, dass wir überhaupt am Leben geblieben und wieder beieinander waren.

Ich ging auf Arbeitssuche und akzeptierte alle Gelegenheitsjobs, die sich mir boten. Gewöhnlich arbeitete ich in Fabriken, die Bügeleisen, Waffeleisen und ähnliche Dinge herstellten. Im Frühjahr fand ich eine Stelle bei einer Firma, die Electra hieß. Vier Monate lang arbeitete ich dort, dann wechselte ich zu einer Fachschule, die von der Metallindustrie getragen wurde, und fing eine Lehre als Werkzeugmacher an. Meine Lehrzeit wurde auf zwei Jahre verkürzt, weil ich früher bereits auf der Landwirtschaftsschule ausgebildet worden war.

Während dieser Schul- und Lehrzeit fing ich an, Versammlungen von Jugendlichen zu besuchen, die von überkonfessionellen kirchlichen Organisationen eingerichtet worden waren. Erneut entdeckte ich die Liebe Christi, die mir so lange nicht bewusst gewesen war. Für mich begann damit ein neues geistliches Leben. Ich wurde Leiter in der christlichen Jugendarbeit und von einigen Pastoren sogar als Assistent eingesetzt.

Nachdem ich einige Jahre in Gummersbach gelebt hatte, begegnete ich einem Reisepastor, Emil Hommel, der auch Bessarabier war. Er reiste durch alle Gebiete Westdeutschlands, besuchte die in der Zerstreuung lebenden Bessarabier, hielt uns über alles Neue auf dem Laufenden und stellte Verbindungen zwischen uns her. Als er nach Gummersbach kam, lernten wir uns persönlich kennen.

Es war seine Idee, dass auch ich Pastor werden und unter den Bessarabiern arbeiten sollte. Damals, im Jahr 1950, waren das etwa 80 000 Menschen, und Pastoren wurden dringend gebraucht. Falls ich wollte, schlug Pastor Hommel vor, würde er versuchen, ein Predigerseminar für mich zu finden.

Ich stimmte zu und bekam prompt einen Brief mit den Bewerbungsunterlagen des Predigerseminars der Pilgermission St.

Chrischona in der Schweiz. Die Predigerschule war ein überkonfessionelles theologisches Seminar. Ich schickte meine Bewerbung los – Pastor Hommel hatte mir dabei geholfen, gute Referenzschreiben einzuholen – und wurde unter der Bedingung angenommen, dass ich innerhalb von drei Monaten meine Aufnahmeprüfung bestand.

22

Im September 1951 reiste ich nach St. Chrischona, das nicht weit von Basel liegt. Wieder musste ich Abschied nehmen von allen guten Freunden, die ich in der Jugendarbeit und in der Metallindustrie gefunden hatte. Wieder musste ich Abschied nehmen von meiner Mutter und meinen Schwestern.

Mir wurde die Trennung etwas erleichtert, weil meine Familie zu der Zeit schon einen Einwanderungsantrag in die Vereinigten Staaten gestellt hatte. Ein Bruder meiner Mutter lebte in Grand Forks, Nord Dakota, und eine Schwester in Lodi, Kalifornien. Der Antrag wurde genehmigt, und im Mai 1952 zogen meine Mutter und meine Schwestern nach Kalifornien.

St. Chrischona empfand ich als einen zauberhaften Ort. Das Gebäude war auf dem Grab einer iroschottischen Nonne errichtet worden, die dort vor Jahrhunderten auf dem Rückweg von einer Pilgerfahrt nach Rom gestorben war. Die katholische Kirche hatte ihr zu Ehren eine Kapelle errichtet. 1840 kam ein Mann namens Christian Friedrich Spittler von Basel an der Kapelle vorbei, die damals als Ruine ohne Dach dastand. Er beschloss, neues Leben auf den Hügel zu bringen und die Ruine wieder als Kirche zu nutzen.

Es dauerte nicht lange, und er hatte ein Schulungszentrum eingerichtet, aber noch kein offizielles Predigerseminar. Alle jungen Männer, die dort wohnten, hatten einen Beruf oder beherrschten ein Handwerk. Sie pflegten auf den kleinen Berg zu kommen und die Heilige Schrift zu studieren; anschließend gingen sie wieder in ihre erlernten Berufe zurück, um dort das Evangelium zu bezeugen. Nach einigen Jahren entwickelte sich aus dieser Arbeit ein Prediger- und Missionarsseminar. Die Eintrittsvoraussetzung, dass alle Bewerber eine abgeschlossene Berufsausbildung haben mussten, wurde beibehalten.

Während ich in St. Chrischona studierte, bewegte mich immer wieder einmal die Frage, welche Richtung mein eigener Dienst später nehmen würde. Sollte ich unter den Bessarabiern bleiben, die in Deutschland lebten? Oder sollte ich zu meiner Familie nach Amerika gehen?

Nicht weit vom Seminar entfernt, unmittelbar am Fuße des Berghanges, lag eine Diakonissenanstalt und ein Krankenhaus, das von den Diakonissen der Pilgermission geleitet wurde. Bei besonderen Anlässen gingen wir Seminarschüler zum Krankenhaus hinunter und gestalteten zum Beispiel Andachten oder musikalische Abende.

Aufmerksam beobachtete ich den Dienst der Schwestern an den zumeist älteren Patienten. Meine Mutter und meine Schwestern arbeiteten mittlerweile in Galt, Kalifornien, in einem Alters- und Pflegeheim. In ihren Briefen beschrieben sie manchmal Einzelheiten ihrer Arbeit. Das Krankenhaus, das die Diakonissen der Pilgermission betrieben, schien mir erheblich moderner zu sein als jenes in Galt.

Während der Semesterferien war meine Lieblingsbeschäftigung das Radfahren. Ich besaß ein Fahrrad mit Zehngangschaltung und unternahm anspruchsvolle Touren bis ins Tessin und über Alpenpässe. Im Sommer 1954 führte mich eine Radtour durch Süddeutschland, wo ich meine „Pflegeeltern" Onkel Otto und Tante Moni besuchte. Sie lebten in einer winzigen Wohnung in Rosenheim, nicht weit von der österreichischen Grenze entfernt.

Otto war ein gebrochener Mann, hager und altersgebeugt.

Aufgrund seiner politischen Aktivitäten während des Krieges hatte er seinen ganzen Besitz verloren. Er bereute zutiefst, dass er Mitglied der Nazipartei gewesen war. Während unserer Unterhaltung hatte ich den Eindruck, dass er ebenso enttäuscht über sein eigenes Verhalten war wie über das Dritte Reich insgesamt. „Was waren wir doch für Narren!", wiederholte er immer wieder kopfschüttelnd. „Wir waren alle verblendet!"

Er schlug die Augen nieder, als er fortfuhr: „Das waren alles machtgeile Gauner, die uns verführt haben. Durch meinen irregeleiteten Glauben an sie habe ich meinen Glauben an Gott verloren ..." Er warf mir einen flehenden Blick zu, dann senkte er wieder die Augen.

Seine Selbstverurteilung war viel schlimmer als alles, was ich hätte sagen können. Ich wusste nicht, was ich hätte sagen können, um ihn freizusprechen. Das Einzige, worauf ich hoffen konnte: dass meine bloße Anwesenheit ein Beweis dafür war, dass ich ihn verstand.

Tante Moni verbarg ihre Abscheu nicht. Sie redete eindringlich auf mich ein, als wolle sie mich warnen, irgendwann einmal dieselben Fehler zu machen.

„Sieh mal, Oskar, das war eine Bande von Verrückten. Die meisten von ihnen haben die ganze Zeit in der Gegend herumgehurt."

Onkel Otto nickte zustimmend und sah zu Boden. Damals in Krems war ich zu jung gewesen, um diese Seite der Geschichte mitzubekommen.

„Was glaubst du, was wir Frauen gedacht haben, als wir hörten, dass unsere Nachbarn dazu angehalten waren, die arische Rasse am Leben zu erhalten, indem sie Verkehr mit jungen Mädchen haben sollten, die eigens für diesen Zweck ausgesucht worden waren? Damals galt es in Österreich als eine hohe Ehre für ein BDM-Mädchen (BDM = Bund Deutscher Mädel), wenn ein SS-Offizier oder ein hoher Parteifunktionär sie schwängerte. Einen Jungen für den Führer zu gebären, das war eine ganz besondere Ehre. Die Mädels wurden sogar noch durch ein besonderes Abzeichen geehrt, das sie öffentlich trugen. Auch verheiratete Frauen wurden für ihre große Kinderschar extra geehrt. Hitler selbst übernahm das Patenamt für Familien mit zehn und mehr Kindern. Diese Kinder erhielten eine Ehrenurkunde, Geburtstagsgeschenke und geldliche Zuwendungen vom ‚Führer'. Wenn das nicht die totale Zerstörung unserer moralischen Werte war ..."

Tante Moni war eine ebenso bittere Frau, wie Onkel Otto ein gebrochener Mann war. Mir taten sie Leid, wie ich auch Mitleid mit Millionen anderer Menschen hatte, die noch schwerer als sie gelitten hatten. Persönlich hatte ich nichts gegen Otto und Moni Stoltz, aber ich sah, dass die Last der Vergangenheit sie erdrückte. Ich war jung und wollte mich von der Vergangenheit nicht fesseln lassen.

Im Jahr 1955 schloss ich mein Studium ab und wurde am 3. Juli als Prediger eingesegnet. Als neu ordinierter Pastor wurde ich Pastor Hommel zugewiesen, um Besuchsdienste bei den Bessarabien-Deutschen in Westdeutschland durchzuführen. Zu dieser Zeit war ich aber bereits zu der Überzeugung gekommen, dass mein Ruf mich in die USA führen würde.

Ich bat die Berufungskommission der Pilgermission, später dann auch Pastor Hommel, um Entlassung aus meinen Pflichten in Deutschland, um zu meiner Familie in die Vereinigten Staaten zu reisen. Beide gaben ihre Zustimmung – unter der Bedingung, dass ich meine Dienste im Herbst 1955 noch verrichten würde, was ich auch tat.

Pastor Hommel stellte meinen Reiseplan auf und suchte auch die Häuser aus, in denen ich unterkommen konnte. Normalerweise fanden die Versammlungen am Freitagabend, Samstagnachmittag und Sonntagvormittag statt und wurden durchschnittlich von zwanzig bis dreißig Bessarabiern besucht. In einer dieser bessarabischen Familien lernte ich meine zukünftige Frau kennen.

23

Mehrere Monate lang besuchte ich Gemeinschaften der Bessarabier in ganz Westdeutschland. Dann kam ich nach Barrien in der Nähe von Bremen, einer Station des Gemeinschaftsverbandes Nord. Ich war im Hause von Gustav und Lydia Krämer untergebracht, wo auch am Sonnabend eine Versammlung stattfand. Gustav hatte selbst eine große Familie; darüber hinaus nahmen noch viele andere aus der Umgebung daran teil.

Eine junge Frau fiel mir auf, die ich auf Anhieb sympathisch fand. Es stellte sich heraus, dass sie eine von Gustav Krämers Töchtern war und extra nach Hause gekommen war, um in der Abendversammlung im Gitarrenchor mitzuspielen. An jenem Abend hatten wir kaum Gelegenheit, miteinander zu sprechen, denn ich war mit anderen Besuchern in Gespräche verwickelt. Schließlich stellte man mich aber doch der jungen Frau vor, und ich erfuhr, dass sie Elsa hieß und als Sekretärin bei der Kreisverwaltung arbeitete. Ich fragte sie, ob sie zu der Gemeinschaftskonferenz in Bookholzberg in der Nähe von Bremen kommen würde, die in einigen Wochen stattfinden sollte. Sie sagte mir, dass ihre gesamte Familie die Absicht habe, dort hinzukommen.

Diese Gemeinschaftskonferenz war ein Treffen aller Bessarabiendeutschen in Norddeutschland. Handzettel waren bereits gedruckt worden, auf denen der neue bessarabische Prediger vorgestellt wurde: das war ich. Ich gab Elsa einen dieser Handzettel und hoffte sehr, sie dort wiederzusehen.

Außer der Ansprache, die ich zu halten hatte, sollte ich auf dieser Konferenz einige neu erschienene Bücher vorstellen. Da ich gerade frisch vom Predigerseminar kam, war ich mit der christlichen Literatur wohl vertraut. Ich traf Elsa – in Begleitung einer Freundin – an einem Büchertisch, und wir fingen an über die Bücher zu sprechen. Nach einer Weile musste ich gehen, um mich noch auf meinen Vortrag vorzubereiten. Schade, wir hatten nicht genügend Zeit, um uns näher kennen zu lernen. Aber beim Abschied fragte ich sie – wohl etwas unvermittelt: „Elsa, würdest du auch nach Amerika gehen?“

Zuerst wirkte sie ziemlich schockiert, aber dann sagte sie, ihr Vater habe bereits einen Antrag auf Auswanderung nach Kanada gestellt; sie wüssten nur noch nicht, ob er genehmigt würde.

Dabei blieb es an diesem Tag. Ich sagte noch: „Hoffentlich sehen wir uns bald wieder, aber jetzt muss ich gehen.“

Mein Terminplan war damals knapp: Direkt von der Konferenz aus wollte ich nach Bremerhaven weiterfahren, um nach Amerika abzureisen.

In Bremerhaven ging ich an Bord der „General Langfitt“. Das war ein umgebauter Kreuzer, der jetzt als Passagierschiff genutzt wurde und vor allem dem Flüchtlingstransport diente. Für die Dauer der Überfahrt bekam ich eine Hängematte zugewiesen. Das war im November 1955.

Wir hatten eine sehr raue Fahrt. Fahrplanmäßig sollten wir New York in zwei Wochen erreichen, aber wir brauchten drei, weil das Schiff aufgrund des schlechten Wetters noch einen Umweg fuhr. Die Ankunft in New York schließlich, der Anblick der Freiheitsstatue, die Aussicht auf eine schöne Zukunft ... Das alles war für mich, wie für so viele andere auch, ein unglaubliches Erlebnis.

Als ich das Schiff verließ und den Kai betrat, tippte mich eine Nonne auf die Schulter.

„Sind Sie vielleicht Oskar Groß?“

Als ich das bestätigte, informierte sie mich, dass alle Flugzeuge nach Kalifornien wegen des bevorstehenden Weihnachtsfestes ausgebucht seien. Sie habe aber für mich einen Busfahrschein nach Sacramento, dazu zehn Dollar. Sie erklärte mir, wie ich zum Busbahnhof gelangen konnte, und wünschte mir alles Gute.

Zwar sprach ich zu jener Zeit fast gar kein Englisch, aber trotzdem fand ich meinen Weg zum Busbahnhof und bestieg den Bus nach Sacramento. Die Fahrt dauerte fünf Tage und sechs Nächte. Es gab kaum eine Unterbrechung, da die Fahrer fortlaufend abgelöst wurden.

Ich blickte durchs Fenster auf die Landschaft hinaus und dachte, die Vereinigten Staaten seien endlos. Die Entfernungen waren einfach atemberaubend. Hier erstreckten sich die Felder ohne Ende über Tage hinweg ... die Städte waren riesig ... und irgendwie fand ich es schade, dass Hitler dieses Land nicht vor dem Kriege gesehen hatte. Mir kam die Arroganz des Liedes in den Sinn: „... denn heute gehört uns Deutschland, und morgen die ganze Welt."

Meine Mutter und meine Schwestern empfingen mich in Sacramento, und wir fuhren weiter in die kleine Stadt Galt, wo sie ein Altenheim leiteten. Die Umstände unseres Wiedersehens zu Weihnachten 1956 unterschieden sich nicht sehr von unserem Wiedersehen im Jahr 1946 – jedenfalls was die Jahreszeit anging. Aber die Begleitumstände dieses neuerlichen Wiedersehens ließen in uns doch ganz andere Hoffnungen aufkeimen: die Hoffnung auf eine gute Zukunft in Freiheit.

Ich machte mich gleich an die Arbeit und half bei der Betreuung des Altenheims, das siebzehn Betten hatte. Mein Ziel war aber immer noch, Pastor in einer Gemeinde der Amerikanischen Lutherischen Kirche zu werden, und dazu musste ich meine Englischkenntnisse verbessern. Ich belegte Sprachkurse bei der nahen Oberschule in Lodi und an der Pazifischen Universität. Eine Studienberaterin gab mir dann einen Rat, der meine Berufslaufbahn entscheidend veränderte: Sie empfahl mir, doch lieber einen Ausbildungskurs als Krankenpfleger zu belegen, anstatt nur einen Kurs in englischer Sprache zu besuchen. Auf diese Weise würde ich Englisch quasi „nebenbei" lernen, während ich es bei der Arbeit gebrauchte.

Diesen Rat befolgte ich, denn er leuchtete mir ein. Wenn ich einen Krankenpflege-Abschluss besaß, konnte ich selbst bei der Pflege mithelfen und später auch Pflegekräfte ausbilden, wenn unser Heim größer wurde.

In dem Maße, wie es mir gelang, in Amerika Fuß zu fassen, dachte ich immer öfter an die junge Frau, die ich kurz vor meiner Abreise in Deutschland kennen gelernt hatte. Ich wusste nicht einmal mehr ihren Namen, aber ich hatte noch die Anschrift ihrer Eltern aus dem Reiseplan, den Pastor Hommel für mich erstellt hatte. Noch während meines ersten Jahres in Lodi schrieb ich an Herrn Krämer und erkundigte mich nach seiner Tochter: „Falls sie nicht verlobt oder verheiratet ist, betrachten Sie diesen Brief als einen Heiratsantrag. Wenn sie aber verlobt oder verheiratet ist, erwähnen Sie diesen Brief ihr gegenüber bitte nicht."

Sehnlichst wartete ich auf eine Antwort von Herrn Krämer. Schließlich kam ein Brief an. Er war aber nicht von Herrn Krämer, sondern von Elsa. Darin stand, dass sie nicht verlobt sei, aber nur auf den Rat ihrer Mutter hin antworte. Elsa hatte große Bedenken, ihre Eltern zu verlassen und so weit wegzuziehen. Ihre Mutter habe aber gesagt, ihre Eltern würden nicht ewig leben. Wenn ich jetzt schon seit zwei Jahren in den Vereinigten Staaten wohnte, ohne dass ich selber geheiratet hätte, dann müsse ich sie wirklich lieben ...

Das Fazit war, dass Elsa wirklich bereit war, nach Amerika zu kommen. Ich war überglücklich und antwortete sofort. Während der nächsten zwei Jahre schrieben wir uns und lernten uns dabei erst richtig kennen und lieben. Die Worte ihrer Mutter sollten sich allerdings als prophetisch erweisen. Während dieser Zeit erkrankte ihre Mutter schwer und starb. Daraufhin änderte Elsas Vater allerdings seine Meinung. Er wollte Elsa nicht allein aus dem Elternhaus weggehen und in ein fremdes Land ziehen lassen. Für eine Heirat machte er zur Bedingung, dass ich nach Deutschland zurückkäme und Elsa dort heirate, so dass sie bereits meine Frau sein würde, wenn sie das Land verließ.

Voller Nervosität und Aufregung kam ich in Barrien an. Ich fuhr einen Opel „Kapitän", den ich nach meiner Ankunft am Flughafen gemietet hatte. Dann sah ich Elsa: Sie war noch schöner, als ich sie in Erinnerung gehabt hatte.

Was hatten wir uns alles zu erzählen! Im Haus wurde bereits alles geschmückt und für die Hochzeit hergerichtet. Zwischendurch machte ich mit Elsa und ihren Freundinnen einen Ausflug mit dem Wagen. Während wir auf der Landstraße dahinfuhren, war ich einen Moment lang unachtsam, geriet mit dem Opel auf eine sandige Stelle und fuhr in den Graben. Glücklicherweise wurde niemand verletzt. Aber über mich machten sich alle von Herzen lustig. Elsas Freundinnen meinten, hoffentlich sei ich bei der Leitung des Erholungsheimes geschickter als im Fahren.

Nach der Hochzeit fuhren Elsa und ich mit dem Zug nach Basel. Dort mietete ich einen Wagen, und wir fuhren nach St. Chrischona. Weiter ging es nach Luzern. Das war unsere kleine private Hochzeitsreise. Von Frankfurt aus flogen wir anschließend zurück nach Kalifornien.

24

Als Elsa und ich in Lodi ankamen, fanden wir uns schnell in unsere neuen Aufgaben ein. Elsa übernahm die Büro- und Verwaltungssaufgaben des Heims. Sie war harte Arbeit gewöhnt. Ich widmete mich weiterhin meinem Studium als Pfleger und der Arbeit im Erholungsheim. Nach zwei Jahren erhielt ich mein Abschlusszeugnis als Pfleger.

Ungefähr zur selben Zeit wurde unser erstes Kind, Paul, geboren. Während dieser Zeit war die Nachfrage nach Plätzen im Erholungsheim gestiegen, und wir erhöhten die Bettenzahl auf 34. Auch die staatlichen Vorschriften änderten sich und verlangten höhere Standards. Wir mussten einen Leiter für die Pflege, einen Leiter für die Weiterbildung der Angestellten und einen Diätspezialisten einstellen.

Elsa und ich übernahmen die wachsende Verantwortung im Erholungsheim; gleichzeitig wuchs auch unsere Familie. Zwei

Jahre nach Paul wurde unsere Tochter Karin, geboren, wieder drei Jahre später unser jüngster Sohn Dietmar. Das war 1965.

Viele der älteren Leute, die wir im Pflegeheim betreuten, waren Einwanderer wie wir, aber nicht alle stammten aus Deutschland. Ein Herr beispielsweise hatte ein Bild der „Lusitania" in seinem Zimmer aufgehängt. Er war an dem Tag, als das Schiff versenkt wurde, Zweiter Deckoffizier an Bord des Schiffes gewesen. Er erzählte mir, was später allgemein bekannt wurde, nämlich dass das Schiff Kupfer und Munition für England geladen hatte.

Eine Dame war Anfang achtzig als sie zu uns kam. Sie stammte ursprünglich aus Cheyenne, Wyoming, und hatte einen großen Teil ihres Lebens in China verbracht, ehe sie in die Staaten zurückkehrte. Nach einigen Monaten teilte sie uns mit, sie wolle doch lieber in ihren Geburtsort in Wyoming zurückkehren und dort sterben – und ließ sich von ihren Verwandten abholen. Ein halbes Jahr später rief sie mich eines Sonntagmorgens an und fragte: „Spreche ich mit Pastor Groß? Wären Sie so nett und würden mich wieder aufnehmen? Ich sehne mich danach, wieder bei Ihnen zu sein." Ich arrangierte ihren Flug nach Sacramento und holte sie am Flughafen ab. Sie lebte anschließend noch sechs Jahre bei uns.

Nun, da ich selbst vor den Jahren des Alters stehe, denke ich oft daran, wie Tod und Sterben stets ein Teil meines Lebens gewesen sind. Das fing mit dem Tod meines Vaters und meines Bruders an, ging mit den unzähligen Hunderten weiter, die ich im Krieg und in der Kriegsgefangenschaft habe sterben sehen, und setzte sich bei den Heimbewohnern fort, die ich kennen lernen und in ihren letzten Lebenstagen begleiten durfte.

Ich bin zutiefst dankbar, wenn ich auf mein Leben zurückblicke und all die Segensspuren Gottes darin erkenne. Nicht nur die Tatsache, dass ich ein langes Leben führen durfte und Erfolg und Anerkennung fand. Vielmehr ist es die Tatsache, dass ich viel erlebt habe. Vor allem die Flucht aus dem Kriegsgefangenenlager war es, die mich in das Licht der Gnade Gottes zurückbrachte. Sie hat mich auf einen neuen Lebensweg geführt, auf dem ich versucht habe, Gottes Auftrag zu erfüllen: die Einsamen zu besuchen, den Hungernden zu essen, den Durstigen zu trinken zu geben und die Nackten zu kleiden.

Es war eine große Erfahrung, dass das Licht des Glaubens in mein Leben zurückgekehrt ist. Hitler und sein Lügensystem haben es eine Zeitlang trüben können. Aber für immer auslöschen konnten sie es nicht.

Angesichts dieser Segensfülle denke ich oft an die Lügengespinste in meiner Jugendzeit zurück. Was man uns damals versprach, als wir aus Bessarabien fortgingen, um „heim ins Reich" zu fahren, erwies sich als eine einzige Lüge. Es waren Lügen, worauf so viele Menschen ihre Hoffnung gesetzt hatten: in den Ostgebieten Reichtümer anzuhäufen, Land zu kaufen, feste Häuser zu bauen ... Die große Lüge liegt in der Vorstellung, unsere Besitztümer seien etwas, was beständigen Wert hat. Eines Tages werden uns die Augen geöffnet werden: Im Tode werden wir erkennen, dass wir alles besitzen, wenn wir nichts mehr besitzen.

Und so denke ich bewusst immer wieder an die Giebelinschrift auf Gottlieb Schlapps Haus zurück, jenes reichen Mannes in Mintschuna:

„Das ist mein Haus
und ist es doch nicht.
Auch dem Nächsten,
der da kommt und es besitzt,
gehört es nicht.
Denn der Dritte wird ihn sicherlich hinaustragen.
Sag, mein Freund, wessen Haus ist es eigentlich?"

Mary Glazener

Der Kelch des Zorns

Dietrich Bonhoeffer

Ein Roman

528 Seiten
Gebunden
ISBN 3-7655-1694-5

„Die besten verfügbaren Quellen sind in diesem Roman verarbeitet, in dem es darum geht, die innere Wahrheit der Ereignisse sichtbar zu machen. Der Leser wird voll und ganz hineingenommen in Leben und Ergehen Dietrich Bonhoeffers und seiner Familie und in seinen persönlichen Einsatz in der Widerstandsbewegung."

Eberhard Bethge

„Die Brisanz von Bonhoeffers Taten und Worten wird mir durch die Schilderung des alltäglichen Hintergrunds und der durchlebten Spannungen erst richtig bewußt und animiert dazu, sich selbst konsequenter Nachfolge zu verpflichten. Für mich also ein (auch äußerlich) kostbares Buch."

David Neufeld in Aufatmen 1996

BRUNNEN VERLAG GIESSEN

Johannes Gillhof

Jürnjakob Swehn, der Amerikafahrer

208 Seiten
Gebunden
ISBN 3-7655-1684-8

Die Armut in seiner mecklenburgischen Heimat treibt Jürnjakob Swehn dazu, 1868 nach Amerika auszuwandern. Er pachtet eine kleine Farm, heiratet und bringt es mit der Zeit zu bescheidenem Wohlstand. Aber die alte Heimat hat er nicht vergessen. Eine herzerfrischende, humorvolle Lektüre.

BRUNNEN VERLAG GIESSEN